国家出版基金资助项目
"十三五"国家重点图书出版规划项目

李亚锋 ◎ 著

芒野东南的民族丛书（系列二）
何国强 主编

# 内生与外依：
## 迪麻洛峡谷卷入现代世界体系的研究

中山大学出版社
SUN YAT-SEN UNIVERSITY PRESS
· 广州 ·

版权所有　翻印必究

图书在版编目（CIP）数据

内生与外依：迪麻洛峡谷卷入现代世界体系的研究/李亚锋著．—广州：中山大学出版社，2016.12

（羌野东南的民族丛书/何国强主编．系列二）

ISBN 978-7-306-05892-8

Ⅰ．①内…　Ⅱ．①李…　Ⅲ．①少数民族—民族社会学—研究—云南　Ⅳ．①D677.462

中国版本图书馆 CIP 数据核字（2016）第 267533 号

| 出版人： | 徐　劲 |
| --- | --- |
| 策划编辑： | 嵇春霞 |
| 责任编辑： | 廖泽恩 |
| 封面设计： | 林绵华 |
| 责任校对： | 廖丽玲 |
| 责任技编： | 何雅涛 |
| 出版发行： | 中山大学出版社 |
| 电　　话： | 编辑部 020 - 84111996，84113349，84111997，84110779 |
|  | 发行部 020 - 84111998，84111981，84111160 |
| 地　　址： | 广州市新港西路 135 号 |
| 邮　　编： | 510275　　传　真：020 - 84036565 |
| 网　　址： | http://www.zsup.com.cn　　E-mail:zdcbs@mail.sysu.edu.cn |
| 印　刷　者： | 佛山市浩文彩色印刷有限公司 |
| 规　　格： | 787mm×1092mm　1/16　17 印张　312 千字 |
| 版次印次： | 2016 年 12 月第 1 版　2016 年 12 月第 1 次印刷 |
| 定　　价： | 52.00 元 |

如发现本书因印装质量影响阅读，请与出版社发行部联系调换

# 苟怀四方志，偏向边地行
## （代序）

### 何国强

　　文化人类学在西方主要是研究海外民族的。中国引入这门学科时，学者们也是到民族地区做调查，了解异域的文化。例如，1929年调查广西凌云的瑶族，1930年调查松花江下游的赫哲族。到了1933年，燕京大学社会学系推行社区研究方法，派遣师生到内地和沿海做调查，开辟了该文化的实证研究方向。从此，中国民族学有了两种教学研究倾向或南北学派的划分。

　　虽然南派醉心于民族地区的简单社会，北派专注于汉族地区的复杂社会，但从整个学科来看，这种"自然分工"是可以接受的。1952年全国高校院系调整，南北两派不复存在，中国民族学回到南派的研究旨趣——只调查少数民族，不调查汉族，但理论指导已经有所不同。改革开放改善了这一局面，继1987年召开汉民族研讨会，更多的人开始到汉族农村做调查。回顾中国民族学走过的路程，学科的目标始终没有发生变化，那就是以田野调查方法为主，研究少数民族的文化，同时兼顾汉族的文化。

　　之所以如此，是因为中华民族乃一个整体，由几十个少数民族和汉族长期融合而成。各民族间，尤其是少数民族与汉族间的联系很密切。汉族人口众多，主要集中于内地和沿海；少数民族人口较少，主要分布于西部省份和边疆地区。少数民族在伟大祖国的创造与发展过程中尽到了光荣的责任，而且少数民族的民族数量多、文化类型多、占有资源多，所以民族学的首要研究目标是少数民族。但是，这种研究不能采用"单轨"的方式，因为如果只研究少数民族而不研究汉族，许多问题就弄不清楚；反之，亦然。另外，即使两者都研究，也不能平列对待。外国人类学家到中国来做实证研究，与我们面对的情况不同，无论调查汉族还是研究少数民族，在他们看来都是异文化。

　　研究民族主要是研究民族的文化属性，而不是研究其体质或其他自然属性。文化总是流行于确定的地域，受空间框架的限制；并且在历史长河中沿袭，受时间框架的限制。在时空条件的制约下，文化通过群体行为的传递和民族心理的投射有了固定的模式，因此，研究文化就是要寻找作为其底蕴的模式及其成因。为了揭示文化性质与时空因素的关联，有必要采用"区域文化"的概念来反映实际情况。例如，少数民族有自己的区域文化（藏文化、纳西文化等），汉族也有自己的区域文化（客家文化、福佬文化、广府文化等）。

国内区域文化的研究与黄淑娉的名字分不开。黄先生在50年的田野调查经历中，"前四十年研究异文化，后十年研究本文化"①，研究重点可想而知。她说："对少数民族的调查研究使我深感汉族人类学研究的重要性……当我从研究异文化转到研究本文化时，发觉先前对少数民族的田野调查和研究为我的汉民族研究打下了很好的基础……对人类学理论有进一步的体会。"② 这就拓展了杨成志"在中国搞人类学，非到少数民族地区调查就很难成功"③ 的观点。笔者不惑之年受业于黄先生，继而在中山大学人类学系从教，受南北两派思想潜移默化的影响，滋生了研究两种区域文化的志趣。这种志趣推动着自己在青藏高原东部和东南部做调查，也调查广东省的汉族文化。笔者通过指导研究生深入实地调查研究，达到了为中国民族学培养人才、传承研究志趣的目的。

区域文化研究是探讨民族文化的源流关系、空间分布、内在结构、外在条件、功能特性和类型归属，从而揭示民族文化的共同性和差异性的一门学问。根据研究范围的大小，可将其分为三类，即宏观研究以全球民族文化为对象、中观研究以一国或一大地区的民族文化为对象、微观研究以局部地区的民族文化为对象。《芁野东南的民族丛书》是中观研究的成果，其中每本书所涉及的某一局部地区的一个主题则属于微观研究的成果；根据层级节制的原则，研究青藏高原东南部的民族属于宏观的区域文化研究之组成部分，其中每本书则属于中观的区域文化研究之一部分。

从技术上看，研究区域文化要讲规则。首先，一种民族文化是该民族所处的自然环境及其应对方式的交响，所以，在相似环境中的民族可能有同类型的文化，也可能没有；置身于不同环境的民族的文化类型可能不同，也可能相同。此处并不想引申这个原理，只想强调有些因素可以在书斋里慢慢品味，但民族文化非亲临其境不能完全了解，因此要坚持田野调查。

其次，区域文化是会成长、移动和变迁的，许多特质是通过民族迁徙、商贸往来、族际通婚甚至战争或征服等事件来传播的，又通过当地人的采借或抵御而产生不同程度的民族交融的结果。文化的变动性决定了区域文化研究必须

---

① 周大鸣、何国强主编：《文化人类学理论新视野》，国际炎黄文化出版社2003年版，第288页。
② 黄淑娉：《从异文化到本文化——我的人类学田野调查回忆》，见周大鸣、何国强主编《文化人类学理论新视野》，国际炎黄文化出版社2003年版，第302页。
③ 杨成志：《我与中山大学人类学系》，见《杨成志人类学民族学文集》，民族出版社2003年版，第549页。

持以动态的观点，既要注重空间的变化，也要注意时间的变化。动态观点要求把当前的文化现象作为历史的结果和未来发展的起点，要求研究不同发展时期和不同历史阶段民族文化的发生、发展及其演变规律。这不仅是区域文化研究本身的需要，而且也是这门学问在国家建设、区域开发中发挥作用的需要。

最后，区域文化的多样性决定了研究方法的多样化。从静态来看，大致有三种方法：①野外调查（或称"田野工作"）；②室内分析、综述和模拟相结合；③用正确的预设来统率材料。三者当中，田野工作无疑是最重要的，因为大部分数据和第一手资料来自于它。从动态来看，大体有三个步骤：①形成预设，指导调查并接受实证材料检验；②参与观察、收集材料、增加感受、检验或修正预设；③撰写民族志。三者是循序渐进、不断深化的过程。

以动态的观点来解释静态的社会结构需考虑文化的层次性。也就是说，物质的、制度的和精神的文化是互相作用的，周而复始就形成了惯性。传统就是一种带有惯性的文化，不论它最初是怎么形成的，原动力来自何方，一旦形成传统，其自身就成为影响历史的独立因素。传统文化有保守的功能，也有进步的功能。后者主要是对社会起稳定作用，以舒缓现代化带来的张力。因此，区域文化研究应关注四点：①族源与族体，如收集各种关于起源的传说、记录民族迁徙的故事、进行活体测量等；②物产、资源与当地人对其利用，了解其生产特点、经济结构与生活习俗；③随着生产力的提高、交通与信息条件的改善以及地区间、民族间经济文化联系的增强，民族融合与同化程度加深；④国家的民族政策内容和实施效果，行政区划和管理权限的变动与保持民族文化完整性的关系，当地民族的评判标准与评价内容。关注文化的层次性有助于国家制定科学的民族政策，更好地开发当地资源，促进民族团结，保持国家的统一；同时，有助于相关学科的建设，推动民族教育、民族地理、民族史等研究的发展。

研究青藏高原东南部的区域文化，需注意地理、民族、经济、政治、文化的互相纠缠。这片区域覆盖中国西南部、缅甸北部和印度东北部，生活着十几个民族。其中，居住在中国境内的有藏族、门巴族、珞巴族、纳西族、彝族、傈僳族、景颇族、白族、普米族、独龙族、怒族、傣族等民族，各个民族均由部落构成。这些民族的语言均属于汉藏语系，但有缅藏语族和壮侗语族之分。前者又有藏语支、景颇语支、彝语支和未定语支之分，后者则仅有壮傣语支。这片区域也是中、印、缅三国毗连的地方，边境上有些地段没有正式划界，和平时期边境民族可以自由往来。由于各种原因，当地经济和文化相对落后，各国的行政管理都有鞭长莫及之虞。目前，《羌野东南的民族丛书》的作者仅在中国境内的川、滇、藏三省（自治区）交界地带做调研，考察民族分布、人口规模、聚落构成、生计模式、生活方式、风俗制度和社区控制等内容，了解当地生态环境与人文景观的联系。印度、缅甸和英、美等国学者在中国对面边境一方做调研。中外民族学工作者共同研究青藏高原东南部，符合"礼失求诸野"的含义：文明边缘地区的文化演进迟缓于中心地区，更容易保存古朴形态的文化。假如今天要去寻访原生的文化形态，最合适调查的地点不在内地，而在边陲。2013 年，荷兰格罗宁根大学彼得·伯杰教授和德国慕尼黑大学弗兰克·海德曼教授合编了一本教科书《现代印度人类学：民族志、主题和理论》①，勾画了印度共和国成立至今 60 年的人类学历程。全书共 19 章，每章描述一个邦的民族文化。其中，第 12 章专门讲述青藏高原东南部印度一侧的情况，题目是"东北印度：民族志和政治特性"。

2013 年年底，中山大学出版社出版了《芒野东南的民族丛书》（系列一）。2015 年，系列一获得第四届中国大学出版社图书奖优秀学术著作一等奖。2016 年年底，《芒野东南的民族丛书》（系列二）即将出版。两套丛书均为中山大学出版社组织申报的国家出版基金资助项目与国家重点图书出版规划项目成果②，系列一由 7 本专著组成，系列二由 4 本专著组成，作为后续成果。科学的区域文化研究成果是长期调查、严格择材、反复构思、贯注理论和精心写作的产物，这 11 本专著就是这么循序渐进、一步步锤炼出来的。从某种程度上来说，系列二的 4 本专著后来居上，因为 4 位作者承担过系列一的工作，在后续研究中显得更有经验、更加成熟，体现了青藏高原东南部民族研究的推陈出新。

以下对系列二 4 本专著的精要概述一二：

《动力与桎梏：澜沧江峡谷的盐与税》描述了西藏自治区芒康县纳西民族乡的盐业生计模式。全书贯穿了纵横两面法：纵向从吐蕃时期到清末民初，描述了盐业生产、交换市场和权力之间的互动关系；横向则着力于社会结构的分析，通过把盐看作民族交往和交融的链环，以盐税作为主线，围绕晒盐技术、人口和制度这三大要素的内在关系层层剥离，带出与盐产品相关的诸多因素，特别揭示了澜沧江峡谷的盐场与周边民族的关系，通过分析传统的交换关系，了解各种地方势力（土司、喇嘛寺和头人等）为争取利益而发动的博弈，围绕盐的生产、流通和交换而展开的权力之争来探讨当地社会变迁的动因。

《内生与外依：迪麻洛峡谷卷入现代世界体系的研究》依据取自滇西北高山峡谷的一个民族村落的第一手资料，描述了当地逐步扩大与外界交往的过

---

① Peter Berger, Frank Heidemann. The Modern Anthropology of India: Ethnography, Themes and Theory. London: Routledge, 2013.
② 《芒野东南的民族丛书》（系列一）于 2011 年入选"十二五"国家重点图书出版规划项目、2012 年入选国家出版基金资助项目，《芒野东南的民族丛书》（系列二）于 2015 年入选国家出版基金资助项目、2016 年入选"十三五"国家重点图书出版规划项目。

程，反思了现代世界体系在理论和现实社会中的双重局限，即当地社会在迎合世界体系的同时也产生着拒斥。主要表现为三点：①生活自给品的大量存在；②传统生计地位的稳固；③现实能力的制约。其中，第一点是文化适应和习惯延续的结果，第二点是相对于市场的风险而言的，第三点是因为获取收入的途径有限。作者指出了人类学的"政治经济学派"的局限，回答了偏僻山区参与全球化进程的具体方式、动力及其所带来的影响和结果，当地民众的生活及命运发生的变化等问题。

《新龙"夹坝"的历史与文化解读》展示了自清以来尤其是清末至民国时期，四川省甘孜藏族自治州新龙县（原怀柔县、瞻化县）流行的一种称为"夹坝"的民风，严重时此起彼伏，屡禁不止，导致人心惶惶。作者以新龙藏族群众的抢劫民风为切入点，以历史文献材料为基础，选择历史上发生频率较高的区域做田野工作，通过走向历史现场的方式勾画此民风流变的过程，钩沉该社区及其周边社会的民风与习惯、政权与法律的关系；通过深入分析，探究藏族群众抢劫民风的具体维持机制以及历代政权的辖治方式，进而探讨新龙藏族群众抢劫频发的三个方面的维持机制以及历代政权打破这些维持机制的过程与方式，达到对此现象进行深层次历史与文化解读的目的，为理解地方独特的文化提供一种新的模式。

《三江并流核心区社会秩序的建构与维持机制研究》根据三江并流峡谷区的选点调查，再现了詹姆斯·希尔顿笔下的世外桃源：虽然这里有多种民族聚居、多样宗教共存，但人们并没有因为身份特征的差异而产生交往困境；相反，他们却能够在日常生活实践中平和共处、相互包容，共同建构并维持了一个和谐共生型的社会秩序。紧接着背景介绍，作者又提出问题：这种秩序是如何建构起来的？动力源何在？其运行机制和特征又为何？循着这三个问题展开讨论，在讨论中采取点面结合、纵横对比的方法，深入考察当地人的互惠体制、宗教信仰和政治生态，以此揭示地方秩序的整合机制。全书集思想性与可读性于一体，展现了真实的地方政治面貌，为维持藏族聚居区社会的稳定提供了有益的参考。

整体而言，系列二追随系列一的主题唱和。这个主题就是揭示川、青、藏接合部和川、滇、藏接合部的民族文化的多样性，它们一根红线贯穿两个系列，涉及当地少数民族文化的11个侧面，如生计模式、婚丧制度、社会组织、信仰表象、权力博弈等。如不长期深入青藏高原东部和东南部的山山水水，并且结合文献解读历史，是无法获得这些异文化的特点的。

《羌野东南的民族丛书》集思想性与学术性于一体，通过深描喜马拉雅山脉与横断山脉交接地区的民族文化，打通了历史与现实的屏障，为以区域为基础的文化研究提供了指南；特别是丛书作者用实证的方法收集材料，用科学的概念、范畴来分析材料的学科规范凸显了研究的意义，让更多人看到区域文化的价值所在，促使他们深入思考民族志对于区域文化有什么重要的贡献，族群、区域与文化类型是如何表现的，应该如何发挥民族志的特长等问题。从这个意义上来看，这套丛书确实是一种宝贵的资源。

长期以来，"中心/边缘"成为探讨少数民族文化的框架。那么，在这个框架中，研究重心究竟在何处？对这个问题，仁者见仁，智者见智。最近10年来，要求把着力点放在边陲的呼声越来越高。这种倾向代表了人们对民族地区与内地、沿海地区传统地位的反思，带有打破"中心论"紧箍咒的意味，正可借用来帮助厘清汉夷观念的形成及其关系，重构民族交往、交流、交融的纽带。在国家加大力度推动民族文化的研究时，我们要清醒地看到不尽如人意的方面：少数民族区域文化研究与汉族区域文化研究的比例悬殊，边陲少数民族的实证研究仍然稀少；优秀的研究成果并不多见。之所以如此，就前一种情形而论，可能是因为对田野工作的认识不到位；就后一种情形而论，不仅有田野工作不够充分完备的原因，还有理论建构匆忙甚至缺乏必要的分析综合就任意拔高的原因。

综上所述，继续发挥中国民族学的区域文化研究传统、端正研究风气、完善研究体制依然任重而道远。今天，经济快速发展，交通状况不断改善，一方面为边疆民族的调查研究创造了良好的条件，另一方面则导致了当地文化中某些因素的急速覆灭。在这种情形下，民族学工作者更要听从时代的召唤，苟怀四方志，偏向边地行，为深化少数民族区域文化研究做出应有的贡献。

# 前　言

20世纪80年代，乔治·E. 马尔库斯和米开尔·M. J. 费彻尔在其合著的《作为文化批评的人类学：一个人文学科的实验时代》①一书中提到两种实验民族志的趋势，其中一种被称作"政治经济民族志"，旨在对那些指责解释人类学只关心文化的主体性而不关心权力、经济学和历史的背景的观点做出回应。政治经济民族志结合解释人类学的文化意义研究，描述"民族志对象如何与更广阔的历史政治经济过程相联系"。

政治经济民族志的发展直接来源于20世纪70年代在人类学领域出现的政治经济学派的各种研究实践。该派学者从世界体系和"欠发达"发展理论那里汲取灵感，注意力主要集中于跨地区的政治经济体系上。其具体实践和做法为："结合传统人类学在特定社区或小地方的田野调查，研究资本主义的渗透对当地造成的影响。"

政治经济学派以及政治经济民族志的出现，有着其深刻的现实根源。资本主义的世界体系最早在15世纪末和16世纪初的欧洲出现，经过几百年的扩张和发展，时至今日，其影响已经遍布全球，且渗透到世界的每个角落，即使一些在历史上长期处于闭塞状态的偏远地区也被卷入其中。

本书的研究对象迪麻洛即是其中之一。迪麻洛既是一条完整的峡谷且身处滇西北的碧罗雪山之中，也是一个行政村且隶属于怒江傈僳族自治州贡山独龙族怒族自治县的捧当乡。历史上，迪麻洛所在的怒江地区由于地理位置偏远、交通不便，远离当时政府的直接控制和经济中心区的影响，长期处于闭塞、落后的局面。据《怒俅边隘详情》《菖蒲桶志》等资料的记载和描述，至清末和民国初期，该地区的少数民族群众仍然普遍从事采集、狩猎和刀耕火种农业来维持生计，而且和外界社会少有经济方面的往来与联系，整体生存水平十分

---

① ［美］乔治·E. 马尔库斯、米开尔·M. J. 费彻尔：《作为文化批评的人类学：一个人文学科的实验时代》，王铭铭、蓝达居译，生活·读书·新知三联书店1998年版。

低下。

然而，今天的怒江地区社会经济面貌已经发生了翻天覆地的变化。例如，高山峡谷中的各个村寨里，随处可见全球化带来的各种同质化现象，当地的少数民族群众大量购买和消费着外界输入的现代商品，通过各种方式参与进现代市场的分工和交换体系当中，等等。总之，该地区已经和整个世界经济连为一体，当地民众在生存上对外界社会经济系统也已经有了很深的依赖。

笔者的问题是：像迪麻洛这样的偏远地区是如何打破传统的封闭局面并改变自身的经济结构，从而和更广阔的现代世界体系发生联系的？在这一过程中，当地民众的生存命运发生了什么样的变化，未来的发展趋势如何？借助对这一具体社区的调查和研究，笔者也对现代世界体系理论本身的解释力和局限性做了力所能及的探讨。

# 目录

导　论/1
 一、现代世界体系视野下碧罗雪山地区的民族
   生计变迁……………………………………………… 1
 二、作为样本的迪麻洛…………………………………… 4
 三、研究综述…………………………………………… 14

**第一章　传统时期的地理闭塞与自然生存/31**
 第一节　采集、狩猎与刀耕火种………………………… 32
  一、刀耕火种………………………………………… 33
  二、采集狩猎………………………………………… 35
  三、群体内部的协作与互助………………………… 37
 第二节　土产的政治纳贡与剥夺………………………… 38
 第三节　地理阻隔与剩余不足对外界交换的制约…… 42

**第二章　民国开发后商品交换的初步发展/47**
 第一节　行政设置与农业推广…………………………… 48
 第二节　驿道修建与商贸促进…………………………… 51
  一、驿道修建与道路疏通…………………………… 51
  二、商贸活动的发展………………………………… 54
 第三节　药材、皮毛的输出与土、洋货的输入………… 60
  一、从物物交换到货币交换………………………… 60
  二、药材、皮毛的输出……………………………… 61
  三、土、洋货的输入………………………………… 64

**第三章　计划经济时期城乡交换的推进/67**
 第一节　边区改造与基础条件的改善…………………… 67
  一、农牧生计的发展………………………………… 67
  二、交通条件的改善………………………………… 73
 第二节　土特产品的国家统购…………………………… 76
 第三节　粮食调拨与工业品的乡村推销………………… 83

一、粮食的调拨与输送 …………………………………… 83
　　二、工业品的民间推销 …………………………………… 86

## 第四章　改革开放以来现代商品的加速渗透与输入/89
　第一节　公路修建与车辆运输的发展 ………………………… 89
　第二节　店铺、集市等基层市场体系的建立 ………………… 96
　　一、店铺 …………………………………………………… 98
　　二、集市贸易 ……………………………………………… 103
　第三节　现代商品的广泛消费与使用 ………………………… 107
　　一、粮油 …………………………………………………… 108
　　二、农资 …………………………………………………… 108
　　三、服饰 …………………………………………………… 109
　　四、副食 …………………………………………………… 109
　　五、能源 …………………………………………………… 111
　　六、家电及其他电子产品 ………………………………… 112
　　七、车辆等交通工具 ……………………………………… 114
　　八、机器 …………………………………………………… 115
　　九、药品 …………………………………………………… 115

## 第五章　地方资源的竭力输出与不足/117
　第一节　野生资源的掠夺与日益枯竭 ………………………… 117
　第二节　珍稀林木的盗卖 ……………………………………… 124

## 第六章　劳力市场的进入与制约/133
　第一节　资金进入与劳力转移的带动 ………………………… 133
　第二节　本地其他务工机会的寻找 …………………………… 139
　第三节　省外务工的制约 ……………………………………… 142

## 第七章　生存自给与自我保护/145
　第一节　农业种植 ……………………………………………… 147
　第二节　畜牧养殖 ……………………………………………… 158
　　一、高山牧场 ……………………………………………… 160
　　二、山腰牧场 ……………………………………………… 164
　　三、河谷牧场 ……………………………………………… 165
　第三节　手工产品及其他 ……………………………………… 171

一、食物……………………………………………………… 171
　　二、燃料……………………………………………………… 174
　　三、住所……………………………………………………… 177
　　四、工具……………………………………………………… 180
　　五、骡马运输………………………………………………… 183
　　六、传统手工业……………………………………………… 185
　第四节　劣质品的禁售与危险品的处理………………………… 189

第八章　国家力量的帮扶与依赖/192
　第一节　基础建设与公共服务的提供…………………………… 192
　第二节　"造血"与内生力提高………………………………… 195
　　一、农牧业生产力的提升…………………………………… 195
　　二、技能培训与教育………………………………………… 199
　第三节　"输血"与资金补助…………………………………… 201
　　一、直接补助………………………………………………… 201
　　二、间接补助………………………………………………… 208

第九章　游离于现代世界体系边缘的迪麻洛峡谷/213
　第一节　现代世界体系中的边缘区……………………………… 213
　第二节　局部卷入与融入之困…………………………………… 217
　　一、地方自身对世界体系"贡献"程度有限……………… 217
　　二、世界体系对地方吸纳能力有限………………………… 219
　　三、国家中介作用有限……………………………………… 220
　第三节　文化资本与边缘地位的改变：
　　　　　一个旅游创业者家庭的实例分析……………………… 222
　　一、阿洛的个人史…………………………………………… 225
　　二、做导游…………………………………………………… 228
　　三、开客栈…………………………………………………… 232

结　语/239

参考文献/243
后　记/252

# 附图表目录

图 1　迪麻洛在中国的位置 ……………………………………… 4
图 2　迪麻洛所在区域 …………………………………………… 6
图 3　迪麻洛峡谷地形与村落分布 ……………………………… 8
图 4　半山腰的施永功村 ………………………………………… 9
图 5　山脚下的从尼村 …………………………………………… 10
图 6　财当（左）和白汉洛（右）……………………………… 11
图 7　斜坡上的桶当村 …………………………………………… 12
图 8　远眺中的阿鲁腊卡 ………………………………………… 13
图 9　迪麻洛村村委会与集市所在的中心地 …………………… 14
图 1-1　贡山翻越碧罗雪山路线 ………………………………… 45
图 4-1　迪麻洛峡谷的入口处 …………………………………… 90
图 4-2　悬崖峭壁下的公路 ……………………………………… 91
图 4-3　财当村公路示意 ………………………………………… 93
图 4-4　阿鲁腊卡山的林间小道 ………………………………… 94
图 4-5　迪麻洛集市 ……………………………………………… 105
图 5-1　风干后的冬虫夏草 ……………………………………… 123
图 6-1　迪麻洛河水电站 ………………………………………… 135
图 6-2　连接怒江大峡谷与澜沧江峡谷的德贡公路 …………… 136
图 6-3　施工中的公路 …………………………………………… 137
图 6-4　路边的帐篷 ……………………………………………… 138
图 6-5　帐篷内的简陋生活 ……………………………………… 138
图 6-6　砖厂劳动 ………………………………………………… 142
图 7-1　陡峭的坡地 ……………………………………………… 148
图 7-2　木锄 ……………………………………………………… 150
图 7-3　套在木锄上的铁皮尖 …………………………………… 150
图 7-4　半人力、半机械的犁地 ………………………………… 151
图 7-5　蒸酒 ……………………………………………………… 155
图 7-6　达拉登春秋季牧场 ……………………………………… 160

| | | |
|---|---|---|
| 图 7-7 | 新科牧场上的牛群（左）和牧屋陈设（右） | 162 |
| 图 7-8 | 熬煮核桃油 | 174 |
| 图 7-9 | 背柴火 | 175 |
| 图 7-10 | 屋子中的火塘 | 176 |
| 图 7-11 | 搭建房屋 | 179 |
| 图 7-12 | 水磨结构与实物底部 | 181 |
| 图 7-13 | 木杵与木臼 | 183 |
| 图 7-14 | 骡马驮运 | 184 |
| 图 7-15 | 织"怒毯" | 186 |
| 图 7-16 | 编制竹篾器 | 187 |
| 图 7-17 | 房屋旁堆满的酒瓶 | 190 |
| 图 9-1 | 迪麻洛徒步路线 | 230 |

| | | |
|---|---|---|
| 表 1 | 捧当乡4个行政村以及外来户等的人口分布 | 6 |
| 表 2 | 迪麻洛村的人口分布与民族构成 | 7 |
| 表 2-1 | 上帕市场外货和国货比重 | 65 |
| 表 4-1 | 2010年县级机关财当老乡（职工、亲友）为财当村修车路爱心捐款名单 | 92 |
| 表 4-2 | 迪麻洛村2013年小卖部数量统计 | 102 |
| 表 4-3 | 迪麻洛村的外来酒种类、价格与产地 | 110 |
| 表 4-4 | 迪麻洛村2013年拥有的机动车辆种类与数量 | 114 |
| 表 5-1 | 迪麻洛村村民目前采集的野生资源种类、价格与成本 | 119 |
| 表 6-1 | 色洼隆巴客栈建造工资支付一（施工工人工资花名册） | 141 |
| 表 6-2 | 色洼隆巴客栈建造工资支付二（施工马帮费用花名册） | 141 |
| 表 7-1 | 根据重要性排序的各项生计活动的平均得分 | 145 |
| 表 8-1 | 迪麻洛村2012年各小组小春农作物播种面积分解 | 196 |
| 表 8-2 | 贡山县农村低保家庭情况入户调查表 | 202 |
| 表 8-3 | 2013年迪麻洛村领取国家低保的户数与人数 | 203 |
| 表 8-4 | 2013年迪麻洛村农作物遭受野生动物损害补偿情况 | 207 |
| 表 8-5 | 村民阿洛普通就诊费用与报销比例 | 209 |
| 表 8-6 | 捧当乡2012年度合作医疗住院人员补偿名单（部分） | 210 |

# 导　　论

## 一、现代世界体系视野下碧罗雪山地区的民族生计变迁

2012年夏天，笔者去滇西北的碧罗雪山地区做该书研究的选点工作。碧罗雪山为喜马拉雅山的余脉，属横断山脉，是怒江和澜沧江的分水岭。其西为高黎贡山，在两山的夹隔下，形成了著名的怒江大峡谷；东为白茫雪山，两山夹隔又形成了澜沧江峡谷。由此出现了"三山夹两谷"的特殊地理景观。

碧罗雪山地区是我国西南少数民族的一个主要聚居地，在其两麓的峡谷地带，分布着怒族、傈僳族、藏族、独龙族、纳西族、白族等诸多民族。笔者最初的主题和设想是研究当地民众的生计。当时的考虑主要是该区域山高谷深、地势险峻、生态环境极为特殊，既没有广袤的土地，也没有辽阔的草原，在这样一种自然条件下生存，势必会和农牧业生产便利的其他地区有很大差异。由此产生的问题就是：在这样一种艰难的环境下，当地的少数民族群众是如何克服困难、运用自己的聪明才智在这片土地上生存下来的？

这是笔者第一次去一个如此遥远、偏僻的地方做调查。去之前，曾有过无数次幻想，不仅一些读到过的和听说过的原始生计手段如采集、狩猎、刀耕火种等时常浮现于脑海，更是将当地想象成一个自给自足式的封闭社会。

然而，去了以后才知道，现实中的情况完全是另外一番景象，即使是再偏僻的小山村，也已经受到了市场化的侵蚀。其中，最为普遍的是各种现代商品的输入。几乎在每个去过的村子里，我们都发现有小卖部的存在；村民生活中，除了盐、茶、衣服等必需品外，还不同程度地购买电视、手机、摩托车甚至汽车等。在生计方式上，人们也打破了传统的"为使用而生产的"自然经济模式，投入一些牟利性的经济活动当中，如挖虫草、开客栈、做导游、跑运输、外出打工等。

在经历了这样的一番感受之后，笔者就不得不对原来所预定的研究主题进行重新审视。因为传统的生计研究主要是侧重于文化对生态环境的适应，这里的文化包括技术、策略、劳动组织形式以及指导整个生产活动过程得以实施的

观念原则。但从实际的调查结果来看，文化对生态的适应其实只是人们完整生活系统当中的一个子系统。如果单注意这一点，势必会忽视另外一个子系统，那就是地方和外界市场的交换系统。

笔者以为，生态适应系统和市场交换系统共同构成了碧罗雪山地区少数民族当前的经济生活模式。生态适应系统的内容包括山地农耕和季节性的转场放牧等，就从事这些生产活动的目的来讲，人们更看重的是其对自身的使用功能，也就是直接的"为使用而生产"。市场交换系统则不然，人们从事与其相关的各种生产经营活动，目的并不是直接供自己使用，而是通过市场媒介，用自己的产品、劳动或服务来换回收入，亦即"为交换而生产"。这两者有着本质上的区别。

于是，笔者对本研究主题进行了重新构思。到底该从何处着手，运用何种理论来分析和解释当地目前在经济活动中所出现的这种二元结构现象呢？一方面，我们看到的是传统的"为使用而生产"的生计活动的延续；另一方面，可见外界商品的大量涌入以及各种市场化谋利活动的兴起。

为此，笔者选择了世界体系理论的分析思路。世界体系理论由沃勒斯坦在20世纪70年代提出，后来被沃尔夫等一些人类学者所接受，产生了人类学中的政治经济学派。现代世界体系的扩张和渗透是通过将不同政治、经济和文化制度纳入同一个市场交换系统当中来实现的。从结果上来讲，现代世界体系向传统地方社会的扩张和渗透等同于我们常说的世界经济一体化。相比较于现代世界体系，世界经济一体化的概念显然更为直白和容易理解，但是缺少一套系统的分析和解释框架，而这正是现代世界体系理论的独特贡献。

世界体系既是一个理论概念，也是一个已经发生和正在发生中的客观事实。如果将碧罗雪山地区的市场化现象纳入世界体系的进程当中来看，思路无疑一下子清晰了许多。因为不论是工业品的购买和消费、野生药材等资源的输出，还是打工、经商等其他谋利活动的兴起，都可以被看作地方卷入世界体系的具体实现方式或是受世界体系影响的结果。

需要说明的是，地方并不直接和世界体系发生关系，两者之外还存在着第三个主体，那就是国家。如沃勒斯坦所说，"社会作为一个抽象体在很大程度上受到作为经验性的现实存在的政治—法律制度的局限"①。在向世界体系卷入的过程中，中国和世界上的其他地方有着很大区别。相比于资本主义殖民扩张时期的非洲、美洲等部落社会，中国在很早的时候就建立了统一的中央集权

---

① [美]伊曼纽尔·沃勒斯坦：《现代世界体系》（第1卷），罗荣渠等译，高等教育出版社1998年版，第3页。

化国家。因此，国家在其中的作用就不得不着重加以考量。

那么，地方、世界体系和国家这三者之间的关系究竟如何呢？笔者的结论有两个。

第一，地方与世界体系的经济交换。按照沃勒斯坦的解释，地方和世界体系之间为一种劳动分工的关系，即资本主义中心地向不发达的边缘地区输出工业制成品，边缘地则向中心地提供原料、初级产品和廉价劳动力，两者之间从而形成一种不平等的交换关系。

第二，作为中介者的国家权力。国家权力在地方和世界体系的连接中，总的来说起到两种作用，一种是"润滑"和推动，一种是摩擦和阻碍。国家作用的体现途径如政治经济制度、基础设施等公共服务的提供等。不同历史时期，国家的制度和经济能力存在很大差别，因此在"润滑"地方和世界体系发生关联的作用和程度上也存在明显差异。此外，国家也会通过法律法规，约束和制止地方民众的某些行为，从而对地方和世界体系的关系产生影响。

中国自古就有"苍生""黎民"等对普通百姓的称呼，历代统治者都视改善民计民生为己任，如兴修水利、劝课农桑，百姓也将官员称作"父母官"，足见国家权力在普通民众心目中的重要性。到了现代，则有了"造血""输血"等更为流行的说法。国家对地方民众自生能力的帮助和提升，也会间接地推动其卷入世界体系，因为人们的消费能力增强了。

一个正在经历变迁的地方社区的生存与发展，往往是内部的生产自给、外部的经济交往以及国家的权力这三个方面共同作用的结果。不同历史时期，三者各自的地位作用和影响程度会存在差别，从而导致地方社区整体的生存境况出现变化。

这样，摆在面前的分析对象就变得明确了：一个是跨地区蔓延的世界体系，一个是已经部分卷入其中的地方社会，还有作为两者中介的国家。应该说，像碧罗雪山地区这种半传统、半现代的现象目前普遍存在于世界各地，而不仅仅只是某一地方的特殊情况。因此，单单描述这一现象，并无实质意义。

笔者提出的问题是，现代世界体系的扩张给像碧罗雪山地区这样有着自己传统经济和文化基础的地方带来了多大程度的变化和影响，地方民众又是通过何种途径予以应对进而去适应这些冲击和影响的？国家权力在这一过程中起到了什么样的作用？人们的命运和结果如何？

要回答这些问题显然不能只凭想象，还要靠进一步的田野调查及材料事实来予以论证。然而，碧罗雪山毕竟是一个大的区域，笔者不能对该区域所有的地方都加以研究，于是需要选择一个具有代表性的地方来作为田野点进行深入研究。

## 二、作为样本的迪麻洛

行政隶属上,迪麻洛村目前为云南省怒江傈僳族自治州(简称"怒江州")贡山独龙族怒族自治县(简称"贡山县")捧当乡辖制。贡山县地处滇西北怒江大峡谷北段,位于东经98°08′~98°56′、北纬27°29′~28°23′之间,东与云南省德钦县、维西傈僳族自治县(简称"维西县")相连,南与怒江州福贡县相邻,北与西藏自治区察隅县接壤,西与缅甸联邦毗邻,国境线长达172.08公里(1公里=1千米,下同,不再标注)。

从地图上的坐标来看,迪麻洛峡谷大约与沿海的温州处于同一纬度线,与甘肃的嘉峪关处于同一经度线(见图1)。迪麻洛峡谷为典型的垂直气候。其中,谷底海拔约为1800米,气温较高;山顶最高海拔达4000多米,气候严寒。因此,和同纬度的温州以及同经度的嘉峪关相比,迪麻洛峡谷及其所在的怒江北部地区所面临的生态和地理条件更为复杂和特殊。

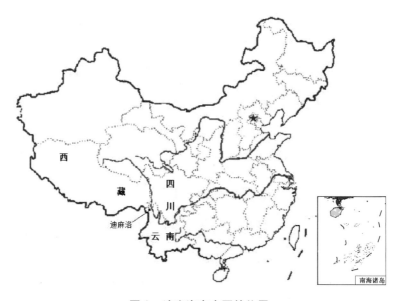

图1 迪麻洛在中国的位置

最终选取迪麻洛作为田野点,是综合考虑的结果:

首先,从自然环境方面看,迪麻洛位于怒江峡谷北端、碧罗雪山深处,地理位置上相对比较封闭,峡谷内部构成一个相对独立的社会经济单位,文化传统也保留较多。

其次,迪麻洛峡谷是一个多民族聚居地,2000多名居民中,除了人口约占一半的藏族，还有怒族、傈僳族以及独龙族等多个生活和居住于西南边远山区的民族，研究这些民族的现代转型与生存命运无疑具有重要意义。

再次，迪麻洛峡谷处于滇藏地区与缅甸的接合部，在历史上就一直远离当时政府的直接统治，到了近现代以后也一直远离省会和首都等政治中心，因而处于国家行政的边缘地区。

最后，和政治上一样，迪麻洛及其所在的怒江北部地区长期以来生产力水平低下，远离交通要道和商贸中心，沿海和内地等大城市对该地区的经济辐射能力相对较弱，因此经济上也是一个边缘地区。

与迪麻洛结缘，完全是一次巧遇。第一次去碧罗雪山的时候，笔者跑了很多地方。在其东麓，去了德钦县燕门乡的拖拉村和茨中村，后来还沿着澜沧江逆流而上，到了西藏的盐井乡；东麓的调查结束之后，又去了西麓的怒江峡谷，在贡山县的丙中洛等地做了一段时间的调查。

东西两麓的调查结束之后，笔者仍感不足。因为目前的调查主要停留于碧罗雪山脚下的峡谷地区，对于山上的实际情形仍然不甚了解，即使知道也是一些道听途说的东西。有鉴于此，笔者又筹划了一次翻越碧罗雪山的行程。在丙中洛一位朋友的指引下，我们去了翻山的起始地——迪麻洛。迪麻洛为碧罗雪山西侧的一条小峡谷，长度大约有50公里，里面的12个村子现在被划为一个大的行政村，隶属于贡山县的捧当乡。

迪麻洛峡谷地处碧罗雪山之中。民国年间的《菖蒲桶志》中描述道："怒山即碧罗雪山，发脉于昆仑山，连前藏唐古拉山，经川边西康，蜿蜒而下，直入菖境，盘亘怒江东西，入上帕属；高度由怒江边起约九千五百余尺，山西为菖蒲区域，约长四百四十里，山多林木。其巅冬春积雪甚多，悬崖峭壁峥嵘屹立，夏秋之交，雪水暴涨，尽由山顶飞流而下，直入怒江，每届冬春大雪封山，必待次年五月，雪始融化，方能翻越。"[1]

捧当乡位于贡山县东北部，乡政府驻地捧当距离县城约20公里。捧当乡是1984年年初分别从丙中洛乡和茨开镇划出部分地区组成的新乡，迪麻洛村即由丙中洛划出。其东部和北部与迪庆藏族自治州（简称"迪庆州"）的维西、德钦两县接壤，南部连茨开镇，西北部靠丙中洛乡。整个地形北窄南宽，貌似葫芦（见图2）。

---

[1] 转引自政协云南省贡山独龙族怒族自治县委员会、政协云南省怒江傈僳族自治州委员会文史资料委员会编《怒江文史资料选辑》（第十八辑），政协云南省贡山独龙族怒族自治县委员会、政协云南省怒江傈僳族自治州委员会文史资料委员会1991年刊印，第15页。

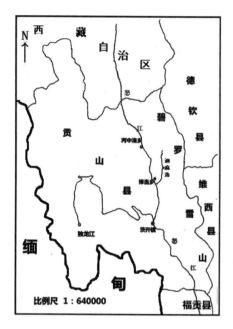

图2　迪麻洛所在区域

迪麻洛在1984年以前归丙中洛管辖，之后从丙中洛划出，归入捧当，直至现在。捧当乡总面积488平方公里（1平方公里＝1平方千米，下同，不再标注），下辖闪当、永拉嘎、迪麻洛、马西当4个村民委员会，38个村民小组。2012年年末，全乡共2218户、6078人。其中，乡机关及外来户共421户，449人；闪当村494户，1456人；迪麻洛村624户，2159人；永拉嘎村508户，1499人；马西当村171户、515人。（见表1）

表1　捧当乡4个行政村以及外来户等的人口分布

| 单　位 | 户　数 | 占全乡比例（％） | 人口数 | 占全乡比例（％） |
| --- | --- | --- | --- | --- |
| 闪当村 | 494 | 22.3 | 1456 | 24.0 |
| 永拉嘎村 | 508 | 22.9 | 1499 | 24.7 |
| 马西当村 | 171 | 7.7 | 515 | 8.4 |
| 外来户 | 421 | 19.1 | 449 | 7.4 |
| 迪麻洛村 | 624 | 28.1 | 2159 | 35.6 |

注：数据来源于《捧当乡人民政府乡情简介》（2012年最新版）。

可见，迪麻洛为全乡最大的一个村，它的居民户数占全乡的28％之多，人口数约占全乡的36％。

迪麻洛地处怒江东岸，碧罗雪山之中。发源于北部高山的迪麻洛河沿着整条峡谷奔腾不息，最后汇入怒江之中。从228省道下车，走过一座人马吊桥，转过迪麻洛河和怒江交汇的拐弯处，便开始走进了迪麻洛峡谷。迪麻洛峡谷是一条窄长的山谷，从入口处走到村委会所在地，大约需要2个小时。

村委会驻地海拔1860米，年平均气温12摄氏度，年降水量1350毫米。该村东临迪庆州的德钦县，南邻本乡的永拉嘎村，西邻闪当行政村，北邻丙中洛，辖有各科当、补它、龙坡、木楼、财当、桶当、普拉、从尼、王其王、青马塘、白汉洛、施永功等12个村民小组。村委会所在的中心地距乡政府约8公里，距县城28公里。

民族构成上，全村以藏族和怒族为主，其中藏族968人、怒族1004人、其他少数民族167人、汉族20人（见表2）。语言上，几乎所有村民都会讲三种语言，分别为藏语、怒语和傈僳语。只有一些受过教育的年轻人会讲普通话，完全能够流利表达的不算太多，绝大多数老年人则略微懂得一点。

由于地形因素的限制，12个村民小组的位置极为分散。从进入峡谷的第一个村子到最里端的一个村子，差不多相距20公里；从谷底的村子到山顶上的村子，往往要走上好几个小时。因而，村子之间的交往甚为不便。

表2 迪麻洛村的人口分布与民族构成

| 村民小组 | 户 数 | 人 口 数 | 户平均人口 | 民 族 成 分 |
| --- | --- | --- | --- | --- |
| 桶当 | 51 | 168 | 3.3 | 傈僳、怒、藏族 |
| 普拉 | 40 | 133 | 3.3 | 怒、傈僳族 |
| 龙坡 | 37 | 137 | 3.7 | 藏、怒、傈僳族 |
| 补它 | 32 | 115 | 3.6 | 藏、怒、汉族 |
| 各科当 | 41 | 149 | 3.6 | 藏、怒族 |
| 青马塘 | 31 | 104 | 3.6 | 藏、怒、傈僳族 |
| 财当 | 107 | 326 | 3.0 | 怒、藏、汉族 |
| 白汉洛 | 109 | 341 | 3.1 | 藏、怒、傈僳、汉族 |
| 施永功 | 40 | 167 | 4.0 | 藏、怒、傈僳、独龙、汉族 |
| 木楼 | 42 | 163 | 3.9 | 怒、傈僳族 |
| 从尼 | 48 | 180 | 3.2 | 藏、怒、独龙、汉族 |
| 王其王 | 46 | 176 | 3.7 | 怒、藏、独龙、傈僳、汉族 |
| 总计 | 624 | 2159 | 3.5 | — |

注：该数据由捧当乡人民政府办公室提供。

从贡山县乘车 20 公里到捧当乡，从捧当往下有两条岔路：一条往北直通丙中洛；一条往东，跨越怒江，再往回转过一个山头，进入即是迪麻洛峡谷。迪麻洛峡谷是隐藏于怒江大峡谷背后的一条小峡谷，其走向大致和怒江大峡谷平行。进入迪麻洛的道路为一条坑洼不平的土石公路，修建于 1997 年，晴天尘土飞扬，雨天路上满是泥浆；公路下方为水流湍急的迪麻洛河，上方为高山和悬崖峭壁，时常有塌方和滚石的现象出现。

进入迪麻洛的第一个村子为王其王。王其王原本是一个坐落于河边平地的大村庄，村民由怒族和藏族构成。2002 年，一个叫作华龙电力公司的企业在迪麻洛河上修建了水电站，电站的位置正好位于王其王村，电站开始修建以后，王其王村的村民被迫搬迁。现在王其王村共分布于三个不同的地方，其一叫作贡卡，有 15 户人家，位于大坝附近的一个山头上；其二叫作华源新村，有 12 户人家，搬出了迪麻洛峡谷，位于捧当乡的闪当村界内；其三仍叫王其王，有 19 户人家，搬到了离大坝下面不远的一块斜坡上。（见图 3）

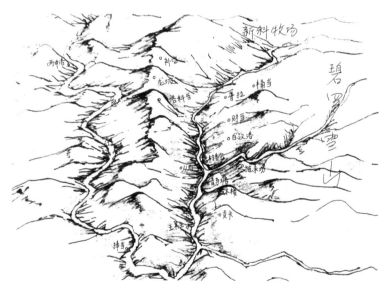

图 3　迪麻洛峡谷地形与村落分布

第二个村子为木楼。木楼位于王其王村贡卡部分的上面，海拔在 2700 米左右。从贡卡往上爬 2 个小时的山路，才能到达木楼。木楼村以藏族为主，42 户人家分散在一块山头上，几乎很难找到一个地点可以俯瞰村子的全貌。前往木楼村的道路有新旧两条，旧路为陡峭的羊肠小道；新路为盘旋而上的土石路，可以通行汽车和摩托车。

第三个村子为青马塘。青马塘是迪麻洛峡谷中唯一一个村民全部居住于山谷底下的村子。31 户人家沿着迪麻洛河边的平地呈长条状分布，相比于山上的村子，该村的人口分布算是比较集中的了。青马塘村靠近迪麻洛村村委会，交通方便，从乡政府所在地坐车到这只需 40 分钟左右的时间。

第四个村子为施永功。施永功村位于青马塘村上方的一座山头上，居民 40 户，村民以藏族、怒族为主，另分布有少量的傈僳族、独龙族和汉族，中心海拔 2450 米，和木楼村隔山相望，从山底到达该村大约需要 2 个小时。（见图 4）和木楼村一样，通往施永功的道路也有旧路和新路。通往山上的旧路有很多条，多为人马出行使用；新路为一条粗糙的土路，可以通行大型汽车。

图 4　半山腰的施永功村

第五个村子为从尼。从山谷底下继续往里走，过了青马塘村，就是从尼了（见图 5）。从尼组有 48 户人家，分住于迪麻洛河两岸，其主体部分位于迪麻洛河西岸的一块坡地上，东岸分布的只有十几户人家。在西岸，有 3 户人家还居住在陡峭的半山坡上，似有一种遗世独立的感觉。

从尼原本也是迪麻洛峡谷里的一个大村子。1979 年 10 月，怒江地区发生罕见的暴雨，沿怒江一线的贡山、福贡、碧江、泸水等县，不同程度地受到泥石流的冲击，道路阻断，农田被毁，人畜伤亡惨重；仅在贡山县，死于泥石流的就多达 36 人，其中灾情最为严重的就是本书研究的迪麻洛村，曾执行过救援任务的李汝金先生对此有过详细的描述。那次事件之后，一部分从尼群众为了寻找生路，不得已搬到了离村子中央较远的"阿鲁腊卡"山上，从此定居下来，并且更名为补它。

通往从尼村西岸，有两座桥，相隔大约300米。下游的为一座木头搭建的简易桥，只能通行人马；上游的为一座新修的钢筋水泥桥，可以通行机动车辆。令人意外的是，从尼村并没有公路，村民们以前沿着河边修建了一条只能通行人马的便道，但是现在已经全部坍塌、不能通行。从尼村的摩托车只能常年停放在村子下面的桥面上。和青马塘一样，从尼靠近村委会和集市，社会往来和商业往来方面比较容易。

图5　山脚下的从尼村

第六个村子为白汉，又名白汉洛。白汉洛村位于迪麻洛河东岸，中心海拔2500米，村子最上方人家的海拔达到2700多米。白汉洛是迪麻洛峡谷中最大的一个村子，居民有109户，整个村子居民的分布比较分散。在一个凸起的山梁上，从最底下的一户人家到最上方的一家，海拔落差达四五百米；东西跨度更大，从山梁中间，一直延伸到两边的山凹深处。当地有一座著名的天主教堂，即白汉洛教堂。该教堂建于清末时期，距今已有上百年的历史，因曾经轰动一时的"白汉洛教案"而出名；时至今日，每年都有不少中外游客慕名前来观光旅游。白汉洛村至今仍未通公路，村民出行只能靠人背马驮，几乎家家户户都喂养骡马，另有少量驴子。

第七个村子为财当。财当村位于白汉洛村前方的一个山头上（见图6）。村子由两个部分构成，一为村子的主体部分，叫作财当，分布在海拔较高的半山腰上；另有一个独立的部分，叫作木拉登，分布于山底下。财当村共有居民107户，仅次于白汉洛村，以怒族和藏族为主，另有少量傈僳族、独龙族和汉族居民。现任的村委会主任肖刚即出自该村。财当村目前已通公路。2010年左右，村民在没有取得政府资金支持的情况下，自筹资金修建了一条上山的土石公路，虽然坑洼不平、崎岖难行，但车辆总算可以通行了。

图6　财当（左）和白汉洛（右）

　　第八个村子为普拉。普拉村有40户人家，大部分家庭信仰天主教，只有十几户人家信仰藏传佛教。普拉村至今未通公路，正在施工中的德贡公路正好从村子上方的半山腰穿过，从村子往下走有一条羊肠小道通往河边的旧公路。村子里的摩托车和其他机动车辆都停在山下的公路旁边，村民运输进出的货物，也全靠人背马驮。

　　第九个村子为桶当。桶当是迪麻洛峡谷最里端的一个村子，从普拉村继续往前走，步行大约1个小时才到。（见图7）村民有51户，整个村子从上而下沿一条窄长的带状山坡分布，坡度极大，只有活动中心点的篮球场和教堂附近稍微比较平坦，人若从村子往下走，会不由自主地加快脚步往下奔跑。

　　桶当目前为一个半通公路的村子。正在修建中的德贡公路从村子头顶穿过。居住在公路下方的村民们运送东西，仍然要靠一条狭窄、崎岖、回转的丛林小径。和普拉村一样，机动车辆只能通行到村子下方的公路旁，上山的路依然要靠人力和畜力来走。

图 7　斜坡上的桶当村

第十、第十一和第十二个村子为一个大的自然村落,由于地缘位置极为相近,可以放在一起讲述。这 3 个村子有一个总的名称"阿鲁腊卡",从外到里分别称作各科当、龙坡和补它。因 3 个村子分散在一个叫作"阿鲁腊卡"的山头上而得名。

阿鲁腊卡(见图 8)上的 3 个村子共有居民 110 户。其中,各科当位于阿鲁腊卡山的南侧,龙坡居于其中,补它则分布在最里端的北侧,峡谷斜对面即可望见桶当村。各科当和龙坡为这里的"原始"居民,补它则是原来从山下的从尼村分离出去的一个小村子。

补它村的村民虽然搬到了山上居住,但是仍然和从尼村村民有着很深的感情,两个村子里的村民之间大多保持着亲戚关系,联系较为紧密。此外,补它村村民仍然部分地保留着自己在现在的从尼村里的土地。现在已经有两户人家从山上搬了下来,在原来属于自家的地里建造了房屋,重新定居生活。

和其他村子不同的是,阿鲁腊卡山上的 3 个村子并不是各自为政、相互独立的;相反,它们相互依存,过着共同的社会生活。比如,3 个村子共用一个天主教堂祈祷、做礼拜,共用一个篮球场运动、比赛,一起过节、唱歌、跳舞、聚餐,一起使用山上的牧场等资源,俨然一个整体。

图 8  远眺中的阿鲁腊卡

迪麻洛的 12 个村子有着一个共同的社会活动空间,即中心地。中心地距离峡谷入口大约 8 公里,距离最里端的一个村子 10 多公里,距离两旁山上的村子也不算太远,从地理位置上来说有利于村民之间的聚集和交往。

在这块中心地上,现在有村委会、集市、居民、商铺、篮球场、学校,可谓是整个迪麻洛峡谷的经济、政治和文化中心。(见图9)

迪麻洛中心地的形成完全是出自政治带动的原因。民国时期,这里就被作为村公所的驻地。新中国成立以后,迪麻洛的行政单位为丙中洛区下面的一个乡,这里当时也是乡政府的驻地。20 世纪 80 年代并入捧当乡以后,又改为一个行政村,因此又变成村委会之所在,并且一直延续至今。

1997 年,通往外界的公路未修建以前,村子的中心地只有几家杂货店铺,没有摆摊做生意的现象。公路修通以后,外界的流动商贩逐渐进入,开始在村子里摆摊做生意,迪麻洛的集市贸易也由此而起。刚开始的时候,集市被定在每周的星期天,后来又改到星期四,并且一直延续至今。

除了商贸上的因素外,政治和社会活动也是吸引村民到此聚集的一个重要原因。每当村委会有重要的会议,都会提前通知各村组长,组长再通知村民,到了开会的日子,村民们便会提前做好准备下山。2013 年 9 月,新上任的村委会领导为了纪念国庆节,举办了村际的篮球、拔河、射弩和歌舞比赛。一个多月的时间里,12 个村子里的村民在聚集次数和规模上都达到了前所未有的高度。

图9　迪麻洛村村委会与集市所在的中心地

### 三、研究综述

青藏高原东部的高山峡谷地带是我国一个生态地理条件比较特殊的地区。民族学、人类学近年来关于该地区的研究主要有两方面，一是集中于当地各民族的传统生计，二是"沟域经济"视角下的发展话语探讨。

首先来看传统生计方面的研究。生计为一套系统的社会生产与再生产活动，其代表性的理论方法为美国的文化生态学。文化生态学主要从人类对环境的生存适应方面来寻求文化内容及变迁的解释，对于自然环境依赖比较严重的山区民族的研究具有很好的借鉴作用。其中，莱斯利·怀特依据社会复杂程度与技术进步两大因素来判断发展阶段。

怀特指出，技术的进步、工具的发明使更大程度的"能量获取"得以实现；随着人口的增长，冲突与战争的频率增加，极大地推动了社会政治组织的发展，高级的协调形式出现了。怀特关注人类整体的文化而非各种具体的文化，追求通则，而不包括对个例的重视。怀特认为，文化是一个组织起来的一体化系统，分为三个亚系统，即技术系统、社会系统和思想意识系统。"技术系统"是由物质、机械、物理、化学诸手段，连同它们的技能共同构成的。该系统将人与环境联结起来，包括生产工具、维持生计的手段、筑居材料以及攻防手段等等。"社会系统"则是由表现于集体与个人行为规范中的人际关系构成。它包括社会、亲缘、经济、伦理、政治、军事、教会、职业、专业、娱乐等。思想意识系统则由音节清晰的语言及其他符号形式所表达的思想、信念、知识等构成。这三个亚系统彼此相关,一个发生变化势必会影响到其他系统。但是,它们3个各自对于文化系统整体的作用却并不相同。其中,技术系统起着主导作用,它具有原始的和基本的重要性,全部人类生活和文化皆依赖于它;社会系统具有次等重要性,它依附于技术系统,技术是自变量,社会系统为因变量,技术系统因而决定社会系统;思想意识系统是一种信念的结构,位于文化系统的最顶层,从中可以找到对人类经验的解释,它表达技术系统,反映社会制度。

怀特认为,技术是理解人类文化成长和发展的钥匙。文化要满足人类的生存和延续,需要借助于宇宙中的物质和能量。因此,利用和控制能量,就成为文化的首要功能。人类生产食物、衣物和其他物品所消耗的能量与利用和开发能量的技术手段成正比。据此,可以对任何一种文化情境或文化系统区分出三种因素:①每人年均利用的能量;②借以利用能量并付诸使用的技术手段之效率;③满足人类需要的物品与服务的人均产量而测定的文化发展程度,取决于人均利用的能量和借以将能量付诸使用的技术手段效率。用公式表示就是:

$$E \times T \rightarrow C$$

其中,$C$代表文化发展程度,$E$代表每年人均利用的能量,$T$代表耗能过程中使用的工具的质量与效率。①

与怀特相反,朱利安·史徒华主要关注具体文化的具体适应。朱利安·史徒华想要知道的是:"人类社会对其环境的适应究竟是需要一套特殊的行为模式,或者在某种范围之内好几套模式都可以适用。"② 为此他提出,研究一个社会的生态适应需要三个步骤:第一步是研究生产技术与环境之间的相互关系。简单的文化比高级的文化更直接受到环境的制约。第二步是分析以一项特殊技术开发一特定地区所涉及的行为模式。若干生计模式对一般的生活方式加上了非常严的限制,而其他的生计模式则允许生活方式有大幅度的变化余地。生产模式不只决定于粮食及财货直接生产之有关的习俗,也决定于使人到达资源所在或把货品传送于人的运输工具。第三步是确定环境开发所需的行为模式影响文化的其他层面至何种程度。这项步骤需要全观法,包括人口、聚落形

---

① 参见[美]怀特《文化的科学》,沈原、黄克克、黄玲伊译,山东人民出版社1988年版,第355页。
② [美]朱利安·史徒华:《文化变迁的理论》,张恭启译,允晨文化实业股份有限公司1989年版,第45页。

态、亲属结构、土地所有、土地利用以及其他重要的文化特质，如果对此加以分割，将无法掌握它们彼此之间及其与环境之间的关系。

文化生态学为人类学的研究提供了一个新视角，它把注意力转移到文化内部与外部自然环境之间的关系上，把文化与环境的互动设想为推动进化的主要动力。继文化生态学之后，人类学中又兴起了一股结构马克思主义的思潮。其代表人物为法国的戈德利耶（Godlier）、特雷（Ernrnanuel Terrey）以及英国的布洛克（Maumee Bloch）等。结构马克思主义对文化生态学做了批评，因为它主张文化进化的决定因素来自于特定的社会关系结构，而不是来自于自然环境或技术。它不反对生态因素（自然、技术和人口），但通过社会关系过滤这些东西，把它们压缩成分工、协作、再分配等生产与政治组织等分析框架中的次要因素。它批判文化生态学是庸俗的唯物主义，认为后者沉溺于资本主义的"拜物教"，没有注意到物质现象后面的社会关系和象征符号。它指出英国社会人类学的传统田野研究所关注的社会关系——谱系、氏族或偶族（半族、两合组织）等等——有别于生产方式当中的社会关系。它批判把社会组织的表层符号当作社会结构的内在模型，忽视生产关系这一隐蔽的制度操纵者。①

具体到青藏高原东部地区，一般性的概括研究如阎建忠等人的《青藏高原东部样带农牧民生计的多样化》（载《地理学报》2009年第2期）。该文章对高山峡谷地区农牧民生计多样化的具体种类以及存在的合理性与必要性做了全面的分析和整理。实证性的调查研究如李何春、李亚锋的《碧罗雪山两麓人民的生计模式》（中山大学出版社2013年版）等。

生计方式对于一个民族和地区的研究意义无疑是值得肯定的。但在受世界经济一体化冲击和影响的当下，传统生计方式的研究又是不完整的。从实际经验来看，即使是再偏远的小山村，也已经受到了市场化的侵蚀，人们和外界的社会经济早已连为一体，其生存也不再是简单地依靠对自然生态条件的适应和群体内部的相互协作来实现，而是在很大程度上取决于外界市场的变化。因此，只注意偏远民族地区传统的一面，而忽略其与外界政治经济的交融，显然是有失偏颇的。

其次来看沟域经济。有学者认为，西藏地区特殊的地理环境，形成了相对封闭的沟域经济系统。"考虑到西藏绝大多数居民居住于两山夹一河的沟内，其经济活动也主要在封闭的沟内进行，再考虑到'域'这个词的多重含义和在经济学文献中的反复引用，便想到用'沟域经济'对西藏的经济现象加以

---

① 参见［美］谢丽·奥特纳《20世纪下半叶的欧美人类学理论》，何国强译，载《青海民族研究》2010年第2期。

表述。"①

沟域经济以西藏等地区的自然地理条件为出发点,很形象地概括出该种地形样貌下所产生的经济特点,如樊胜岳、琼婧、韦环伟等人在《西藏地区沟域经济系统耦合模式研究》②一文中就指出的:"首先,沟域的存在形成了自给自足的传统经济;其次,高山深沟阻断了人、物和信息的横向交流;最后,畜牧业和种植业的低效率。"

樊胜岳等人的概括有其针对性和准确性,如指出高山深沟对地方内部和外界社会经济彼此间在交往上的限制;但也应该看到,沟域环境的存在对自给自足经济的保留具有一定程度的影响。但自给自足的传统经济是否一定和高山峡谷的地理地貌相关联?另外,在高山峡谷区,种植业和畜牧业是一种对有限资源充分利用的多元化生存策略选择的结果,说其低效率是无意义的。

罗绒战堆将高山峡谷地区分作"沟内"和"沟外"两个系统来进行分析,认为外部系统的侵入打破了内部系统原有的平衡。他还认为,正是由于对沟域基础经济系统研究的不足,导致了政府的各种弥补差距的政策受到了影响。罗绒战堆虽然注意到峡谷内外两套系统的区别,但经济话语太过明显,依然缺失人类学所关注的地方主体话语,而且缺少一套宏观的系统理论方法去贯穿其研究,因此仍然略显表象化,深度不够。

那么,究竟该如何理解一个自成一体的地方社会和外部世界之间的联系和交往现象呢?早期人类学中的传播论者虽然注意到了不同地区间文化的传播和影响,但他们只关心文化形式和文化特质是如何从一个地区向另一个地区传播的,避而不谈人群之间在技术上和组织上的不平等状况。传播论者虽然也关注历史,但是对生态的、经济的、社会的、政治的和意识形态的母体漠不关心,虽然文化形式和文化特质就是在这些母体中通过一定时空传播的。③ 传播论者虽然也注意到了不同地区之间的联系,但是没有关注到这些地区里生活着的人民。

在英国功能主义盛行的年代,利奇是一个独特的例外。功能论者主要关注孤立整体在内部是如何运作的,而利奇却注意到历史的变化过程以及外部因素的影响。真实的社会存在于时间和空间中。人口、生态、经济和外部政治情境所形成的并非一个固定的环境,而是一个不断变化的环境。任何真实的社会都是时间进程中的一段。利奇认为,一个地方的社会文化变迁是内外因素相互作

---

① 罗绒战堆:《沟域中生存的藏人》,载《中国西藏》2007年第4期。
② 樊胜岳、琼婧、韦环伟等:《西藏地区沟域经济系统耦合模式研究》,载《西南民族大学学报》(人文社科版)2009年第1期。
③ 参见[英]埃德蒙·R. 利奇《缅甸高地的政治体系》,杨春宇、周歆红译,商务印书馆2010年版,第19页。

用的结果。他说:"在我看来,社会变迁的终极起因几乎总是可以归结到外界政治和经济环境的变迁,但是任何变迁借以体现的形式大部分取决于一个既定体系已有的内部结构。"① 这些影响因素包括三个方面:第一个是物质环境或生态,即提供基本生计方式的资源和生产方式上的变项。第二个是政治环境,即政治史。无论怎么定义一个社会,从某种角度来看,它本身总是政治组织的一个单位,但是换个角度来看,它同时也是一个更大的社会的一部分,后者是一个更大规模的政治体系。第三个是社会中具体的人的因素,即在对社会变迁的分析中,需要考虑个人野心和个人魅力中的任意性因素。物质环境和人本身应该归为社会内部的因素,而政治经济环境则属于外部影响,这三者总是在相互作用,因而不能将一个社会文化单位孤立地进行看待。

马林诺夫斯基因开创田野调查研究方法和文化的需要功能理论而为人们所熟知。但是,在其学术生涯的最后阶段,他的思想开始发生了转变,亦即从原来的文化静态的功能分析转入对文化动态的思考当中。在去非洲考察的途中,马林诺夫斯基清晰地看到了三种截然不同的文化景象:一种是"输入的欧洲",即白人居住和生活的地区;一种是传统非洲;还有一种就是正在变动中的非洲,即"两者凑合在一起的文化"。巨大的文化冲击给马林诺夫斯基留下了深刻的印象,以至于他在后来的著作中这样写道:"社会变动是社会存在的状况,包括社会精神和物质的文化,从一种形式向另一种形式转变的过程。……这种过程不论什么地方什么时间都在人类文化中经常发生。……由于西方文化正在大规模地扩散。非洲所见到的文化变动和欧洲的那些比较不发达的还按着传统方式生活的农村转变成和英、美、法等国发达地区相近的形式的过程实质上并没有深刻的不同。"②

马林诺夫斯基甚至认为:"社会人类学田野工作的研究对象应当是变动中的美拉尼西亚(也包括西太平洋的岛 Trobriand)或非洲的土人。他们已成了全球社会的公民,正在和全球文明相接触。他们实质上正受着多种文化的支配。研究变动中的土人将使我们不必再用随意猜臆的方法去重构他们在欧洲人入侵前的文化,去追寻一项项基督教信仰和一件件怪异的欧洲人禁忌的来源,而可以直接去看,这些事情实际上正在怎样活动,怎样和他们原有的文化相抵触和冲撞,或是怎样被吸收进入他们的生活。另一方面说,这种正在我们眼前发生的文化传播的过程正是人类发展上极为重要的历史事件。忽略了这种研究

---

① [英]埃德蒙·R.利奇:《缅甸高地的政治体系》,杨春宇、周歆红译,商务印书馆2010年版,第202页。
② 转引自费孝通《读马老师遗著〈文化动态论〉书后》,载《北京大学学报》(哲学社会科学版)1998年第5期。

一定会使人类学丧失它最重要的任务之一。"① 为此，他提出了研究文化变迁的三项法，分别是：白人的影响、利益和意向，白人和土人的文化接触与当地文化的变迁和发展，土人文化的遗留。他还格外说明，在三项法中发现动态取向的关键在于接触双方的利益上是否有一致的基础。由于三项法的划分过于简单化，后来在第三项的基础上又增加了两项。这两项是土人部落文化的重构，土人自发的整合和反应的新力量。

马林诺夫斯基后期对文化变迁以及应用人类学的重视亦可体现于其对费孝通《江村经济》的评价。马氏直言不讳地指出，他个人认为费孝通描写江村（开弦弓村）蚕丝业的一章最为成功，即"家庭企业如何有计划地变革成合作工厂，以适应现代形式的需要"②。

在分析江村农民蚕丝业的衰败和变迁时，费孝通先生即从"促使变化的外界力量和承受变化的传统力量"③ 这两个方面来看待问题。世界经济的衰退以及蚕丝业在世界范围内向采用科学方法管理的工厂企业的发展，导致生丝价格的下跌，进而导致家庭蚕丝业的破败，收入急剧减少。承受变化的最基本的传统力量无疑为人们的最低生活水平，包括日常所需、礼节性费用和从事生产的各项资本。同原有的经济状况相比，人们的生活水平明显下降，由此造成的收入不足带来一系列生产生活上的不利后果。

比费孝通略早的时候，中国的另一名学者杨庆堃对农村地区遭受世界经济的冲击进行了较为深刻的关注。早年的杨氏以农村的主要交换组织市集为研究对象，通过分析市集中外来货物的种类、规模和距离远近，考察在以工业化为主导的世界经济的冲击和影响下，农村传统的自给自足局面的维持和打破程度。④

杨庆堃在自己的研究中总结道："维持着一个自给自足的局面的，可说有两种形势，在内部方面要能够自己生产生活上所必需的大部分货物，而外部则和别的社会单位不发生繁重的经济关系。致力于某一种专门生产的社会，都不能维持其自给自足的经济局面，……是以要观察一个社会的自给自足情势，可以从其内部的生产或其对外的社会经济关系，为入手研究的方法。"⑤

---

① 转引自费孝通《读马老师遗著〈文化动态论〉书后》，载《北京大学学报》（哲学社会科学版）1998 年第 5 期。
② [英] 马林诺夫斯基：《江村经济·序言》，见费孝通《江村经济：中国农民的生活》，商务印书馆 2002 年版，第 18 页。
③ 费孝通：《江村经济：中国农民的生活》，商务印书馆 2002 年版，第 173 页。
④ 参见杨庆堃《邹平市集之研究》（学位论文），燕京大学社会学系 1934 年。
⑤ 杨庆堃：《市集现象所表现的农村自给自足问题》，见李文海主编《民国时期社会调查丛编（二编）：乡村经济卷（中）》，福建教育出版社 2009 年版，第 822 页。

美国人类学家雷德菲尔德最早开始关注传统的农村社会与都市文明之间的关系问题，并且提出了俗民社会①（也称乡民社会）的概念。他根据在墨西哥农村里的经验观察，总结出农村地区和城市文明之间的联系与区别。农村地区的乡民社会可被视为文明社会里的"部落单元"。乡民主要依靠自己的耕作为生，居住在半封闭的社区单位里，并受传统观念的维系。这样的一个社区，雷德菲尔德将其称作"小传统"，以有别于都市文明的"大传统"。虽然小传统存在于大传统之中，但两者之间的关系多少存在对立性：在政治上，小传统受制于大传统的权力；在经济上，小传统供应大传统基本的农业资源；在思想艺术上，大传统会有创新变化，并进而影响到小传统。后来的研究者深受雷德菲尔德的影响，他们对于乡村社会的研究成果可谓层出不穷。有的研究乡村社会的组织关系和社会结构，有的研究农民的经济逻辑和价值观念，有的研究者认为农村地区的工业化和城市化是发展的唯一出路，有的研究者则认为农民不具有追逐利润最大化的生产动力，等等。无论争辩的结果怎样，乡村地区总是在按照自己的逻辑在变化和发展着，农民也并不是不为利益所动的"老实人"，人们对外界的新事物甚至表现出格外的渴求。对于这一切，又该如何解释呢？

随着整个世界日益收缩为一个紧密联系的整体，相应的解释性词语也应运而生，耳熟能详的如全球化、现代化等。全球化直面于整个世界范围内的一体化和同质化，可谓是对我们当前所处世界现状的一种客观概括和主观感知。

相比于全球化，现代化的概念更为具体有力。罗荣渠先生总结道：所谓现代化就是"用来概括人类近期发展进程中社会急剧转变的总的动态的新名词"②。关于"现代化"一词的具体定义，罗先生通过自己的研究整理，主要将其归纳为四大类。

第一，现代化是指在近代资本主义兴起后的特定国际关系格局下，经济上落后的国家通过大搞技术革命，在经济和技术上赶上世界先进水平的历史过程。中华人民共和国成立后的各种现代化口号以及工业化发展证明了这一点。

第二，现代化实质上就是工业化。更确切地说，是经济落后国家实现工业化的进程。

第三，现代化是自科学革命以来人类急剧变动的过程的统称。

第四，现代化主要是一种心理态度、价值观和生活方式的改变过程。③

对于现代化现象的根源解释，可以体现于两种态度：一种认为其是一种自

---

① Redfield Robert. The folk society. *The American Journal of Sociology*, 1947, 53（4），pp. 293 – 308.
② 罗荣渠：《现代化新论：世界与中国的现代化进程》，北京大学出版社 1993 年版，第 8 页。
③ 罗荣渠：《现代化新论：世界与中国的现代化进程》，北京大学出版社 1993 年版，第 9～16 页。

然发生的社会过程，一种认为其是国家主导下的一种发展话语和目标。无论认可哪种观点，现代化都有一个基本的特征，就是前工业社会（抑或传统的农业社会）向工业社会的一种过渡和转变。

20世纪70年代以后，世界体系理论的提出又将我们对资本主义出现以来的人类社会历史的理解往前推进了一步。现代世界体系理论的提出者沃勒斯坦认为，人类历史虽然包含着各个不同的部落、种族和民族国家的历史，但是这些历史不是孤立地发展的，而是相互联系着发展和演变的，总是形成一定的"世界体系"。"世界体系"是一个社会体系，它具有范围、结构、成员集团、合理规则和凝聚力。绝大部分通常被描述成各种社会体系的实体——部族、社会共同体、民族国家——实际上都不是完整的体系。①

沃勒斯坦的世界体系理论宏大，其内容和观点主要概括如下：

第一，世界经济体系和世界帝国之间的区别。沃勒斯坦认为，迄今为止只存在过两种不同的世界体系，一种是世界帝国，一种是世界经济体系。在世界帝国中，存在着一个控制大片地域的单一政治体系，而无论其有效控制减弱到什么程度；在世界经济体中，往往存在多个政治中心。世界经济体系与世界帝国有着基本的不同。帝国的政治集权化是它的力量所在，帝国是一个征集贡品的机制，它凭借暴力（贡品和赋税）和贸易中的垄断优势来保证经济从边缘向中心流动。而在资本主义世界经济体系中，政治力量被用来保证垄断权利。国家减弱了作为中央的经济机构的作用，而更多地变成在其他经济交易中保证一定的进出口交换比率的手段。②

第二，资本主义世界经济体系和资本主义生产方式之间的区别。沃勒斯坦所说的"现代世界体系"主要指的是资本主义经济的世界体系。资本主义世界经济体系和资本主义生产方式不同，资本主义生产方式注重于生产关系，而资本主义世界经济体系则主要侧重于不同地区之间的贸易和交换，两者虽然都存在不平等关系，但前者是以占有生产资料的资本家直接剥削工人劳动所产生的剩余价值为基础的，而后者主要是以"中心区"对"边缘区"的贸易及其他经济上的优势地位为基础的。因而，世界经济体系并不必然是指资本主义的生产方式，在它内部，还包括其他多种非资本主义的生产方式，后者往往主动或被动地卷入前者当中。世界经济体系是一个物质经济实体，它的自足是以广泛的劳动分工为基础的，而且在体系之内包含多种文化。

---

① 参见［美］伊曼纽尔·沃勒斯坦《现代世界体系》（第1卷），罗荣渠等译，高等教育出版社1998年版，第460～461页。

② 参见［美］伊曼纽尔·沃勒斯坦《现代世界体系》（第1卷），罗荣渠等译，高等教育出版社1998年版，第11～12页。

第三，资本主义世界体系的形成，经历了一个不断发展和扩大的过程。最早的世界经济体系于15世纪末16世纪初在欧洲产生①，到了17—18世纪，经过新一轮经济扩张过程，原来的欧洲世界经济体突破了它在16世纪创造的边界，开始把广大的新地区纳入它的有效的劳动分工体系之中。在19世纪末20世纪初，整个地球，甚至那些从来没有成为过资本主义世界经济体外部领域的地区，最终也被卷入了进来。②

第四，"中心—半边缘—边缘"概念的划分和提出。这也是现代世界体系最为核心的观点。现代世界经济或世界体系是一个统一的市场。其中，各地都在为追求最大利润而生产，但随着资本积累、技术水平和国家强弱的不同而形成了不同的劳动分工，从而构成了核心区、边缘区和半边缘区三种地带。这三个组成部分彼此依赖，形成一个不可分割的结构整体。三个不同的组成区域各自分担着不同的经济角色：中心区利用边缘区的原材料（包括用于铸币和饰物的贵金属）和廉价劳动力，生产加工制品向边远地区谋利，并控制世界体系中金融和贸易市场的运转。边缘区除了向中心区提供原材料、初级产品和廉价劳动力，还提供销售市场。半边缘区介于两者之间，对中心区部分地充当边缘区的角色，对边缘区部分地充当中心区的角色。半边缘地区是一个世界经济体不可缺少的结构性因素。这些地区所起的作用与帝国中各中间贸易集团能起的作用相似。半边缘区域是各种不可缺少的技能的集合点，但在政治上往往是不受欢迎的。这些中间集团部分地使政治压力转移，否则那些主要处于边缘地区的集团有可能直接反对中心国家和那些利用中心国家机器在国内操纵的集团。三种角色中缺掉任何一种，资本主义世界经济体系就不可能存在。③

三种经济角色的划分是由不同地区和国家的劳动分工所决定的。沃勒斯坦认为，世界体系是一个具有广泛劳动分工的实体。这种分工，不仅仅是功能上的（即业务上的），而且是地理上的，也就是说，各项经济任务的区域并不是均匀地分布于整个世界体系之中。④ 世界经济体的分工包含各种职能性任务的层次，其中，需要较高水平的技能和较大资本含量的各项任务由较高层次的地区来承担。市场的力量更多的是强化而不是削弱这些不平衡。因此，世界经济

---

① 参见［美］伊曼纽尔·沃勒斯坦《现代世界体系》（第1卷），罗荣渠等译，高等教育出版社1998年版，第12页。
② 参见［美］伊曼纽尔·沃勒斯坦《现代世界体系》（第1卷），罗荣渠等译，高等教育出版社1998年版，第181页。
③ 参见［美］伊曼纽尔·沃勒斯坦《现代世界体系》（第1卷），罗荣渠等译，高等教育出版社1998年版，中文版《序言》，第4～5页。
④ 参见［美］伊曼纽尔·沃勒斯坦《现代世界体系》（第1卷），罗荣渠等译，高等教育出版社1998年版，第462页。

体的发展进程趋向于在本身发展过程中扩大不同地区的经济和社会差距。此外，还要分清世界经济体的边缘与外部区域之间的区别。"外部区域指的是这样的地区，即资本主义世界经济体需要这个地区的货物，但这个地区反而抵制（可能是文化上）进口资本主义经济体的工业制成品，而且它在政治上足够强大，可以保持它的立场。"①

第五，国家在世界经济体系中的作用。沃勒斯坦认为，资本主义一开始就不是在单个国家内孤立出现的，而是作为世界性的体系出现的。沃勒斯坦认为："除了一个资本主义世界体系外，并不存在各种各样的资本主义国家，并且，为了成为资本主义世界体系的一部分，就必须加入世界体系的生产网络或商品交换的链条当中（哪怕是最低限度的），并置身于一个加入国际体系的国家内，而国际体系则成为资本主义世界经济体的上层政治建筑。但是，国家在这个过程中应该起到一定的约束作用，因为如果跨越边界的商品、货币和人的正常流动不能有一定的保证，整体性劳动分工就不可能顺利地运作。世界经济体中的政治结构趋向于通过空间定位使文化联系起来。一个强有力的国家机器的创立，总是伴随着一种民族文化，这种现象一般被称为一体化，既可以作为保护在世界体系内已出现的差别情况的机制，又可以为维护这些悬殊的差别情况做一种观念形态上的掩饰和辩护。"② 从现存国际体系的角度来看，一个处于融入过程的地区，其融入的理想状态是它的国家结构既不要太强大也不要太脆弱，如果它们太强大，就可能不顾及世界经济体资本积累的最大化利益，而是根据自身考虑，阻止必要的跨境流动，如果它们太脆弱，就没有能力阻止其他人在它们的领域对流动进行干扰。在融入过程的末期，人们希望看到这样的国家：它对内有足够强大的官僚机器，能运用某些手段直接影响生产过程；对外能够与国际社会的外交规范和货币网络相联系。③

第六，世界经济体的扩张动力来自内部，是一个自发的过程。沃勒斯坦认为，融入资本主义世界经济体，绝不是由于被融入地区的主动而开始的。这一过程是由于世界经济体扩展其边界的需要而发生的，那种需要是世界经济体自身内部压力的结果。而且，像融入世界经济体这样重大和大规模的过程，也不

---

① ［美］伊曼纽尔·沃勒斯坦：《现代世界体系》（第3卷），庞卓恒等译，高等教育出版社2000年版，第216页。
② ［美］伊曼纽尔·沃勒斯坦：《现代世界体系》（第1卷），罗荣渠等译，高等教育出版社1998年版，第463页。
③ 参见［美］伊曼纽尔·沃勒斯坦《现代世界体系》（第3卷），庞卓恒等译，高等教育出版社2000年版，第219页。

是一个突然发生的现象。这些过程是从持续不断的活动潮流中出现的。① 通过这一过程，曾经属于世界经济体外部领域的一个地区，后来变成了同一个经济体的边缘区。他把这个过渡看作一个中间时期，并把它称为融入时期。在融入的过程中，一个地区将依次经历外部领域、被融入、被边缘化三个阶段。

第七，资本主义世界体系内部的关系并不是固定不变的，而是充满了上升与沉落的。这源于资本主义世界体系的内在矛盾。它的动力源自资本的不断积累，而这要以人口不断无产阶级化和不断将世界广大地区边缘化为代价。但生产的无限扩大与需求不足造成的供求不平衡是其基本矛盾，而资本积累与其造成的人口无产化和世界广大地区边缘化又不断加剧着这种矛盾。无产化和边缘化不可能无限地继续下去，资本积累的无限扩大也不可能停止，这种无法解决的矛盾终会导致世界体系的崩溃。正如沃勒斯坦所说，世界体系的生命力是由冲突的各种力量构成的。这些冲突的力量由于压力的作用把世界体系结合在一起，而当每个集团试图把它改造得有利于自己时，又使这个世界体系分裂了。

第八，对于世界经济体系的产生和扩张，沃勒斯坦表现出一种矛盾的态度。一方面，他比以往任何理论家都更激进、更彻底地批判资本主义世界经济体系的剥削性，以及由此带来的落后和不平等。正如其所说，创立资本主义不是一种荣耀，而是一种文化上的耻辱。② 另一方面，他又将资本主义世界经济体系的产生和扩张视为地缘间不同的劳动分工所致，是一种自发的结果，这就显示出世界经济体系的产生是一种不可避免的结果，而且具有其产生的合理性。

沃勒斯坦的世界体系论影响巨大，但引起的争论和非议也颇多。他们的观点可以归纳为：①沃勒斯坦从经验层面到价值层面对资本主义与现代化都持有彻底的、片面的批判和否定态度。由此出发，他对具有丰富、复杂内涵的现代化进程和资本主义体系进行了高度抽象，完全抛弃了其在推动科技进步、增加物质财富、提高劳动效率、发展社会生产力、构建民主政治、增进社会公平、促进理性化等方面的积极作用与合理成分，将资本主义体系等同于一架单纯的剥削机器。②沃勒斯坦过于重视劳动分工和交换在资本主义世界经济中的作用，而忽视了不同地区本身生产力发展这个重要因素。③沃勒斯坦所描述的体系是一种"经济化约论"，忽视了政治、文化因素在历史及资本主义发展中起到的相对独立的重大作用。④沃勒斯坦对国家机器在资本主义发展中的政治、

---

① 参见［美］伊曼纽尔·沃勒斯坦《现代世界体系》（第3卷），庞卓恒等译，高等教育出版社2000年版，第181页。
② 参见［美］伊曼纽尔·沃勒斯坦《现代世界体系》（第1卷），罗荣渠等译，高等教育出版社1998年版，中文版"序言"，第1页。

社会调节职能和国家之间非经济的政治、军事、文化结盟与对抗关系估计过低，对国家在近现代作为享有主权的经济、政治实体发展的重大作用很少讨论。如此等等。我们认为，对于世界体系理论的评价，不能极端和片面化，既要看到其不平等的一面，也要看到其进步和合理的一面。此外，沃勒斯坦主张从世界体系外部而不是一个民族和国家的内部出发来研究和解释社会变迁，这对于侧重以地方文化内部研究为主的人类学者来说，是绝对不能接受的，因为这一强调忽视了地方文化的主体性地位以及生活于其中的人们的真实态度。世界体系带来的影响及其限度，唯有通过对地方人群的实际调查才可能得到解释。

人类学中的政治经济学派兴起于20世纪70年代，其理论源泉虽然来自于马克思主义的传统，但是和马克思的政治经济学又有一定的区别。通常意义上的马克思主义政治经济学建立在劳动价值论的基础上，主要关注生产关系和分配关系；而人类学中的政治经济学派则主要关注的是世界性的劳动分工以及地区之间的不平等交换关系。

和以往相对离散的社会文化研究不同，政治经济学派将其注意力主要集中在跨地区的政治经济体系上。该派成员除了借鉴沃勒斯坦的世界体系理论，还吸收了德国学者安德烈·冈德·弗兰克的"依附性积累"和"低度发展"理论[①]。20世纪60年代，正是现代化理论盛行的时期。人们普遍认为，不发达国家和地区的经济落后是自身制度和文化观念等方面的原因造成的，这些国家和地区要想顺利实现工业化和经济增长，必须在制度和观念上向西方国家学习。弗兰克则另辟蹊径，对这些经典现代化理论提出了质疑。弗兰克认为，发展和低度发展绝不是互不相干的现象，而是紧密纠结在一起的。在过去的几个世纪里，资本主义从最初的中心扩展到全球的各个角落，不管它渗透到哪个地方，都会把其他地区转变成依附于都市中心的卫星腹地。

弗兰克不仅指出历史上宗主国造成了殖民地的不发达，而且指出殖民地即使独立，由于与宗主国存在千丝万缕的联系，仍将长期处于低度发展的落后状态。总之，"依附和不发达"理论提出，发达国家和发展中国家之间所形成的不平等贸易关系，造成前者对后者的严重剥削，使得前者得以继续获利而更加发展，但后者在这种经济结构的限制下只得继续被剥削而停留于低度发展的状态中，两者间的差距从而越拉越远，使得后者无论如何努力都无法达到经济发展的目标。

埃里克·沃尔夫吸收了世界体系理论的有用观点，并且将其运用到对传统

---

① 参见［德］安德烈·冈德·弗兰克《依附性积累与不发达》，高铦、高戈译，译林出版社1999年版。

文化"孤岛"式的人类学研究的反思当中。"在这种全球人类学的努力中，我不再局限于描绘那些独立的部落、文化区域和文明，而力图廓清人类相互作用的网络，这些网络跨越了至今仍然分离的两个半球——欧洲、亚洲与非洲的旧世界，美洲的新世界。这些网络既是在空间中，也是在时间中逐步形成并扩散的。要想确切地把这些网络描述清楚——追寻它们的生成及扩散过程——就意味着必须追踪人群的历史进程，而这是被站在西方立场上的历史忽略和歪曲了的。正如人类学笔下'原始的当代人'形象一样，他们也被视作没有自己历史的人民。"①

沃尔夫认为，普通大众虽然确实是历史过程的牺牲品和沉默的证人，但他们同样也是历史过程的积极主体。人类世界是一个由诸多彼此关联的过程组成的复合体和整体，这就意味着，如果把这个整体分解为彼此不相干的部分，其结局必然是将之重组成虚假的现实。②每个社会都有自身独特的文化，它们被想象成一个整合的、封闭的系统，与其他同样封闭的系统相对立；既隔绝于外界，也彼此隔绝，变化迟缓、僵滞、缺乏理性。当把世界划分成现代社会、过渡社会和传统社会时，它妨碍了我们理解它们之间的关系。此外，每个社会都被定义为一个由各种社会关系组成的自主的、封闭的结构，因而无法分析社会间或集团间的交换，包括内部的社会冲突、殖民主义、帝国主义以及社会依附。

沃勒斯坦和弗兰克所提出的理论意义在于，他们对资本主义提出了深刻的、具有理论意义的解释。也就是说，资本主义是如何演进、传播的，一系列相互交织又相互分化的关系是如何演进和传播的。弗兰克和沃勒斯坦都关注资本主义世界体系及其各部分之间的格局。虽然他们利用了人类学家和地方史学家的研究成果，但主要目的都是为了理解中心如何征服边缘的，而不是研究人类学家传统上考察的小规模人群。因此，他们对研究中心的选择必然使他们疏于考虑这些人群的规模和多样性，以及这些人群在欧洲扩张和资本主义到来之前的生存方式，从而，他们也没有考虑到，不断扩大的市场和随后工业资本主义是怎样逐步渗透、征服、破坏和吸纳这些生存方式的。但是，如果不进行这种考察，"边缘"的概念仍然只能等同于"传统社会"的范围。与旧术语相比，它的优势主要在于它的含义：它指的是更广泛的联系，如果我们想理解边缘地区正在发生的那些过程，我们就必须考察这些联系。

---

① ［美］埃里克·沃尔夫：《欧洲与没有历史的人民》，赵丙祥、刘传珠、杨玉静译，上海世纪出版集团 2005 年版，第 34 页。

② 参见［美］埃里克·沃尔夫《欧洲与没有历史的人民》，赵丙祥、刘传珠、杨玉静译，上海世纪出版集团 2005 年版，第 7 页。

通过借用马克思的"劳动"和"生产"的概念,沃尔夫提出了自己对于生产方式概念的理解。他关注人类对自然的技术改造是如何与人类社会的组织方式联系在一起的,生产方式是一组特殊的、历史地发生的社会关系,人们借此以工具、技巧、组织及知识为手段实施劳动以从自然界获取能量。沃尔夫据此界定了存在于人类社会当中的三种生产方式,分别为资本主义生产方式、贡赋制生产方式和亲族制生产方式。他划分的目的不在于证明这三种生产方式代表着一定的进化顺序,而在于说明这些生产方式在遭遇时的特定历史关系。文化变迁或文化演进不是在孤立的社会中进行的,而始终是在相互联系着的系统中进行的;在这些系统中,各个社会以不同方式在更广泛的社会场域中处于彼此关联的关系之中。生产方式的用处之一恰恰在于它能够促使我们去探求这种系统间的关系和系统内的关系。用这个概念来揭示资本主义生产方式在同其他生产方式的互动过程中为达到其支配地位而不断变化着的方式,显得简单明了。这一过程将牺牲品、受益者、角逐者和合作者联系在一起。沃尔夫认为,社会的概念是从人们实际的或强加的互动行为开始的,而生产方式的概念则致力于揭示政治经济关系,正是这些关系构成了人们互动的基础,主导并制约着人们的互动。这些关键关系可能只体现了一个社会中全部互动的一部分,也可能包括了一个社会的全部互动,还有可能超越了特殊的、历史的营造起来的社会互动系统。生产方式上的划分可以帮助我们来理解资本主义生产方式的传播及其对世界各地区的冲击。在这些地区里,社会劳动是以与资本主义生产方式不同的生产方式进行配置的。资本主义世界经济体系通过全球性市场连接、渗透,最后破坏了各地原有的生产方式。传统的地方社会被破坏,人群的生活方式也被改变。这一过程里,资本主义生产方式与资本主义市场逐渐取得支配性的地位。资本主义通过市场交易,一方面并吞,另一方面结合其他生产方式。

美国人类学家西敏司对蔗糖的研究是政治经济学研究中一个很好的例子。西敏司认为,在复杂的等级社会里,"文化从来都不是一套整齐划一的体系,它包含着不同社会等级的人在行为和态度上的差异,这些差异具体通过人的不同思考方式、目标以及价值观的表达、实践和改变来体现和反映。文化的'介质'包括物质客体、语言表达以及思想观念——可以上下来回地流动,从权贵到贫民,反之亦然。然而,当流动发生时,这些介质的意义也会发生改变。文化介质的流动受到财富和权力等因素的影响"①。蔗糖在近代历史上的轨迹显示,它被那些活跃地重塑着世界的社会、经济以及政治力量,推向一个蕴含着巨大产能的混合体中去,而这条轨迹牵扯到了数量庞大的人口与资源。由此而来的是,商品本身以及商品包含着什么样的意义都呈现了截然不同的面

---

① [美]西敏司:《甜与权力》,王超、朱健刚译,商务印书馆2010年版,第124页。

貌。基于同样的原因，人本身以及人所具有的意义是什么也随之改变。在末尾，他说，我们人类学家很长时间以来一直面临着一种矛盾的处境，我们拒绝世界已然改变或是正在改变的同时，也否认了我们身上那种能为广泛理解这些变化而贡献力量的能力——甚至是责任。假如我们的浪漫主义已经背叛了我们，那么我们在确认和宣称自身力量方面也已经滞后了。那些力量仍旧存在于田野工作之中，存在于对同一物种的人类其历史的本质理解当中。人类学的志趣，即关注人、事物以及行动是如何通过富于意义的方式整合在一起，既能在现代社会中也能在初民社会中得以延续。①

沃尔夫和西敏司分别提出，依附理论和世界体系理论忽略了边缘地区的本地动力，因为边缘在理论上极大地反映了中心的情况；此外，由中心地区导致的边缘地区的低度发展，引发了一种人类行动作为全球化进程渠道的简化观点。故从弗兰克和沃勒斯坦的视角视之，既不可能了解存在于地方级别的反抗力量，也不可能基本理解处于社会边缘地区的人们的社会生产与再生产的状况。②

谢丽·奥特那对政治经济学派的研究进行了全面而深刻的评价。她认为政治经济学派关注跨地区的发展进程，这一点值得首肯。以往的人类学大都把所研究的样本想象成"孤岛"，忽略其与外在系统的交融。政治经济学不断告诫研究者：农民乃至部落社会是国家的一部分，是全球交换体系的构成单位。政治经济学重视历史方法也值得一提，虽然人类学领域重视历史的学派不止一个，但政治经济学派对历史人类学探究最为系统、深入。

政治经济学的缺陷表现在偏于"经济"。由于频繁地使用工资、市场、货币联系、经济剥削、不发达这类词汇，较少使用权力关系、支配、操纵、调控这类术语，对政治术语背后经济现象揭示不多，显得经济成分太强，政治力度不够。政治经济学的理论假设是资本主义已经达到绝对优势，世界上再没有世外桃源，这个假设值得怀疑。遥远的社区，哪怕是个村庄都有独特的历史与结构，这不妨碍把它放到大尺度的关系中去研究，但也可以从小尺度的关系中去研究。

世界一体化的模型对政治经济学派的历史研究产生不可估量的影响。什么叫作历史？所谓历史，就是一艘从外驶来的航船，于是只需挖掘大民族对于小民族、西方对于东方、外部对于内部的冲击引起当地变迁的材料就够了。正如沃尔夫所认为的："人类学家研究的绝大多数社会是欧洲扩张的产物，而不是

---

① 参见〔美〕西敏司《甜与权力》，王超、朱健刚译，商务印书馆2010年版，第209页。
② 参见〔美〕罗伯特·尤林《陈年老窖：法国西南葡萄酒业合作社的民族志》，何国强译，云南大学出版社2012年版，第25页。

过去的进化阶段的原本结果。"① 因此，政治经济学派只是愿意把自身定位在资本主义的历史航船上，而不是下船上岸来扮演行动者的角色，了解当地人固有的行动。这对关注地方性知识的传统人类学来说是绝对不能接受的。②

笔者以为，相比于全球化、现代化等理论术语，现代世界体系的概念和理论更为系统、具体，而且更具有批判性和反思性。

此外，同样是研究市场、商品、劳动力等经济现象，现代世界体系和我们所熟知的商品经济或市场经济也存在明显差别。从单纯的学术角度来讲，商品经济或市场经济固然可以解释农牧业社会或传统的前工业社会的商品化和市场化现象，但是它们过于中性化，看不到传统社会和资本主义经济碰撞下所带来的剥削和不平等结果，因而缺少一种马克思主义式的社会批判精神。而且，商品经济和市场经济的概念缺乏一种宏观视野，不能完整地体现世界经济一体化所带来的那种汹涌澎湃的不可阻挡之势。

在本书中，笔者主要从两个方面来对现代世界体系进行理解和把握，并将其贯穿到自己的研究当中。一是物质方面。如沃勒斯坦所言，现代世界体系实为一个统一的市场，其具体由发达的中心地和落后的边缘地两者之间的商品交换关系来实现。二是生产方式的链接③方面。资本主义经济的全球扩张和冲击不可避免地会遇到与其截然不同的各类生产方式。相比于工厂、大机器、廉价商品、雇佣劳动等显著的生产和经营特点，世界上的许多边缘地区仍处于家庭等小单位的自主生产和经营阶段，自给自足经济依然具有稳固的存在空间。那么，地方民众是如何应对这些激烈的碰撞的呢？这也是笔者所主要关注的问题之一。

最后来看田野点的已有研究和资料：

（1）历史文献和地方史志。迪麻洛峡谷及其所在的怒江地区的历史资料较少，关于当地土生土长的怒族的记载和描述最早见于明朝初期的《百夷传》，此后陆续增多，如杨慎本的《南诏野史》、景泰年间的《云南图经志》等。

清朝时期出现了一些游记性质的文献记载，具有代表性的如余庆远的《维西见闻录》，其中对怒族、傈僳族、藏族（古宗）的生活特征都不同程度

---

① ［美］埃里克·沃尔夫：《欧洲与没有历史的人民》，赵丙祥、刘传珠、杨玉静译，上海世纪出版集团2005年版，第92页。

② 参见［美］谢丽·奥特那《20世纪下半叶的欧美人类学理论》，何国强译，载《青海民族研究》2010年第2期。

③ "链接"概念由西方马克思主义者在"二战"后所提出，认为每一种社会都存在几种复合的生产方式，其中一种居于主导地位，旧的衰老，新的萌芽。［参见［美］托马斯·C.帕特森《卡尔·马克思，人类学家》，何国强译，云南大学出版社2013年版，第195页译注。］

地做了描述。此外，当时云贵总督硕色的《伴送遣回俅夷》奏折，以及夏瑚所著的《怒俅边隘详情》等也在参考之列。

民国时期，正式编写的一些地方志，如《菖蒲桶志》《纂修上帕沿边志》等，对当时的贡山及其紧邻福贡县的政治、经济、交通、商贸、民族生活等都做了较为全面的叙述，因此成为研究这一阶段历史所不可缺少的珍贵资料。

新中国成立以后的地方志如《贡山独龙族怒族自治县志》《怒江傈僳族自治州志》《怒江州交通志》《维西傈僳族自治县志》《德钦县志》等。

（2）新中国成立后的社会历史调查。如《怒族简史》《怒族简史简志合编》《怒族社会历史调查》《傈僳族社会历史调查》《云南省怒江傈僳族自治州社会概况：傈僳族、独龙族、怒族调查材料》以及综合性的《怒江文史资料选辑》系列。

（3）研究著作。如王恒杰的《迪庆藏族社会史》、李金明的《云南迪麻洛村半农半牧的生态文化与可持续发展》，以及云南省生物多样性与传统知识研究会所编的《社区生计部研究报告》系列著作。

# 第一章　传统时期的地理闭塞与自然生存

历史上的怒江北部地区长期以来一直处于较为封闭的状态。关于当地先民怒族的直接文字记载，最早出现于明代。明代初年，和李思聪一起奉使缅甸和百夷的钱古训在其记载和描述边疆山川风俗的《百夷传》中提到："弩人，目稍深，貌尤黑，额颅及口边刺十字十余。"[①] 尽管钱的这段描述极为简短，但毕竟第一次为我们揭开了怒江先民的神秘面纱。因此，若要探讨古代怒江地区的对外联系，只能局限于明代及其往后的清朝。

政治上，虽然此时的统治势力已经进入西南边疆，但也只是借助土司势力来进行间接统治，即使后来进行了"改土归流"，但处于苦寒、偏远的怒江西北部地区，依然受制于土司头目的直接统治，直到清末夏瑚巡视后这种局面才告一段落。

经济上，此时怒江的少数民族仍然处于采集狩猎与刀耕火种农业并存的局面，人们主要通过对生态条件的简单适应，以及地方社会群体间的相互依赖来维持生存。对外的商业联系方面，当地居民最多也只是和周边的邻近民族发生少量生存品的交换。因此，笔者用"低度生存"来形容该地区民众在这一时期的生存。生存本身是一个颇具弹性的概念，但在不同的物质水平下，人们的生存状态是有明显差异的。同样是生存，人们今天的物质条件和远古时期的物质条件显然是有区分的。

总体来讲，明清时期的怒江峡谷和世界市场的距离还非常遥远，尚处于现代世界体系的"外围"地区。虽然鸦片战争以后，帝国主义的坚船利炮打破了清政府闭关锁国的政策，沿海的通商口岸陆续开放，但是在地理位置极为遥远的西南高山峡谷地区，帝国主义的势力仍然鞭长莫及。

---

① 钱古训：《百夷传校注》，江应樑校，云南人民出版社1980年版，第104页。

# 第一节 采集、狩猎与刀耕火种

明清时期，怒江峡谷地区的生产力水平还比较低，人们只能在有限的技术范围内，尽可能地利用自身所处的环境特点，从自然界中获取物质和能量，以此来满足自身的生存需要。一方面，适应环境只是生存的开始，由于技术以及其他能力的限制，人们在开发自然的过程中不可避免地要进行内部的劳动协作。另一方面，这一时期的统治者除了向当地民众征收贡品，在生产的推动以及公共服务的提供方面，基本上可以说是毫无作为，人们对权力的依赖也极为有限。因此，为了维持生存，征服自然，只得依靠群体内部的社会协作。

柴尔德根据一个社会确保自身获得食物的方式，亦即经济基础，区分了三种重要的社会类型：一种是依靠采集食物（或掠夺型）经济的社会，这种社会处于游群时代；一种是依靠食物生产经济的社会，这种社会处于新石器时代；一种是一些人构成直接生产阶级，另一些人构成统治阶级，基本经济形式是后者从前者那里榨取劳动成果，这种社会处于阶级时代。

明清时期的怒族地区，可以说兼具了柴尔德所提出的这三种经济形式。在人们对环境的适应和利用方式上，既有采集狩猎，也有原始的刀耕火种农业。同时，当地民众还向千里之外的土司和封建政府缴纳贡品。关于当时的生计状况，可以参照一些具体的历史记载。例如：

明代时，怒族先民已经从事农业生产。正德《云南志》及谢肇淛《滇略》中载："怒人，颇类阿昌"，"皆居山巅，种苦荞为食。余则居平地或水边也"。[1]

余庆远的《维西见闻录》对于清代的怒、藏、傈僳等族的社会生活状况做了较为全面的描述："怒子，居怒江内，界连康普、叶枝、阿墩之间，迤南地名罗麦基，接连缅甸，素号野夷。男女披发，面刺青文，首勒红藤，麻布短衣，男著裤，女以裙，俱跣。覆竹为屋，编竹为垣，谷产黍麦，蔬产薯、蓣及芋。猎禽兽以佐食，无盐，无马骡，无盗，路不拾遗，非遇虎豹，外户可不扃。人精为竹器，织红文麻布，麽些不远千里往购之。性怯而懦，其道绝险，而常苦栗粟之侵凌而不能御也。"[2]

---

[1] 正德《云南志》卷四十一《诸夷传六》，转引自方国瑜主编《云南史料丛刊》（第六卷），云南大学出版社 2000 年版，第 481 页。

[2] 余庆远：《维西见闻录》，见于希贤、沙露茵选注《云南古代游记选》，云南人民出版社 1988 年版，第 126 页。

"古宗，即吐蕃旧民也。……垦山地，种青稞麦黍，炒为面，畜牛羊取酥。嗜茶。食则箕踞于地，木豆盛面，釜烹浓茶，入酥酪，和炒面，指揣而食之，曰'糌粑'。餐止拳大一团。延客置酒盈尊，自酌尽醉，牛羊肉及酥食不尽，以衣裹去。食毕，手脂腻悉揩于衣，无贵贱皆然……"①

"栗粟，近城四山康普、弓笼、奔子栏皆有之。……喜居悬崖绝顶，垦山而种，地瘠则去之，迁徙不常。刈获则多酿为酒，昼夜酗酣，数日尽之，粒食罄，遂执劲弩药矢猎，登危峰石壁，疾走如狡兔，妇从之亦然。获禽兽或烹或炙，山坐共食，虽猿猴亦炙食，烹俟水一沸即食，不尽无归。餍复采草根木皮食之。"②

从以上历史描述中可以看出，藏族主要以农牧业生产为主，而怒族和傈僳族既从事农业生产，又"猎禽兽"和"采草根木皮"，因此处于农业和采集狩猎兼营的阶段。此时的怒族和傈僳族的农业生产，可以用硕色在其奏折中的一句话来概括，就是"皆系散居高山密林，刀耕火种，食尽迁徙岩穴"③。

怒江地区的采集狩猎生计和刀耕火种农业一直持续到中华人民共和国成立初期。斯图尔德的文化生态学理论认为，研究一个社会的生态适应，需要三个步骤：第一步是研究生产技术与环境之间的相互关系。第二步是分析以一项特殊技术开发一特定地区所涉及的行为模式。第三步是确定环境开发所需的行为模式影响文化的其他层面至何种程度。因此，无论是采集狩猎生计，还是刀耕火种农业，都由技术、劳动组织方式和观念制度三大方面构成。

## 一、刀耕火种

对于刀耕火种，清末时期的阿墩子弹压委员夏瑚有着更为清晰的描述。他在巡视了怒江和独龙江的边民生活后说："……农器亦无犁锄，所种之地，惟以刀伐木，纵火焚烧，用竹锥地成眼，点种苞谷④，若种荞麦稗黍等类，则只撒种于地，用竹帚扫匀，听其自生自实，名为刀种火耕，无不成熟，今年种此，明年种彼，将住房之左右前后地土，分年种完，则将房屋弃之他，另结庐居，另坎地种；其已种之地，须荒十年八年，必俟其草木畅茂，方行复坎复种。"⑤

---

① 余庆远：《维西见闻录》，见于希贤、沙露茵选注《云南古代游记选》，云南人民出版社1988年版，第122页。

② 余庆远：《维西见闻录》，见于希贤、沙露茵选注《云南古代游记选》，云南人民出版社1988年版，第125页。

③ 参见《硕色奏折》，见李汝春主编《唐至清代有关维西史料辑录》，维西傈僳族自治县志编委会办公室1992年刊印，第274页。

④ 苞谷：是玉米的又名。

⑤ 夏瑚：《怒俅边隘详情》，见方国瑜主编《云南史料丛刊》（第十二卷），云南大学出版社2001年版，第149页。

刀耕火种需要大量的荒地和山林来支撑。原始的土地公有形式满足了这一生产方式的进行。封建时期，尽管内地农村中的土地买卖和租佃关系已经发展到较高的阶段，但边远封闭的怒江峡谷地区，土地私有制表现得并不明显，该地区的怒族等依然保留着较为浓厚的原始土地公有观念。根据《怒族简史》①的讲述，怒族的原始土地公有制度包括村社公有、氏族公有和家族公有三种。

（1）村社公有地。怒族居住的村寨称为"卡"，一个"卡"基本上是由两个以上的氏族所组成，因此一个村寨实际上便是一个村落公社。每个村社依照自然地势形成自己的辖区范围，各个村社都有自己的公共山林、猎场、黄连地、漆树林、轮歇地。外村人一般不得随意侵犯和使用村社公有地，否则会引起纠纷。

村社公有地又可细分为两种，一种是两个不同的氏族共同居住在一个村寨里，共同占有一片山林、猎场和土地；另一种是分布在几个不同村寨的具有血缘关系的氏族和家族共同占有一片山林和土地。凡是村寨成员，只要征得头人的同意后，均可自由开垦荒山荒地，但不得据为己有，更不能私自买卖。

适应于轮歇丢荒和自由开荒的特点，村社中普遍存在着一种"号地"的特殊分配方式，即缺地成员可以单独或伙同几户人家于春耕前选择自己认为合意的一块土地，砍去一片树枝，或垒石为界，或插上树桩为记，这块荒地就算被人"号定"。凡是已经被人号定的土地，他人不能再来开垦。号定的土地可以长期占有和使用，但不能私自买卖，等到丢荒之后，其他村寨成员又可以继续耕种。

在迪麻洛，至今仍可见到这一"号"物习俗的踪影。举一个砍柴的例子。有一次，笔者跟随一位村民上山去捡柴火，山路两边不时会发现一些树枝，而该村民竟视若无物地继续往前走，笔者疑惑地问他，为什么不捡这些树枝？他回答说，这些树枝已经被别人选好了，也就是"号"定了，不能再随便去碰。笔者又问他，如何知道树枝被别人选好了，标记在哪里？他指着一根树枝对笔者说，有刀砍去一部分枝权的树枝都是别人已经选好了的。仔细再看，的确如此。

（2）氏族公有地。怒江地区的氏族公有地一直保持到民国时期。在原碧江县的普乐乡，有虎、熊、麂子、蛇、岩洞5个氏族，每个氏族都有一块公有土地；老母登乡的斗华苏、达华苏、米黑华、米伯华、亚脚华、拉伍华六个氏族也各有一块公有土地，其中达华苏、米黑华两个氏族的公地最多，因为他们是最早来此居住的。凡是本氏族成员，均可在这些公有土地上进行开垦，并可以享受长期的占有权和使用权，但没有所有权和买卖权。氏族成员需要开垦土

---

① 参见《怒族简史》编写组《怒族简史》，云南人民出版社1986年版，第56～71页。

地时，先送一瓶酒或一只小鸡给氏族头人，获得许可后就可以前去开垦。1929年以后，随着私有制的渗透，氏族组织也变得日益松弛，土地也逐渐变为个人所有。

（3）家族公有地。贡山怒语称为"帕辽"。过去，福贡县古木甲乡的怒族分为次邦、谷乃比、夏鄂、拉腾、西子里5个父系家族。其中，谷乃比家族共有34户，占有山林3片，火烧轮歇地288亩（1亩≈0.0667公顷≈666.67平方米，下同，不再标注），占整个家族总耕地面积的35.2%。民国以后，这些家族公有地已经划分给底下的各户占有，各户可以在自己的地界范围内砍柴、种粮食。在整个家族的协议下，家族公地可以转卖给其他家族，收入由家族成员平均分配。

从事畜牧业的藏族地区，则实行一种叫作"属卡"[①]的制度。属卡组织属于农村公社性质，有自己的土地、山林、牧场，凡是其内部成员，均有权使用这些土地、山林、牧场，成员之间是民主的。一个属卡通常包含几个自然村，属卡之间有着固定的耕地、山林和牧场的边界划分，外部成员不得随意侵占。也有界于两个属卡之间的山林、草场和荒地由两个属卡所共有的情况。一个属卡常有一块公地，由全属卡成员共同出种子和劳力，共同耕种，收获归属卡所有。属卡的最大头人叫老民或头人，有的地方也叫伙头；一般的属卡正户，则叫百姓。属卡组织一直顽强地存活到新中国成立初期。

## 二、采集狩猎

刀耕火种之余，怒族和傈僳族也去山上采集野菜和打猎，一来以野味佐食和补充粮食的不足，二来获取动物的皮张，以纳贡或进行交换。为了弥补食物上的不足，人们往往结伴成群上山采集和打猎来填饱肚子。

这一事实也可以从人们对于时节的划分上表现出来。过去，怒族和傈僳族群众就将一年中的季节划分为：花开月，相当于3月；鸟叫月，相当于4月；烧火山月，相当于5月；饥饿月，相当于6月；采集月，为大批上山采集季节，相当于7月、8月；收获月，收割各种大春作物和忙于秋播，相当于9月、10月；煮酒月，相当于11月；狩猎月，时值初冬农闲，动物皮毛厚、肉肥，相当于12月。可见，人们对月份的认知和划分是与自己的生计安排紧密联系在一起的，在每一年里，人们都有专门的月份用来上山采集和打猎。

采集活动比较简单，既可以借助于工具，也可以直接用手来拔或摘取。在劳动组织形式上，往往个人或家庭就可以单独进行采集，基本不需要群体

---

[①] 参见王恒杰《迪庆藏族社会史》，中国藏学出版社1995年版，第111～121页。

协作。

狩猎活动则比较复杂,其方式主要有三种,分别为静猎、寻猎及围猎。① 静猎和寻猎一般可以分散进行,而围猎则是一项必须依赖群众协作才能完成的劳动。

依靠对生态环境的简单适应来维持生存,势必面临着诸多的不稳定因素。在解决办法上,一方面寄托于各种超现实的信仰,一方面仰仗于社会群体内部成员间的协助和余缺调剂。

例如,为祈求来年风调雨顺、五谷丰登,贡山地区的怒族至今保留着祭供山神、祈求山神保佑丰收的"楼打初"风俗。"楼打初"仪式在每年的庄稼下种前举行。这时,怒族村寨便忙开了,妇女们酿制咕噜酒,男子们准备鸡、蛋等祭山神的供品。待一切准备就绪后,全村男女老少穿上整洁的衣裳,带上酒、肉、蛋等供品,聚集在村头的山坡上,在祭神台前烧香,摆好供品,由一位德高望重的老者领唱祷词:"司兽禽的山神,请听我们的祷告吧,我们的庄稼就要下种了,请不要让鸦、雀、鼠来糟蹋。我们给您献上可口的酒浆,供上喷香的好肉,请把损害庄稼的禽兽赶走吧……"祷毕,众人敲起锣鼓,高唱山神歌,围着祭台绕三圈,而后大喊大叫,一起走到田地头,烧火熏撵鸦雀。②

傈僳族过去还有祭祀"山灵"和"猎灵"的习俗。③ 山灵主宰山林、农产及路径。每个村子中都有公共祭祀山灵的地方,祭祀的具体象征物不是建筑或其他偶像,而是一棵大树,人们认定这棵树为灵树,通常每年阴历四月,择定日期举行祭祀。此外,凡耕种、出猎、远行,都必须先去祭祀一下山灵,祭品为一只鸡、两杯酒。人们认为,如果不祭祀,则收获不佳,出猎时会为野兽所害,出行会迷途、跌伤以及掉入陷阱等。猎灵也称猎神,主宰全家之食禄,牲畜的繁盛以及出猎是否会有所得。祭祀的时候,用竹箭5支,插于土块上,将土块放置于门口,再抓一只公鸡,捏破鸡冠,将鸡血淋洒于竹箭之上。

巫术活动广泛存在于前工业化的部落和乡村社会当中。对于巫术,不同的人有着不同的看法。现代化和科学论者视巫术为迷信和非理性的活动,将其归结为民众科学知识的低下和思想的愚昧所致;而以马林诺斯基为代表的人类学者则从地方社会的整体环境出发,认为巫术活动满足着人们的特定需要,发挥

---

① 参见艾怀森《高黎贡山地区的傈僳族狩猎文化与生物多样性保护》,载《云南地理环境研究》1999年第1期,第76页。

② 参见政协云南省贡山独龙族怒族自治县委员会、政协云南省怒江傈僳族自治州委员会文史资料委员会编《怒江文史资料选辑》(第十七辑),政协云南省贡山独龙族怒族自治县委员会、政协云南省怒江傈僳族自治州委员会文史资料委员会1991年刊印,第125页。

③ 参见陶云逵《陶云逵民族研究文集》,民族出版社2012年版,第272~273页。

着特殊的文化功能，进而承认其所存在的合理性。巫术活动的产生，源自于人们对生活当中的各种未知结果的难于预料和把握，最典型的如对经济生产和人身安全的担忧。在巫术活动中，人们通过运用咒语和仪式，实现对所信奉的超自然力的沟通和控制，进而增强自己的信心。巫术和人们的实际努力并不矛盾，相反，"实用的工作和巫术仪式是分得清楚的。巫术从没有被用来代替工作。掘地及刈草、筑篱及插柱，从来不因有了巫术而略加忽略的"①。

### 三、群体内部的协作与互助

直到20世纪50年代以前，怒江地区还保留着一些村民之间相互协作的习俗。② 从这些习俗中，我们依稀可见当地少数民族过去的一些生活情形，由这些情形也可推知社会内部的彼此依赖对于人们在低度生存状态下的重要性。

（1）伙耕。伙耕就是两户或两户以上共同占有一块土地，共同劳动，共同承担生产上的各项支出，最后平均分配所得产品。伙耕有三个主要特点：一是以血缘关系为纽带，参加伙耕的家庭主要为同一家族或氏族的内部成员，伙耕的绝大部分土地也是由其祖先开垦和传承下来的。二是按平均主义的原则进行分配，不论男女和劳动力的强弱。三是具有伙耕关系的成员之间是一种平等关系。此外，参与伙耕的各户之间可以在农具和耕牛上互相调剂。

（2）借地。怒族中的借地习惯，早在傈僳族和藏族未进入之前就已经存在。借地不分同族与否，只要有困难，任何人都可以向有土地的人家商量借入小部分土地进行耕种。所借之地一般都是火山地或小块牛犁地。借地的期限一般为火山地一年，牛犁地一年到两年。

（3）借牛。借牛主要用于生产上的调剂。借牛户一般只需在借牛前后放放牛，把牛喂饱就行，使用完以后也不用给报酬。如果在生产中牛因意外死亡或受伤，或犁具有所损坏，借入户也无须赔偿，死亡或受伤的牛由主人宰杀后分送各户一份牛肉，大部分当然归牛的主人。借牛的范围上，只要居住地点接近，借用上比较方便，无论关系亲疏都可以互相借用。

（4）换工互助。换工互助的习俗至今仍然盛行于怒江地区。早期的换工互助主要发生在亲属之间，但居住点附近的村民也可以参加。参与换工劳动以后，主人家要照数还工。还工时，成年人的劳动要用成年人或老人来抵还，小孩的劳动要由小孩来抵还，总的原则是劳力的强弱程度要大致对等。

换工互助不仅发生在农事生产中，也被广泛应用于修建房屋等活动中。怒

---

① ［英］马林诺斯基：《文化论》，费孝通译，华夏出版社2001年版，第61页。
② 参见《民族问题五种丛书》云南省编辑委员会编《怒族社会历史调查》，云南人民出版社1981年版，第81～85页。

族群众盖房屋，不仅需要在劳动上进行互助，也需要在建筑材料的准备和搬运方面互相帮忙。过去，覆盖房屋所需的茅草除了由主人家准备外，帮忙的人也要带一把竹篾或几根竹竿前来。修建房屋时，主人一般不用通知帮忙的人，因为前期要有一个准备过程，主人家在砍竹子、劈竹篾、剁木料的时候，其他人自然会发现，然后会自动为其准备一部分材料，主动前来帮忙。等到其他村民修建房屋的时候，这户人家也会照旧去做。

（5）份养牛。份养牛也就是共养耕牛。共养耕牛的原因，主要由牛在价值上的分割所形成。例如，一家人可以用半头牛换取另外一家人的一头小牛，这样，这头牛就同时属于两个家庭所共有，但牛是一个活的物体，不能分割，因此，在饲养上，就必须依赖两个家庭的合作来进行。除了用半头大牛换小牛，也可以用半头母牛换半头公牛，用半头牛抵债，以及用半头牛交换其他的生活用品。

份养牛的方法是：农忙时节，耕牛由两家人各养几天；农闲时，一种是将耕牛放在公山上进行放养，双方都不用照看，一种是两家各养一两个月，彼此轮换。

在生产工具简陋、技术手段落后以及耕牛不足的情况下，亲属和村民之间的协作显然大有用处，在很大程度上帮助人们解决了生产中的各种难题，从而使生存得以延续。从当时的历史背景来看，这些各类形式的互助合作方式无疑是非常有效果的。例如，在火山地的开垦上，采用集体的伙耕劳动方式显然比单干更有效率；在固定耕地的耕作上，耕牛、工具和劳力的调剂更是显得不可缺少。

## 第二节　土产的政治纳贡与剥夺

埃里克·沃尔夫借用马克思的"生产"概念，将人类社会概括为三种主要的生产方式，分别为资本主义生产方式、贡赋制生产方式和亲族制生产方式。明清时期，怒江地区的少数民族其实处于后两种生产方式的共同支配之下。

在论述贡赋制的生产方式时，沃尔夫说："如果非资本主义的、建立在阶级基础上的生产方式确实是运用'非经济手段'来榨取剩余财富的，那么，对剩余财富的成功榨取就绝不能仅仅通过一个孤立社会来理解；倒不如说，它是更大权力场域的不断变化的组织方式的应变量，特定的贡赋体制就坐落在这个场域内。"① 这段话适用于描述明清时期怒江地区的社会特征。

清末以前，怒江地区属土司管辖。由于勘界未定，大小头目林立，社会秩序极为混乱，除了土司头目的残酷压榨和政治争夺外，还有不定期的匪患威胁，这些都对当地民众正常的社会经济生活造成了严重的制约和影响。

康熙五十九年（1720年），清政府将怒江地区划归云南，分别隶属于鹤庆府的维西和丽江府管理，丽江则实由木氏纳西族土司行使管理权。"其归鹤庆府所管辖的维西一隅，至雍正五年（1727年），因鹤庆府通判移驻维西，于是共设土千总八员，颁给委牌，令其分管阿墩子、奔子栏、其（宗）、喇普、叶（枝）各寨，并宣布对所有从前夷俗陋规杂派，饬行裁革，将各寨的土地贡赋，统一固定为条粮银一千零九十三两二钱，税秋杂粮折征一百五十石五斗。同时，将维西境内怒江两岸的怒族和傈僳族一百一十一村隶属于维西康普土千总禾娘统治，共七百三十九户。至于丽江府所属的怒江两岸的怒族和傈僳族共五十八个村寨，则归木土司管理。"②

尽管在"改土归流"后，丽江、维西等地开始设置流官，但苦寒、偏远的怒江地区仍旧交由原地方土目代管。在此背景下，原来的维西康普土司和丽江的土目除清政府规定的条粮银、税秋杂粮和实物贡纳外，又"因循旧习，私派陋规，又任管下怒子私越边境俅马地方放债取利，准折人口"。政府虽宣布了条粮银、税秋杂粮及贡物量，且明令"所有从前夷俗陋规、杂派、饬行裁革"，但是维西康普土司禾志明和丽江的头目、保长和为贵，仍按"改土归流"前的旧规向当地的少数民族征收各种赋税，同时又带着盐、布匹暗中派放债务，无力偿还者，即把家口折卖，抵为奴隶。

据硕色乾隆十八年（1753年）《伴造遗回俅夷折》奏称："今据云南布政使彭宗屏等，详据署维西通判丽江府樊好仁详称：'……自雍正九年（1731年）以来，该土千总禾娘、禾志明仍同头人王芬等，循照夷俗旧例，并收怒江各寨怒子夷民山租陋规，人口、黄连、黄蜡、麻布、皮张、豕、羊等物。其怒夷……各负沙盐、布货，约会而境怒、傈夷民，前赴外域野夷俅马地方放债，折收黄连，不偿还者，即折算人口子女带回康普，或抵给土弁头人，作为额规，或辗转售卖，以偿资本。今现存俅夷男奴五十八名，禾志明与头人王芬等情愿出资送回。并据丽江府烟川保长和为贵首报，该保长历年合同催头和可清等，循照土府旧规，减半私收怒民山租，人口、黄连、黄蜡、生漆等物，分

---

① ［美］埃里克·沃尔夫：《欧洲与没有历史的人民》，赵丙祥、刘传珠、杨玉静译，上海人民出版社2006年版，第99页。

② 《硕色奏折》，见李汝春主编《唐至清代有关维西史料辑录》，维西傈僳族自治县志编委会办公室1992年刊印，第273页。

共养瞻,其所管傈僳、怒子,节年约同维西康普管下怒子,携带盐布等货,至外域小俅马各山寨放账,易换黄连,亦准折人口带回,或送给保长、催头,作为额交出租,或互相递卖还账,现存俅夷男奴七十二,名亦情愿出资送还……"①

在怒江北段的贡山地区,还有另外一支地方封建势力察瓦龙藏族土司,也不断南下,对当地的少数民族进行统治和掠夺。贡山达拉乡(后更名为丙中洛乡,本书研究对象迪麻洛即归其所属)及茨开乡之一二两保,在清初以前,归维西叶枝土司管理。"时于光绪末叶,禾女土司信佛,将管辖区钱粮送与藏属察瓦隆(即察瓦龙,下同,不再标注)喇嘛,作香火资,嗣由察蛮征收,异常刻虐,民不聊生。"②在察瓦龙土司统治下,怒江及其附近地区的怒族和其他民族,要按照"山租陋规",负担人口、黄连、黄蜡、麻布、皮张、豕、羊等物。

土司头目除了收取黄连、黄蜡、竹篾器、麻布、皮张、猪羊等"山租"外,还通过强制购买和放高利贷等方式来榨取人们的劳动成果。如硕色在其奏折中所陈述:"其怒夷节年各有沙盐、布货,约会丽境怒傈夷民,前赴外城野夷俅马地方放债,折收黄连,不偿还者即折人口子女带回康普……"③

维西的土司头目如此,北边的察瓦龙土司更是有过之而无不及。"惟擦瓦龙(即察瓦龙,下同,不再标注)除收钱粮外,土弁家丁,坐守喇卡塌等处,按卖沙盐、毛布等项货物,值一售什;该等到境,货物则勒派百姓背负,吃食则勒派百姓供应,否则鞭挞随之;所押货价,及期不偿,则利上加利。觅得麝香、黄连等项货物偿给,则又值什折一,终年盘剥,务令其斗粟尺布,无所余存……"④足见土司盘剥之甚,民众生活之苦。

土司头目为了统治普通民众,还委派傈僳族的头人做"怒管",对怒族等进行压榨和剥削。怒族向傈僳族的"怒管"缴纳贡品的形式可以分为三类⑤,依次是:

(1)官贡。傈僳语称为"固也"(怒语同)。每年每个家族缴纳簸箕三个,

---

① 《硕色奏折》,见李汝春主编《唐至清代有关维西史料辑录》,维西傈僳族自治县志编委会办公室1992年刊印,第274页。

② 贡山独龙族怒族自治县志编纂委员会编:《贡山独龙族怒族自治县志》,民族出版社2006年版,第507页。

③ 《硕色奏折》,见李汝春主编:《唐至清代有关维西史料辑录》,维西傈僳族自治县志编委会办公室1992年刊印,第274页。

④ [清]夏瑚:《怒俅边隘详情》,见方国瑜主编《云南史料丛刊》(第12卷),云南大学出版社2001年版,第150页。

⑤ 参见中国科学院民族研究所云南民族调查组、云南省民族研究所编《怒族简史简志合编》,中国科学院民族研究所、云南省民族研究所1962年刊印,第21~22页。

白酒三罐（每罐约 20 市斤，1 市斤等于 500 克），山老鼠干三串（每串约 50 只）。傈僳族的"怒管"除自己享用一部分外，其余转交土司。

（2）贷贡。傈僳语称为"千卡"（怒语同）。此种纳贡具有借贷的形式，即"怒管"借贷山羊或铁锄、砍刀给怒族民众，到期除赔还所贷之物外，规定每个家族向"怒管"缴纳簸箕六个、白酒三罐、山老鼠干六串作为利息。

（3）大贡。傈僳语称为"干卡达马"（怒语同）。有些"怒管"借贷黄牛等大牲畜给怒族民众作为祭品，借贷者（一般以家族为单位）除到期赔还黄牛外（有时以其他实物折算），还须向"怒管"缴纳簸箕九个、白酒六罐、山老鼠干九串。

在政治的强压下，怒族群众为了得到山羊、黄牛、砍刀、铁锄等祭品和基本的生产工具，不得不受到如此苛刻的盘剥。也难怪怒族会主动向政府纳贡归顺。所谓纳贡后，"官严谕头目，俱约其栗栗"即是指此。

残酷的压榨导致民不聊生、人怨沸腾，民族和社会关系一时极度紧张。清政府为了缓和矛盾、稳定秩序，遂严厉处置了各大小头目，如宣布"……除女土千总禾娘已故，禾志明系自行出首，且年逾七旬，应免置议外，头人王芬、王兰、和品、王永锡，保长和为贵，催头和可清、和志宏等各枷一个月，满日责四十板"后革职。对"康普土千总各缺，永远裁革"，以后严禁"越境放债，准折人口。倘再违犯，即照红苗越境抢夺例治罪，该管地方官照失察例，一并议处。仍如私越关津及红苗越境抢夺、重利放债、准折人口等例，抄录简明告示，翻译夷字，遍行晓谕……"①

虽然清政府下令禁止康普女土千总私下放债和抢掳人口为奴，但并未彻底废除土司权力，康普女土千总及察瓦龙藏族土司仍然暗中派头人前往收纳贡物。这一情况直到 1907 年夏瑚巡视怒江后才有所好转。

光绪三十四年（1908 年）白汉洛教案发生后，夏瑚任阿墩子弹压委员，且兼办怒、俅两江事宜。夏瑚到怒江地区巡视期间，正式与察瓦龙土司划界，不许其再南下贡山界域征收赋税，察瓦龙土司对贡山的骚扰至此才算告一段落。此外，夏瑚用自己的亲历感受写下了《怒俅边隘详情》，提出了治理和开发怒江的十条陈情建议：①宜建设官长，以资分治也；②宜添兵驻防，以资保卫也；③宜撤退土司，以苏民困也；④宜剿抚吉匪，以除民害也；⑤宜筹费设学，以广教育也；⑥宜治平道路，以通商旅也；⑦宜广招开垦，以实边地也；⑧宜设关守隘，以清界限也；⑨宜改征赋税，以裕经费也；⑩宜抚置喇嘛，以顺舆情也。

---

① 《硕色奏折》，见李汝春主编《唐至清代有关维西史料辑录》，维西傈僳族自治县志编委会办公室 1992 年刊印，第 275 页。

其中的第三条"宜撤退土司,以苏民困也",即是针对土司之害的。他在文中也详细描述道:"怒江各处土司,或住叶枝,或住维城附近,无一驻怒,管理夷务,约束夷众者,徒于秋收之际,遣人收受钱粮一次,钱粮系以村计,所收系麻布、竹筒、篾篱、黄连、黄蜡之类,正款本属无多,惟一盐茶、布袋等项,高定价值,押令百姓售买,勒索夫马伙食供应为难堪耳!各处该管理土司,多系两人钱粮,系各管各收,民间须照上两次。擦瓦龙、米康(即普康)土千总,亦每年遣人收受一次,亦复派勒索,以此怒民疲于奔命,不胜其扰,区区小民,何堪此层层剥削?"①

土司及其大小头目的统治,进一步恶化了怒江地区普通民众的生存状态。客观来看,这一时期,政治对于当地民众的生存起到了严重的副作用。外界统治力量不仅没有为怒江地区的开发起到任何积极推动作用,没有让当地民众的生存条件产生任何改观,反而成为人们生存的沉重压力。

## 第三节 地理阻隔与剩余不足对外界交换的制约

一个民族或地方的经济无论如何自足,总有一些物品是不能自己生产的,而要靠别的民族或地方来供给。对于怒江地区的各少数民族来说,盐、铁等成为人们生存所离不开的几样东西。

盐对于人类生存的重要性不言自明。然而,由于商业交换的不发达,盐在古代的怒江地区却是极度缺乏的。我们从两段史实中可以窥见一二。例如:雍正八年(1730年),怒族获知清政府在维西设置流官以后,"相率到康普界,贡黄蜡八十斤、麻布十五丈、山驴皮十、麂皮二十,求纳为民,永为岁例。头人闻于别驾,上闻奏许之,犒以砂盐。官严谕头目,俱约其粟粟"。夏瑚巡边时,除了雇人背运米粮糌粑,还携带"盐、布、货物"等件,以备犒赏当地民众。《怒俅边隘详情》中记载道:"每到一处,开诚布公,剀切劝谕,老少妇孺,咸给赏需,遴派火头甲长,给以印谕,赏以银牌、小帽、衣裤、盐布等项,俾餍其心……"②

---

① 夏瑚:《怒俅边隘详情》,见方国瑜主编《云南史料丛刊》(第十二卷),云南大学出版社2001年版,第156页。
② 夏瑚:《怒俅边隘详情》,见方国瑜主编《云南史料丛刊》(第十二卷),云南大学出版社2001年版,第154页。

铁器对于山林地带的农业生产更是必不可少的。夏瑚在巡视怒江和独龙江的时候发现当地耕种虽然"不用犁锄",但也少不了"以刀伐木"。如果没有铁制的砍刀,即使从事简单的刀耕火种农业也有困难。然而,怒江地区并不生产这些东西,因此需要从外界社会获得。

概括来讲,这一时期怒江地区的物品输入,主要有三种形式:

第一种是民族迁徙时携带而来,最典型的如铁制工具。贡山地区历史上并不出产铁,人们生产中所使用的砍刀、斧子等铁器都是由傈僳族、藏族、白族的迁移所带入的。而在此之前,怒族地区还普遍使用石器以及竹子、木头制作的工具。1956—1957年,中国科学院民族研究所云南民族调查组在怒江州福贡县的古木甲村和原碧江县的甲加、老母登等地发现了许多新石器时代的遗物,计有磨光的石刀(穿孔)以及带柄的磨光石斧、石锄、石锛、石碓、石镞等数十件。其中,石锄是在古木甲村的耕地里发现的。据当时村里的老人讲,过去在耕地时,常有类似的石锄出现,数量相当多。怒族老人们还说,他们的祖先在第20代人(约500年)以前还使用这些石锄锄地,使用石斧砍树,使用石刀刮兽皮。①

怒族地区流传着一个关于工具演变的传说。古代有一个聪明人,每天能用石斧砍倒一棵大树,后来一个精灵告诉他,把石斧加柄就能多砍树木,每天就能砍倒两三棵大树。后来,来了"白氏白衣"(白族),教这个聪明人用铜斧砍树,比石斧砍得更多更快。再后来,傈僳族从澜沧江进入怒江,赶跑了"白衣",怒族人于是又从傈僳族那里学会了用铁刀砍树、用小铁锄挖地。而在小铁锄传入以前,怒族地区只使用竹子做成的锄头"阿俄魁"和木锄"时而魁"等。

现在迪麻洛峡谷内的藏族和傈僳族大多是从东边澜沧江流域的德钦、维西等地以及怒江南边的福贡等地迁入的。这些民族在迁徙的过程中,也将本民族的生产工具和技术带了进来。历史上频繁的民族迁徙,为原本封闭落后的怒江地区带来了先进的铁制生产工具,从而改变了当地落后的生产面貌。

第二种是土司头目的放债和高利贷剥削,可参见本章第二节的相关内容。土司头目放债的内容包括山羊、黄牛、砍刀、铁锄、砂盐、布袋等物品,这也是当地民众获取生存物品的一个重要途径。

第三种是少量的民间商业往来。从史料上来看,清代怒江地区已经和周边地区有了初步的商业往来。如余庆远所描述的,"人精为竹器,织红文麻布,麽些不远千里往购之"。这里的麽些即指纳西族。可见,怒族群众编织的竹

---

① 参见中国科学院民族研究所云南民族调查组、云南省民族研究所编《怒族简史简志合编》,中国科学院民族研究所、云南省民族研究所1962年刊印,第14页。

器，以及纺织的麻布，不仅供自己使用，也已经畅销到千里之外的丽江和维西等地。虽然此时的商业活动仍处于原始的物物交换阶段，但其意义和对人们的重要性却是巨大的。

除了这些质地精良的手工品外，当地还出产黄连、黄蜡、麂皮、山驴皮等山货药材。这些山货药材既用来作为土司头目的"山租陋规"和清政府的贡品，也被用来进行少量的民间交换。《维西见闻录》中说："……迩年，其人以所产黄连入售内地。夷人亦多负盐至其地交易，人敬礼而膳之，不取值，卫之出。"① 这里的"迩年"，即是怒族向清政府归附后的第二年。

怒族通过向清政府纳贡和归附，既在一定程度上得到了政治保护，也在客观上加强了与内地的商业联系。如上文所述，纳贡后的第二年，怒江地区的黄连开始流入内地市场，而周边的其他民族也带着盐去怒江地区进行交易。在交易的过程中，当地群众对前来贩卖食盐的人极为欢迎，不仅为其提供吃住，还不讲价钱，最后甚至将这些前来怒江地区做生意的人安全送出。这一事例一方面体现了怒江地区民众对于食盐的渴望，另一方面也反映了人们对交换活动的重视。

清代末年，开始有大理等地的商人进入贡山做生意。据说，清光绪年初，有维西人和贵来到贡山的茨开，与当地的怒族、傈僳族头人结盟，在他们的保护下，经营黄连、茯苓以及皮货生意。继有大理的袁亮来此地做生意。袁亮来茨开后，曾受丽江府的委任，用赏赐长袍马褂的办法，招抚傈僳族头人，取得同意后，又相继有一二十家从外地迁入。②

明清时期的怒江北部地区，在和周围地区的商业联系上，主要有东线和北线两条通道。之所以和南下区域的交往不多，是由于交通阻隔。其中，东线又可细分为三条，一条为马帮道，另外两条为主要供人行走的山间小道。这条马帮道属滇藏线的一条分支线路。在贡山县西中洛的雾里村，时至今日仍然可以见到这条古道的遗存。它起始于澜沧江峡谷的维西县，从岩瓦出发，往西翻越碧罗雪山，到达怒江边的腊早；再从腊早沿着怒江北上，穿越贡山境内，继而翻越贡山和西藏交界的大雪山，最后到达西藏的察瓦龙。可以说，这条古老的交通线是过去怒江北部和内地联系的一条生命线。（见图1-1）

---

① 余庆远：《维西见闻录》，见于希贤、沙露茵选注《云南古代游记选》，云南人民出版社1988年版，第126页。

② 参见《民族问题五种丛书》云南省编辑委员会编《怒族社会历史调查》，云南人民出版社1981年版，第75页。

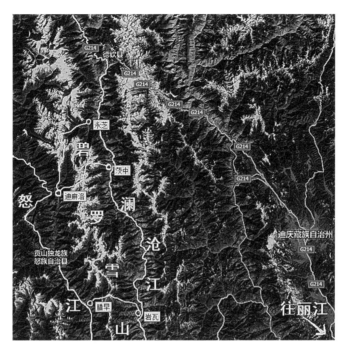

图 1-1 贡山翻越碧罗雪山路线

至于另外两条人行步道，其出发点都是在迪麻洛峡谷。迪麻洛深处碧罗雪山之中，和怒江仅有一山之隔。从这里出发，沿着南北两条线翻越碧罗雪山，分别可以到达德钦县燕门乡的茨中和云岭乡的永芝。阿墩子弹压委员夏瑚巡视时，正是沿着永芝（清时称作庸支）道进入怒江的，法国传教士任安守司铎则是沿着茨中道进入白汉洛等地的。这两条步道起初极为难行，后来分别经夏瑚和任安守派人整修。虽然此处行马不易，但人工背运却是可以的。因此，从迪麻洛峡谷出发的这两条步道客观上也成为沟通怒江北部和德钦以至中甸的重要交通渠道。

就周边的商业环境来说，清末民初，德钦的升平镇、维西的保和镇、中甸的中心镇已成为滇西北三大贸易集镇。其中，对怒江北部地区影响较大的主要为维西和德钦两地。清末的李式金在《云南阿墩子——一个汉藏贸易的重地》一文中，对德钦的地理、气候、民族、通道等做了描述。交通上，这里没有公路通往外界。德钦向北是云南商人进入康区的必经之路，顺澜沧江而上便是西藏的盐井，再到昌都；进入昌都的线路还有一条，就是先翻越碧罗雪山，后转北进入昌都。向南顺江而下，到维西进丽江。向东则要翻越白茫雪山，进入维西属地奔子栏（旧属维西管辖，现为德钦县）；或可先顺江而下至岗普，再转向西,进入怒江的菖蒲桶(现为贡山县)。①

此外,还有北边的察瓦龙。察瓦龙和南边的怒族等民族的商业交换也集中于盐、粮等物。夏瑚进入怒江后曾提及"菖属尽食砂盐,产于西康省盐井县,由察瓦隆蛮人运贩,概系以粮谷持换,用银币购买者少。因察瓦隆产粮甚少,故运盐换粮,运回自食"②。从中可以看出,当时贡山的少数民族所食用的盐主要产自西藏盐井,这也间接体现了当地商业范围的延伸。

从贡山往西,翻越高黎贡山,就是缅北。明清时期的缅北地区归维西的叶枝土目管辖,直到清末,当地的独龙族(缅人自称日瓦人)仍保持着向叶枝土目缴纳贡品的义务,所纳贡品的内容基本和怒族地区一致。为了方便统治,叶枝土目还在当地委派"俅管",专门负责贡物的征收。贡山的普拉底乡,曾有不少人被委派过这种职务。被委任的"俅管",每年都要前往拉打阁等地征收贡赋,收齐后再组织人马运出山来。

在此期间,部分怒江边的怒族、傈僳族人,甚至还有来自澜沧江、金沙江边的汉族、白族、纳西族、藏族等民族的商贾小贩,也通过怒江前去缅北一带做生意。中缅边界的拉打阁地区也是高山密布,盛产黄连、贝母、熊胆、龙骨、穿山甲、黄蜡、虎皮、山驴皮、岩羊皮等山货药材;此外,还出产藤篾编织的各种生活用具以及背索、砍刀、独龙毯等手工艺品。当地群众也有剽牛祭天的习俗,需要大量的牛,还需盐、茶、布等生存用品。但是,由于山高路远、交通受阻,明清时期拉打阁地区依然比较封闭,只和怒江地区保持着微弱的联系,直到民国以后才有内地商人进入。

总体来看,明清时期迪麻洛所在的怒江北部地区和外界的商业交往依然十分稀少,无论是输入物品的种类还是数量,都明显不足。山高路远的自然环境和土司头目压榨下的剩余不足严重制约着怒江地区和外界社会的商业往来。

---

① 参见李式金《云南阿墩子——一个汉藏贸易的重地》,载《东方杂志》1944年第40卷第16期。
② 菖蒲桶行政委员公署编:《菖蒲桶志》,见政协云南省贡山独龙族怒族自治县委员会、政协云南省怒江傈僳族自治州委员会文史资料委员会编《怒江文史资料选辑》(第十八辑),政协云南省贡山独龙族怒族自治县委员会、政协云南省怒江傈僳族自治州委员会文史资料委员会1991年刊印,第14页。

# 第二章　民国开发后商品交换的初步发展

　　根据沃勒斯坦的阐述，资本主义世界体系的形成，经历了一个不断发展和扩大的过程。最早的世界经济体系于15世纪末16世纪初在欧洲产生。① 到了17—18世纪，经过新一轮经济扩张过程，原来的欧洲世界经济体突破了它在16世纪创造的边界，开始把广大的新地区纳入它有效的劳动分工体系之中。在19世纪末20世纪初，整个地球，甚至那些从来没有成为过资本主义世界经济体外部领域的地区，最终也被卷入了进来。②

　　有学者认为，1912—1949年间，中国被完全纳入世界资本主义经济体系之中，并处在这个体系的边缘地位。③ 那么，本书中的迪麻洛峡谷以及怒江北部地区的具体情形如何呢？

　　民国以后，政府为怒江地区的开发做出了一些努力，最主要的如修建驿道、改善交通、引进良种、提高生产。与此同时，一些内地的商人开始进入怒江地区做生意，逐渐带活了当地的商业交换，当地少数民族的商品市场逐渐兴起。

　　20世纪三四十年代以后，国外商品逐渐在当地的市场上出现，具有代表性的如洋纱和各类百货等。也正是从这一时期起，该地区和国内外市场取得了真正的联系。但总体来看，交换规模并不是太大，人们的商业意识和经济能力均未得到太大提高，因而只是向现代世界体系初步接近和靠拢。

---

　　① 参见［美］伊曼纽尔·沃勒斯坦《现代世界体系》（第1卷），罗荣渠等译，高等教育出版社1998年版，第12页。

　　② 参见［美］伊曼纽尔·沃勒斯坦《现代世界体系》（第1卷），罗荣渠等译，高等教育出版社1998年版，第181页。

　　③ 罗荣渠：《现代化新论：世界与中国的现代化进程》，北京大学出版社1993年版，第318页。

## 第一节　行政设置与农业推广

辛亥革命之后的 1912 年，为了巩固边防，云南地方政权派遣了三个殖边队进驻怒江，以图开拓边疆和驻防，并在兰坪白族普米族自治县（简称"兰坪县"）的营盘街成立怒俅殖边总局。殖边队进入怒江之初，曾遭到当地傈僳族奴隶主和头人的抵抗。对此，殖边队一边进行武力打击，一边利用怒族和傈僳族之间的矛盾对其进行牵制。经过数年的努力，最终削弱了傈僳族奴隶主和头人在怒江的势力。

殖边队进驻怒江以后，先后成立了菖蒲桶（贡山）、上帕（福贡）、知子罗（碧江）三个殖边公署，后于 1916—1918 年间更名为行政委员公署，1928—1933 年间国民党云南省政府又将这三个行政委员公署改为设置局。国民政府在怒江地区的行政设置，进一步加强了对当地的统治。以下具体来看贡山县的情形。

清末夏瑚曾将贡山分作五个区、十六甲、八十八牌，分委保董、甲长、牌长以资约束。民国五年（1916 年），殖边公署按东、南、西、北、中分别将贡山划为 5 个保董：东保董（捧当）、南保董（普拉底）、西保董（独龙江）、北保董（丙中洛）、中保董（茨开）。民国七年（1918 年），贡山县改称为茨开县佐，变保董为区。

这 5 个区的划分依次是：一区为丙中洛、达拉等地，二区为永拉嘎、迪麻洛等地，三区为茨开等地，四区为普拉底，五区为西北角的独龙江等地。其中，一、二区居民以怒族和藏族为主，三、四区居民以傈僳族为主，五区居民则以独龙族为主。

民国二十二年（1933 年），改菖蒲桶行政委员公署为贡山设置局。民国二十六年（1937 年），改区为乡，迪麻洛所在的捧当区并归入达拉乡。后又于民国二十八年（1939 年）复设捧当乡，并一直延续到中华人民共和国成立。

人口方面，据民国七年（1918 年）的调查结果，统计户口共 1653 户，男女共 6516 丁。民国十八年（1929 年），又复查一次，统计户口 1710 户，男女共 7210 丁。民国二十一年（1932 年）五月，时任行政委员的陈应昌再一次进行调查，所不同的是，此次调查比之前的两次更为深入和仔细，规模也更大。"经陈委员应昌奉令调查，组织宣传队及调查队，严格训练，派往各区，先行宣传，使人民了解调查户口之重要后，始派调查队，续往各区，挨村挨户，切实调查，无论山顶山腰，均经亲到，俟该队查毕周报后，复派得力人员，分往各区捆查,并无一户一人遗漏,实为详细确实。"① 最后共统计户口 1985 户,男女 8276 丁。这些数字也显示出,民国时期贡山境内的人烟还是非常稀少的。

自辛亥革命以来,怒江地区的政治和社会秩序虽然在一定程度上趋于稳定,但也并不是十分安宁,仍然不时受到旧的土司势力和匪患的威胁。夏瑚划定怒江北部的管理界限以后,察瓦龙土司极为不服,历年以木函件相捆恐吓。

民国十二年(1923 年),察瓦龙土司获悉驻防贡山的军队已经调离,遂勾结三、四区傈僳族阿肯生、尼玛阿匹、托欠等,煽惑傈民,驱逐汉官,欢迎蛮官。察瓦龙百长渣西,率领蛮兵六七人,各持快枪,竟来达拉收粮,全江人民未经兵事,异常惊惶。当时的梁委员无法制止,准予征收,并立与契约,丧失主权,大损威信。至民国十四年(1925 年),政府将梁委员撤任。董委员家荣接任后,察瓦龙人又来收粮,经董委员督饬团队,将其枪弹提收,遂深感畏怖,立下永远不敢再收字据,才将枪弹发还,当地民众至今尚受其赐。傈僳阿肯生等,委以保董、甲长之职,遂得消患无形。②

除了土司之害,该地区的少数民众也曾多次受周边匪患的威胁。民国十五年(1926 年)四月,中甸羊拉土匪 10 余人,又各持快枪,窜入一区,以缉拿逃犯为名,实欲恣意抢劫。贡属未遭遇匪患,人民异常惊恐,后经前委员董家荣调团防堵,蛮匪慑服,要求给粮出境,人民未受损失。从地理位置上来讲,迪麻洛峡谷是从香格里拉和德钦翻山到达贡山的一条必经之地,因此也应该是最先遭殃的地方。

1949 年 9 月,德钦吉福土司武装入侵贡山,其队伍达 100 多人。他们先到白汉洛,进而洗劫了茨开镇,颠覆了刚刚成立的贡山政务办事处。当时贡山刚刚解放,成立了一个 40 人左右的自卫队,而且事前毫无准备,显然不是这伙土匪的对手。直到 1950 年 1 月,贡山才又重新回到人民政权的手里。关于这次匪患,笔者在调查中也曾有所获悉。白着老人告诉笔者,20 世纪 40 年代,德钦一带的土匪几十人曾闯入迪麻洛峡谷,枪杀当地村民,抢走当地的牛、马、猪等大量牲畜,并且持枪胁迫村民为其运送回据点。

但总体而言,此时当地的社会秩序还是以稳定居多。鉴于地瘠民贫的局面,从清末到民国,政府也不同程度地在强化生产、促进商贸方面想办法,并且做出了很多努力。

---

① 菖蒲桶行政委员公署编:《菖蒲桶志》,见政协云南省贡山独龙族怒族自治县委员会、政协云南省怒江傈僳族自治州委员会文史资料委员会编《怒江文史资料选辑》(第十八辑),政协云南省贡山独龙族怒族自治县委员会、政协云南省怒江傈僳族自治州委员会文史资料委员会 1991 年刊印,第 23 页。

② 参见菖蒲桶行政委员公署编《菖蒲桶志》,见政协云南省贡山独龙族怒族自治县委员会、政协云南省怒江傈僳族自治州委员会文史资料委员会编《怒江文史资料选辑》(第十八辑),政协云南省贡山独龙族怒族自治县委员会、政协云南省怒江傈僳族自治州委员会文史资料委员会 1991 年刊印,第 9 页。

夏瑚最早提出广招开垦、以实边地的建议。"查怒虽云地广人稀，而以比之曲狄各江，则又较为稠密，各江地势险易、风土人情，前已逐一陈明，毋庸赘述。惟人烟无不稀少，地土无不肥沃，曲子、狄子、脱落、狄不勒各江，天气和暖，水土尽人皆宜，狄满江则少有烟瘴，木王地殆有甚焉。……委员窃谓宜妥定章程，广招内地人民，先赴曲、狄、脱落各江，勤求开垦，教民稼穑，有耐烟瘴者，则可径赴狄满江边，否则先处高山二三年，然后迁至江边平地，久而久之，即可迁往木王地方。该各处旱谷可种，水田可开，一切杂粮山货、桑麻棉花之类，无不出产，到境二三年后，将见衣之食之，家余户足，庶几边地以实，地利以兴，粮储以厚，岂可不为藩篱前途之幸福哉？"①

然而，夏瑚虽有此先见之明，但终未来得及将其实行。民国以后，随着政府力量的进入与开发，汉族、白族等其他民族才逐渐迁入。原来的怒族、傈僳族等大多居住于山坡和半山腰地带，从事旱作农业，间或上山打猎和采集野菜。内地的其他民族迁入以后，才在沿江两岸开垦土地，种植水稻。因此，政府通过移民垦殖带来了先进的技术，在很大程度上增加了当地的农业生产。

民国初期，贡山地区的农作物种类主要为苞谷、荞麦等，不仅种类稀少，而且产量极低。当时的政府记载说："设置后，官署见其生计薄弱，极力劝令种植小麦，尽系阳奉阴违。民国十二年（1923年），经梁委员之彦购办豆麦籽种，发给三、四区，劝令播种，终归无效。民国二十年（1931年），陈委员作栋，又由维西岩瓦购办蚕豆、大麦十余石，经陈委员应昌发给三、四区人民，勒令栽种，严定赏罚，现经查勘，均已播种出芽，此后三、四区小麦必能成效。民国十七年（1928年），姜委员和鹰购备棉种，发交打拉火头试种，因水过多，芽苗出土即烂，毫无效果。红薯、洋芋②、花生等，实验种植，均属相宜，迄今统计，红薯每年可得数百斤，洋芋则一、二区尽皆种植，数难估计。花生每年可得千斤。"③

为了增加粮食产量，当时的政府从内地引进了小麦、杂豆、红薯、洋芋、花生、棉花等粮食和经济作物。然而，在实验起初，由于文化思想的抵制和气候条件的不宜，成效并不明显。在政府的强令推行下，最后只有红薯、洋芋和花生得到普遍种植。今日，在迪麻洛，洋芋已经成为家家户户必种的一种作

---

① ［清］夏瑚：《怒俅边隘详情》，见方国瑜主编《云南史料丛刊》（第12卷），云南大学出版社2001年版，第160页。

② 洋芋，又名马铃薯。本书中，因为引文与不同的语境，洋芋、马铃薯、土豆（马铃薯的统称）三者均有使用，为保持本书的写作风格，不做统一。

③ 菖蒲桶行政委员公署编：《菖蒲桶志》，见政协云南省贡山独龙族怒族自治县委员会、政协云南省怒江傈僳族自治州委员会文史资料委员会编《怒江文史资料选辑》（第十八辑），政协云南省贡山独龙族怒族自治县委员会、政协云南省怒江傈僳族自治州委员会文史资料委员会1991年刊印，第35页。

物，人们早餐和空余时间，喜欢围坐在火塘边烤洋芋来吃，这也是民国时期政府努力的结果。

## 第二节　驿道修建与商贸促进

### 一、驿道修建与道路疏通

怒江峡谷，激流汹涌，高山阻隔，道路难行。过去，山间只有人行小道，崎岖陡峭，当地人形象地将其称作"老鼠路""猴子路"。人们出行时，不得不攀岩附葛。每到盛夏季节，草木茂盛，荆棘遍野，道路埋没，人们不得不斩荆披棘而行，路途极为艰难。

山间小道如此，沿江两岸的主干道也是令人蹉踌。《菖蒲桶志》云："菖属于道，尽在怒江、俅江两岸，俅江干道尚未兴修，怒江两岸旧道合计长七百余里，宽不容掌，坡坎陡险，荆棘窒塞，行人苦之，鸟道羊肠，莫喻险阻。"① 从这段简短的描述中足以感受到当时贡山地区交通状况的艰难。可以说，交通问题成为制约当地工商业发展的主要瓶颈。有鉴于此，历届政府也将改善交通作为施政的一个重要方面。

关于修平道路、改善交通的建议，最早仍见于夏瑚。他在《怒俅边隘详情》中曾提出"治平道路，以通商旅"的建议，并详陈道："窃闻开辟土地，首在通商，而商旅之通，端在道途平治，故各国路政，设有专管最为郑重，但有人力所通之处，水必设有大轮，陆必建有铁道。从未放弃一隅。此次委员所经之处，观其人民，宜文宜武，宜百工；查其土地，宜桑宜棉，宜百谷；至于森林土产，美品良材，尤为不一其类，祇以道路不通，随至物产人才，皆归无用。令派民兵修理岩瓦、腊早、雪山，此路修通后，则沧怒来往道途，已有两路。……待到四路平治，则商旅出途，交易成市，物产自见丰饶，人民自臻富庶矣？"在夏瑚看来，怒江地区并不缺乏物产和人才，而是交通因素的限制导致这一切得不到应有的开发和利用。因此，平道路、通商旅就成为发展怒江经济的一项必要条件。

民国十八年（1929年）、民国十九年（1930年），在菖蒲桶行政委员姜和鹰、杨作栋的亲自指导下，花费两年之力，终于修通了贡山境内怒江两岸的道

---

① 菖蒲桶行政委员公署编：《菖蒲桶志》，见政协云南省贡山独龙族怒族自治县委员会、政协云南省怒江傈僳族自治州委员会文史资料委员会编《怒江文史资料选辑》（第十八辑），政协云南省贡山独龙族怒族自治县委员会、政协云南省怒江傈僳族自治州委员会文史资料委员会1991年刊印，第36页。

路,"迄今怒江两岸干道均已畅行无阻,牛马亦可通行"。

沿江两岸的道路修通后,政府没有再投入力量修建山村道路。原因主要是政府认为,当地"人户稀少,村落零畸,有居山顶者,有居山腰者,有居江边者,有数家一村者,有十余家一村者,有隔十余里者,有隔四五十里者,并无稠密村落,尽系偏坡陡坎,修筑乡道实属不易,亦无修筑之必要,若江边干道早已修通,毋庸再修"。从中也可以看出政府能力的有限。

东线的商贸往来,基本沿用旧有路线,包括人行步道和人马驿道。贡山通往德钦的步道有两条,但起点只有一个,就是迪麻洛峡谷。从迪麻洛峡谷出发,一条路经过白汉洛,翻越两个垭口可达德钦县燕门乡的茨中村,当年的法国传教士就是沿着这条小路从德钦进入怒江地区的;另外一条是沿着迪麻洛峡谷继续往里走,翻越一个垭口,最后到达德钦县云岭乡的永芝村。关于第二条步道夏瑚曾有提及,他说:"窃拟于今岁雪融路通时,即饬民兵将庸支道修理完竣……"这里的"庸支"即现在的永芝。宣统二年(1910年),贡山至德钦永芝的步道整修完成,全长约90公里。这两条步道成为当时迪麻洛、贡山和德钦、维西的重要民间通道。

人马驿道主要有一条,即从贡山的腊早(或称腊咱)至维西县的岩瓦。这条驿道为贡山通往内地的出口要道,长300余里,中隔碧罗雪山,尽系悬崖峭壁,丛林密箐,每到冬春大雪封阻,交通断绝多达半年以上。

民国二十年(1931年),时任贡山长官的菖蒲桶行政委员陈应昌派款筹资,并与碧罗雪山东边的维西县协商,共同修建腊早—岩瓦驿道。具体施工方法为贡山县自腊早往东,维西县从岩瓦往西,双方在碧罗雪山顶上的阿欠里会合。民国二十四年(1935年),毛路初通。这一年,贡山行政委员公署改为设置局,局下设建设科,专管道路桥梁的修建工作。这也充分体现了政府对交通事业的日益重视。

腊早—岩瓦驿道的修通,极大地促进了贡山和维西等外界地区的交往,推动了贡山和维西及丽江地区间的商业往来。每年七八月份,当碧罗山上的冰雪融化后,维西商人从这条驿道上运来茶叶、布匹、针线或盆钵换取贡山出产的贝母、黄连等山货药材,名曰"赶药会"。

该条驿道修通后,很快成为连接贡山和内地的重要物资运输通道,直到中华人民共和国成立后的很长一段时间内,国家仍然依靠这条驿道和贡山保持政治、经济上的联系。关于这条驿道的情况,可以从一段回忆录中寻觅到一点踪迹:

> 一九五九年八月,丽江专员公署文教科宣布,我们二十九名丽江师范毕业生,直接分配到贡山任教。接通知后,我们即踏上去贡山的路。汽车

沿着蜿蜒的金沙江西岸顺江北上，终于在黄昏时分把我们送至公路的终点——巨甸。第二天有位同学风趣地说："机械化花完了，现在该轮到自己的'11'号车了。"11号车即指人的双腿。于是，我们只能背着行李徒步前进，住宿鲁甸。

凭着年轻人的火热气质，第三天翻过力地坪到达维西县城。第四天宿白济汛。第五天横渡澜沧江到达维西县四区的榨子。听说前面就是碧罗雪山，以前翻山常有人冻死、饿死。由于赶到新工作岗位的心切，谁也不去管山险水恶，当晚，各自做好翻山的准备：有的扔掉笨重的木箱，有的丢掉沉重的书刊，怕的是翻不过山去。

第六天，大晴，凌晨四点半左右，我们在向导的带领下，摸着忽明忽暗的崎岖山道，开始攀登碧罗雪山了。一路上有说有笑，转来转去，呼呼唤唤，流窜在古木苍天下的山道上，马格罗、救命房被甩在后面，约十二点，我们像一只只雄鹰飞到了雪山顶。

碧罗雪山被征服了。面对西北方向茫茫的大雪山，向导说："这就是高黎贡山，怒江就奔流在碧罗雪山与高黎贡山之间。"我带着好奇的心理，从北向南地浏览着，从内心发出：啊！望不尽的群山头——白雪皑皑；数不尽的深壑——郁郁葱葱，好一派雄浑的自然风光。由于饱赏眼福，早把疲惫抛置脑后，我兴高采烈地跑在最前头，接着就是急促地转弯下坡。当我踏着楼梯似的枕木台阶往下走时，有点奇怪，便问向导："为什么铺这些枕木？"向导说："运进贡山的物资，全靠这条人马驿道，每年上千头骡马加全县几千民工，人背马驮要从这儿经过，这几年差不多把路给踏通了。"我虽不解其意，但从这伟大的"工程"看来，贡山的艰苦，明显地摆在这条用枕木铺就的人马驿道上了。这天歇宿在腊咱（即腊早），算是路程最远而且是最险的一天了。为了休整，解除疲劳，第七天只到普拉底就歇宿了。

第八天，沿着咆哮的怒江直上，脚下踏着坎坷的马路，十分难行。尤其是力透底悬崖，它的左边垂直而下怒江，在岩壁上攀登，真是惊心动魄，若稍有不慎而坠江，尸骨也难收，一上一下，不管遇着人或驮马，都非得谨慎万分。随后就到了月谷渡口，这个渡口是进入贡山县城唯一的大渡口。这天，等粮包、百货、马匹摆渡完后，才轮到渡人，途中耽搁了两个多小时，等我们艰辛地到达县城时，已是下午七点多钟了……①

---

① 陈凤楼：《忆进贡山办学一二事》，见政协云南省贡山独龙族怒族自治县委员会、政协云南省怒江傈僳族自治州委员会文史资料委员会编《怒江文史资料选辑》（第二十二辑），政协云南省贡山独龙族怒族自治县委员会、政协云南省怒江傈僳族自治州委员会文史资料委员会1993年刊印，第107～110页。

这段回忆虽然发生在新中国成立以后，但毕竟为我们提供了了解腊早—岩瓦驿道的场景式的细致描述，一方面让我们认识到这条驿道对于贡山的重要性，另一方面也生动地展现了交通运输条件的困难。

贡山的腊早往下，就是福贡县境内，民国时称作"上帕"。福贡县在民国年间的几次道路建设也为疏通怒江交通做出了很大贡献。福贡是贡山沿怒江南下的必经之地，只有福贡境内的道路疏通了，贡山和怒江下游的商贸往来才成为可能。

1920年左右，福贡境内修建了两条人马栈道。第一条为腊乌岩栈道。腊乌岩是福贡南下进入泸水的咽喉，它位于怒江东岸，腊乌村之南，距离福贡大约5千米。其侧壁立千仞，高耸入云，险峻异常。1918年以前，腊乌岩上只有一条人工建造的竹木天桥悬挂于岩腰，过往行人必须攀藤附葛才能行走，稍有不慎，便会坠落江中，危险异常，因此几乎每年都有人丧生于此。为了改变这一窘境，加强和内地的联系，1918年，时任上帕行政委员的杨润兰从内地招来石匠，从属下各保摊派民工开始凿通此道。由于缺乏炸药和开山工具，民工们只好用土办法来凿碎岩石。人们先用柴火、木炭将岩石烧热，再用冷水浇泼，用自然方法使岩石破裂、炸开、变脆。经过3个多月的钉钻火烧，终于在腊乌岩腰上开通了一条可供人畜通行的栈道。这条通道修建后，福贡与内地的交往也开始加强了。

另一条栈道为腊竹底岩栈道。腊竹底岩位于福贡以北，距离大约6千米，是福贡通往贡山的天险。腊竹底岩高达数十丈，并且延伸向江面，长度大约有1千米，阻断南北交通，且没有其他道路可以绕行。过去为了通行，人们想办法在岩石半腰架设了一条高悬空中的简陋竹木桥，人行走时已经极其危险，更何况骡马！1922年，福贡第六任行政委员马林云通过筹款募资，从内地招来工匠，摊派民工劳力，沿用腊乌岩的凿修办法，开通了腊竹底栈道。从此，沟通了福贡和北边贡山的联系。

1930年，保维德任福贡设置局局长期间，又从外籍客商中募得经费，先后开展了一系列的筑路工程。在其任期内，主持修建了俄马底至落王平、鹿马登至碧罗雪山顶（可达兰坪）、利沙底至碧罗雪山顶（可达维西）这三条驿道，从而大大开拓了福贡乃至贡山与内地各处的交往。

## 二、商贸活动的发展

民国以后，随着政局的稳定，很多内地人开始进入怒江地区从事商业活动，民间贸易也逐渐变得兴盛起来。沿江两岸以及山间驿道的整修，客观上为商旅往来提供了条件。生产力的扩大，也使得当地居民的消费能力得到了提升。这一时期，内地商人的活动范围除了怒江地区，还延伸到缅甸和其他未定界地区，整体的贸易范围扩大了很多。这时的怒江上游及其所属的迪麻洛峡谷，已经不再是远离世界体系的状态了，而是逐渐向其靠拢。

这一时期，迪麻洛所在的贡山地区和外界的商贸往来路线也有所增加。除了原有的东边的德钦、维西和北边的察瓦龙外，还延伸和拓展到南边的福贡、泸水、兰坪，以及西边的缅甸和其他未定界地区。

贡山县在整个民国时期一直未设立市场，虽然当时政府有心于此，但受制于人口和经济条件，终未能实施。"菖属汉夷人民，尽沿怒江俅江两岸而居，并无繁盛市镇，亦无稠密乡村，每村不过三四家，或五六家，村乡距离甚远，有隔十余里或三四十里者。怒江有七十六村，俅江有十二村，共有八十八村，民国十三年，前行政委员杨毓铣曾于菖蒲桶地方修建铺房数间，辟一市场，定期集合商民开街交易，无为商人无多，夷人穷苦，终未实行。"①

贡山和察瓦龙的贸易往来，仍然集中于盐。察瓦龙人缺粮，而贡山境内缺盐。为此，察瓦龙商人先从西藏盐井运回卤水晒制的砂盐，再换取贡山少数民族的粮食。英国植物学家F. 金敦·沃德（F. Kingdon Word）从缅甸进入西藏东部横断山脉进行植物研究。他从察瓦龙进入贡山丙中洛一带的路上，就发现了这一交换现象，于是记录道："当我停下来拍照、测方位并作记录时，好几批怒族人走了上来，他们运送谷物到西藏去出售，然后准备换回食盐。"②

德钦在历史上一直是西藏来滇贸易的必经孔道，德钦藏族的藏靴、木碗和毛袜很受四川和西藏的藏族民众喜爱。关于德钦在民国时期的商业状况，有人曾做过详尽的描述："……聚集在这些贸易网点的商号，除去一般的卖糖、茶、糕点的小商，可分住坐和行商两种。所谓住坐商，即有一固定点，他们一方面坐地收购鹿茸、麝香、熊胆、虫草等珍贵药材，转销至丽江、大理各地，然后把内地的茶叶、布匹、铜器、粉丝、糖和辣椒等运入和转给进藏的商人。所谓行商，则主要是利用驮骡马等，从事来往于中甸到巴塘、里塘、盐井、昌都、拉萨或到印度的贩运贸易，向东南也到丽江和大理。"③

以上描述可见，德钦除了售卖藏靴、木碗和毛袜等传统的手工制品外，还经营外来的糖、茶、糕点、布匹、铜器，并且有坐商收购鹿茸、麝香、熊胆、虫草等珍贵药材。迪麻洛位于碧罗雪山之中，出产各种山货药材。虽然没有关

---

① 菖蒲桶行政委员公署编：《菖蒲桶志》，见政协云南省贡山独龙族怒族自治县委员会、政协云南省怒江傈僳族自治州委员会文史资料委员会编《怒江文史资料选辑》（第十八辑），政协云南省贡山独龙族怒族自治县委员会、政协云南省怒江傈僳族自治州委员会文史资料委员会1991年刊印，第18页。

② ［英］F. 金敦·沃德：《神秘的滇藏河流》，李金希、尤永宏译，四川民族出版社2002年版，第149页。

③ 王恒杰：《解放前云南藏区的商业》，载《中国藏学》1990年第3期。

于当地民众和德钦商贸交易的直接记载,但从交通和地缘方面来讲,德钦无疑成为当地民众出售山货药材的一个重要商点。而且在历史上,迪麻洛的藏族群众都是从德钦等地迁来的,他们与德钦保持着各种各样的社会经济关系,并且和德钦藏族群众的语言、生活习惯基本一致,这些都为两边的往来提供了有利条件。

相比于德钦,维西更有利于和贡山的经贸往来。尤其在1935年腊早—岩瓦的人马驿道修通后,两边的商业联系变得更加方便和紧密。迪麻洛通往德钦的道路皆为山间小道,大多货物只能靠人工背运,而且路途遥远,来回一趟需要4～5天。而维西和贡山的驿道,除了步行背运,还可行走骡马,驮运大宗货物,而且时间也比较短。有记载说,每年春夏开山之后,维西商人背着茶叶、布匹、针线、食盐等来到贡山,换取当地的黄连、贝母、皮张、熊胆等山货药材,景象十分热闹,当地人将其称作"赶药会"。

再来看贡山南边的商业交换点。1930年,上帕(福贡)设置局局长保维德在辖区内修建了一条宽约8米、长10米的集市交易点。市场建成后,政府四处张贴公告,鼓励村民上街摆摊做买卖。但由于起初没有确定集期,再加上民众普遍贫困,前来赶集的人数并不多,因此显得很冷清。直到1932年后,有8名汉商前来福贡经商,在这些汉商的带动下,当地部分民众才开始学起做买卖来。为了集中物资和人员,官方将农历每月初五及十九两天定为"街子天"。为了加强管理,设置局还特意增设了一个财务科,并于1935年成立商会。

福贡之外影响较大的商贸点有兰坪的营盘街、金顶、兔峨等。营盘镇的集市起始于清光绪二年(1876年),当时兰坪籍的白族人杨玉科任云南提督,在省亲回营盘修建园府衙门时,曾在营盘建盖两排各为十二间的铺面,开辟街市,并邀来剑川、鹤庆、丽江、大理、保山的商人做生意。在他的倡导下,许多商贾慕名而来,甚至出资建盖铺面,坐地开店。几年间,把营盘建成了"7"字形街道,并且定了"营盘"的街名,以及农历初十、廿四的一月两天的街期。营盘街的集市,成为清末至民国时期边西地区的重要商贸集散地,为开发怒江经济、沟通边民与内地的贸易发挥了重要作用。有一段文字记载:"民国十九年(1930年)农历六月十三至二十三日,金顶在文兴街举办'骡马会'。有自剑川、鹤庆、云龙、保山、大理的商客。也有自丽江、中甸、维西和'怒江边远地区'来的商客。集市贸易以大牲畜买卖为主,还有皮毛、生漆、香菌、木耳、药材,以及糖、烟、酒、茶、布、食盐、铜器等,交易十分兴旺。金顶地方产品帽、喜毡、挂面、糕饼、豆腐及饮食生意都很兴隆。会期有外地戏班,本地龙狮和民歌活动。此后,每年一届,到民国二十九年

（1940年），逢饥荒年而终止举办。"①

参与营盘街集市的商人，可谓来自四面八方。除了交通方便、距离较近的剑川、鹤庆、大理等地的商人，还有来自丽江、维西和"怒江边远地区"的商客，这里的"怒江边远地区"显然包括贡山等地。贸易的内容，既有骡马等大牲畜和茶、布、盐等生活必需品，还有糖、烟、酒等奢侈品。从某种程度上来讲，此时的贡山不仅在贸易范围上大为延伸了，而且在消费货物的种类上也变得丰富起来了。

兔峨街创立于1930年左右，创始人为彭万春。彭年少时曾赶过马帮，到过保山、腾冲等地，见多识广，后来在家乡当过两年甲长。兔峨境内也是山高谷深，交通不便，物资匮乏。为了改变家乡落后的经济面貌，彭万春和同伴遂商议开办集市。兔峨的集市位于村口，北通营盘、金顶，南通保山等地。为了吸引村民前来赶集，彭还从附近的云龙等地请来唱戏班。经过一段时间的努力，集市终于繁荣了起来。此时，集市上的商品有大理、保山等地商人贩来的土布、茶叶、黄烟、粑粑、三脚架、农具等。村民出售的土特产主要为猪、鸡以及其他山货。

贡山西边的商贸联系主要为缅甸和其他一些当地的未定界地区。贡山县往西隔高黎贡山和担当力卡山与缅甸相邻，国境线长达172.08公里。可以说，人们在这里出国比出省还要容易。

从贡山进入缅甸，有三条通道。从北往南依次是独龙江通道、丹珠通道和咪谷通道。其中，独龙江通道较为偏远，并且中间要翻越高黎贡山，因此大多只供独龙江人民和缅甸居民来往使用。迪麻洛和贡山其他地方的民众进入缅甸一般使用后两条通道，即丹珠通道和咪谷通道。

丹珠边境贸易通道起于贡山县茨开镇丹珠办事处丹珠村，沿怒江西岸的丹珠河翻越海拔3301米的高黎贡山，越过阿弄山中缅35号界碑后，进入缅甸密支那省葡萄县扩布德区拉打阁保的恰光达村，从贡山县城至缅甸恰光达村全长约124公里，丹珠通道的起点丹珠村距贡山县城只有10公里。咪谷通道，起于贡山县普拉底乡咪谷村，止于缅甸北部葡萄县扩布德区拉打阁保的恰光达村，单边行程5天，约100公里。两条通道的起点虽然不同，但汇合点却是同一个地方。

历史上，两地居民就有着密切的商贸和人员等方面的交往。不少当地的傈僳族和怒族人，甚至还有来自澜沧江、金沙江边的汉、白、纳西等民族的商贾

---

① 施中林：《兰坪集市贸易史探》，见政协云南省贡山独龙族怒族自治县委员会、政协云南省怒江傈僳族自治州委员会文史资料委员会编《怒江文史资料选辑》（第二十八辑），政协云南省贡山独龙族怒族自治县委员会、政协云南省怒江傈僳族自治州委员会文史资料委员会1999年刊印，第354页。

小贩，也通过这两条通道到缅北一带做小生意。有的商人，还雇上背夫带去土布、油、盐、茶等生活用品，换回皮张、药材等山货药材。清末民国时期，缅甸的拉打阁地区发现了金矿，更是刺激了两地间的商贸往来。

明清时期，缅北地带归属维西叶枝土目王国相、桥头土目王国祥二人管辖，并且委派"俅管"，对独龙族进行统治，征收贡物。清末，随着英国人占领缅甸以及其势力向缅北的扩张，土司才停止向当地委派"俅管"。

清末民初，未定界的拉打阁地区发现了金矿，大批内地商人闻讯后涌入，在当地掀起了一股淘挖黄金的热潮。此后，每年至少有上千的淘金人通过咪谷通道和丹珠通道，其中既有挖金者，也有从中谋利的商人。不少内地商人雇人背着东西、赶着牛，前往拉打阁做黄金生意。他们运出去的一般是茶叶、盐巴、土布、腊肉、白酒等物品，运回的则是黄金以及皮张等山货药材。

当时走咪谷通道要走溜索，人、货物和牛马便一起溜渡。由于人流和货物的运送量大，平常每4个月才换一次的溜索，那时候每7天就要更换一次。据说，牛数最多的时候，每天从溜索上要渡过100头牛。这些牛，除少部分来自怒江的村寨，大多来自维西、中甸和兰坪等地。

为什么人们去做生意的时候要赶牛？一方面，拉打阁地区的居民有"剽牛祭天"的习俗，需要消费大量的牛。另一方面，在货币经济未兴起以前，怒江地区的少数民族群众主要进行物物交换的原始经济活动。黄牛由于具有极大的实用和象征价值，几乎成为一般等价物，成为当地商品交换中的衡量单位，起到了货币的作用。

有位名叫李华①的丽江人，新中国成立前后长期活跃于碧罗雪山地区。他曾在1941年到维西岩瓦村定居，1944年又搬到贡山的茨开镇定居，开始在贡山的中缅边界一带做生意。他用自己从事"拉牛账"活动的一段经历，为我们展示了牛在当时商业交换中的重要地位和作用。

> 由于语言隔阂等原因，到中缅边界做生意的都在当地交些朋友，再由朋友引荐与群众接触。当地群众非常诚实，注重友情。只要以诚相待，他们可以放心地把产品赊给商人，等待他们贩来黄牛还账。我的堂兄李芳就在缅甸和独龙江结交了许多朋友，每年他从朋友处赊到价值四五十头牛的山货药材运回怒江、澜沧江等地销售，然后买上成群的黄牛赶往边界逐一用牛抵账，深得当地边民信任。
>
> 1946年开春后，我运了一背包砂盐、六件土布、十几筒饼茶，由独

---

① 参见《掌握8种语言的耄耋老人》，载戈阿干编《回眸沧桑：三江并流考察实录》，云南民族出版社2003年版，第218～231页。

龙族的朋友引荐，开始到缅甸边境做生意。朋友告诉我，他在缅甸的朋友很多，我带的东西只够送礼。我听他的，到一处，就给那里的朋友送些见面礼，对方也回赠一些藤短箩、背索之类的东西，结果生意做得很顺利，朋友到处为我"拉牛账"，这样就可以让他们给我赊销土特产品，货物脱手后再以牛还账。那些边民有什么东西都拿出来给我，我同他走了许多地方，一共赊到价值十多头牛的货物。有皮毛、黄连、贝母、熊胆等。

"拉牛账"全凭信用，不履行任何契约手续；买卖也不用货币，全是物物交换。但是，估计价值时仍以银两计算，例如每斤黄连折银价一两至一两五钱、黄蜡五饼折银一两、贝母一斤折银二两、水獭皮分大小每张折银一至三两、黄金一分折银一两五钱等。货物用十六两老称和戥子过秤。交易时，双方议定多少银的货物折一头黄牛，货物足一头牛即以牛交换，不足一头牛者经过多次赊销足够一头牛时再以牛抵账。①

除了牛，人们也用黄金进行交换。例如："每5掰土布（尺余宽长25尺）1件换金1分2厘，盐两碗（约1斤）换金1分，小圆饼茶1筒（有7饼圆饼茶）换金1分，白酒6碗（6市斤）换金1分，猪肉两斤换金1分，水獭皮1张换金4分，大洋4块（8个半开）换金1分。"②

由于缅北和贡山境内都不产盐，部分当地群众又想出了一个办法。他们先带上草盐、苞谷、扁米、皮张、大蒜等物品到7天路程外的德钦（旧称阿墩子）去换盐，把盐辛苦地背回贡山后，又带去拉打阁换黄金。

咪谷通道和丹珠通道虽然出发点不同，但最后的汇聚点却是相同的，因此，内容和作用方面也大致一样。总的来讲，贡山连接缅甸的这两条民间通道，不仅有探亲访友的两国边民上的往来，也有一定数额的经济交流，而且还有一定规模的劳务输出，包括挖金、做木工、当背夫、做苦工，是贡山历史上数量较大的劳务输出。但是，这段历史并未持续太久，大约在1942年的时候告一段落。其原因有二：一是多年来的开采导致金矿储量趋于枯竭；二是太平洋战争爆发后日本人攻占缅甸，局势动荡，不得已退出。

---

① 李华：《回忆在中缅边界做生意的一段经历》，见政协云南省贡山独龙族怒族自治县委员会、政协云南省怒江傈僳族自治州委员会文史资料委员会编《怒江文史资料选辑》（第十八辑），政协云南省贡山独龙族怒族自治县委员会、政协云南省怒江傈僳族自治州委员会文史资料委员会1991年刊印，第128～130页。

② 参见《贡山县咪谷通道调查报告》，见政协云南省贡山独龙族怒族自治县委员会、政协云南省怒江傈僳族自治州委员会文史资料委员会编《怒江文史资料选辑》（第二十三辑），政协云南省贡山独龙族怒族自治县委员会、政协云南省怒江傈僳族自治州委员会文史资料委员会1995年刊印，第84页。

## 第三节　药材、皮毛的输出与土、洋货的输入

### 一、从物物交换到货币交换

民国时期，怒江地区存在两种形式的物品交换。一种为传统的物物交换，一种为新兴的货币交换，后者主要由内地商人的大量进入所产生。总的来讲，前者所占比例较大，后者所占比例较小。人们进行物物交换的目的大多是获得生存所需，而不是储存和增值。货币交换则在此基础上增加了积累财富的可能。受货币交换的影响，人们传统的思想观念也逐渐发生了改变，即不再将以前的物品视为只是可以交换他物的简单工具，而是尽力扩大生产，以从市场上换得更多的收入，累积财富或购买更多的东西。

物物交换的方式有两种。一种最简单，为家庭间的随机交换。由于贡山境内没有集市，所有米粮、牛马、猪羊等买卖，尽在家中。此外一切交易，大都以有易无。家庭之间的交换对象一般较为简单。"在怒江区，由于生产水平不高，剩余产品少，社会分工不发达，产品种类有限，在一般家庭中，既生产粮食，又由妇女纺织麻布自用，从而出现在内部交换中的产品，也只有一些少量的农作物与家用剩余的竹器和木碗、木勺之类的用品而已。"①

还有一种为集体性的物物交换方式。怒族的一位知名人士窦桂生先生讲了一段碧江人和兰坪人进行交换的故事。② 在当时的碧江一区，民间自设有两个物物交换点，一个在六村东边的老林里，一个在老母登的毕阿垮。兰坪人将铁锅、三脚架、食盐、酒罐及牛羊赶到交易点后，就打一枪火药枪，碧江人听到信号后，就知道有东西来交换了，于是带上本地生产的生漆、黄连、贝母、蜂蜡、兽皮前去交换。

这种交换并不是单方向的，而是相互的。兰坪与碧江的交易点设在兰坪县石登区的舍格拉、挡格拉两地。由于两地之间的来往比较密切，双方的任何一方只要到对方那里去做生意，其食宿都由对方负责解决。末了，甚至会得到返回的盘缠馈赠。如果一方带来的商品交换不完，可自行带回，也可赊销给熟人，并无欺骗行为。这种交换行为一直持续到20世纪50年代初期。

---

① 《贡山县咪谷通道调查报告》，见政协云南省贡山独龙族怒族自治县委员会、政协云南省怒江傈僳族自治州委员会文史资料委员会编《怒江文史资料选辑》（第二十三辑），政协云南省贡山独龙族怒族自治县委员会、政协云南省怒江傈僳族自治州委员会文史资料委员会1995年刊印，第88页。

② 参见陶天麟《怒族文化史》，云南民族出版社1997年版，第94页。

根据新中国成立之初的社会历史调查，怒江地区在民国时期有几样比较固定的一般等价物，如粮食中的苞谷、漆、黄连等。

当时粮食的计量单位为"升"。升系用竹筒制成，约6寸深，直径2.7寸，怒语称为"怒比"，即怒升之意。升之上有"钱"，钱之上又有"两"。10升为1钱，9钱为1两。粮食与各物的交换比率为：1升等于1个竹筒，3升等于一个竹背，5升等于1只鸡。

1钱等于1个容量为10碗酒的酒甏，或能补一把铁锄的破铁皮；2钱等于1把铁锄；3钱等于1条双层麻布裤；4钱等于1头两拳大的猪；5钱等于1件男麻布长衣；8钱等于1口浅大铁锅。

漆的计量单位为"梯角"，即漆碗的意思。"梯角"分大、中、小、次小四种。按交换对象使用价值的大小，采用不同的"梯角"计算。以下以牲畜和漆的交换比率为例：8梯角漆等于1头大公牛，2梯角漆等于1只羊或1头半大的猪，1/2梯角漆等于4只鸡，等等。

黄连的计量单位更为稀奇，为竹编背篮的眼孔数。例如：3眼黄连等于1件土布，7眼黄连等于1只羊或1头大猪，21眼黄连等于1头大公牛。

一般等价物的出现，说明当地少数民族已经初步有了货物的价值观念，知道若干单位的物品能值多少单位的其他物品。物物交换一般多存在于村寨之内和村民之间，而在面对市场和外商时，则不可避免地要开始使用货币了。

从清末到民国，流入怒江地区的货币先后有银两和云南省政府的铸币"半开"。"半开"和普通银圆的兑换比率为两块半开换一块银圆。在当时，市场上的各类货物基本都已经由货币来进行定价。据相关记载，当时的黄连每斤2元，贝母每斤3元，熊胆每斤300元……输入的货物方面，土布每件价银3元，棉线每斤价银3元，春茶每筒价银6角，等等。

## 二、药材、皮毛的输出

20世纪30年代初的《菖蒲桶志》记载了民国前半期贡山的整体情况，为我们分析这一历史时期贡山的经济和商业状况提供了极为重要的参考资料。

在生产方面，贡山人民所用农具极为简单。居家系用竹篮、竹簸、竹筛、斧头、砍刀，耕田系用小犁头、怒锄、木犁架，磨面用水磨、手磨，舂米用木杵臼、脚碓。民国前期，贡山地区的生产工具种类明显增多，铁器方面，除了原有的砍刀，还增加了斧头、小犁头等。贡山地区的铁器主要从外地运来，"菖属并无矿师，亦无采矿之人，尽系自维西输入"。

粮食种类有米、糯米、苞谷、高粱、荞子、饭豆、黄豆、天粟米、鸡脚种、青稞、小麦、洋芋、芋头、黄薯等。其中的豆类、小麦和洋芋等都是民国后由政府从内地引入。洋芋比较特别，贡山的洋芋分中、洋两种。前者由内地输入；后者为法国传教士运来，发于教友试种后获得成功，但形大味淡，不如内地的好。

畜牧业上，由于崇山峻岭的地形，不便畜牧。人民所饲养者，以黄牛和猪为最多，且大都散放江边，每户不过一二只、三四口而已。黄牛也是民国后陆续从内地输入的。

手工业上，以纺织、编织和酿酒为主。贡山各民族俱穿麻衣，且全由妇女自行纺织而成。为了纺织麻布，每户均种植火麻，纺而为线，织而成布。其织法甚为简单，各户门前竖立两根木桩，用竹竿两根排列于上，用绳子系成小口，将麻线排为经线，置于竿下，无梭子，"概用纬线结团抛掷而成，至宽不过六寸"。藏族和怒族也有用棉线和麻线混合进行纺织的，质地非常细密。可见，棉线的使用已经部分地进入当地民众家中。

贡山盛产竹子，人们从事竹篾器编织的历史也较早，由于所编竹器的质地精良，纳西族人曾不远千里来此购买。民国时，当地民众几乎每家都能自造竹器，人们平日里居家所用的筛子、簸箕、箩筐、篮子等物品均在自己家里编织而成。

此外，当地民众从事较多的一项手工业是酿酒。贡山的怒族、藏族和傈僳族普遍喜欢喝酒。酿酒方法极为简单，将粮食煮熟后，拌以酒药，置于瓮中十余日后，将粮食取出，再用木甑蒸之，用一竹槽插入甑中，酒液便顺着竹槽流出。

当地土特产有黄连、麝香、熊胆、贝母、漆油、黄蜡、香菌、木耳、牛皮、獭皮、飞鼠皮、茯苓、黄草、火狐皮、岩羊皮、麂皮等。土特产是贡山少数民族和内地进行交换的主要产品。

据《菖蒲桶志（续）》"商务"一节中记载，当时贡山境内每年输出货物的种类和数量为："贝母约两千斤，黄连约五百斤，麝香约三斤，熊胆约三斤，火狐皮约两百张，麂皮约五十张，山驴皮四十张，岩羊皮五十张，黄牛皮一百张，飞鼠皮五百张，獭皮五十张。"[①]

从上述资料可以看出，在民国年间，贡山和内地的商品交换主要集中于土布、棉线和茶叶等，输出的主要为各类山货药材等土特产品，贸易额不算太大，而且真正发生交换的时间也不长。从民国二十一年（1932年）《菖蒲桶志》的编纂时间算起，贡山和内地进行大规模商品交换的情况大致出现于1917年左右。

---

① 菖蒲桶行政委员公署编：《菖蒲桶志（续）》，见政协云南省贡山独龙族怒族自治县委员会、政协云南省怒江傈僳族自治州委员会文史资料委员会编《贡山文史资料》（创刊号），政协云南省贡山独龙族怒族自治县委员会、政协云南省怒江傈僳族自治州委员会文史资料委员会 1992 年刊印，第 2 页。

20世纪30年代后，怒江和内地的商贸往来逐渐扩大，货物的输出量也在增加。这从黄连的人工种植这一事例中就能够看出。黄连是我国的传统药材，共分为味连、雅连、云连三大品种。其中，味连主要产于湖北省的利川市，雅连产于四川省的雅安地区，云连主要产于西南边疆的高黎贡山和碧罗雪山。由于怒江地区的黄连质量上乘，深受内地市场欢迎，因此，在20世纪40年代以前，一直是当地输出和民众用来交换其他生活用品的重要物品。

1936—1939年间，黄连的价格达到最高峰，每斤市场售价达到3～5元，可换2件土布。受到巨大利润的诱惑和刺激，各少数民族群众农闲时皆上山去采黄连。由于采挖数量巨大，山上的野生黄连数量日趋减少，为了应对这一局面，人们又想办法开始人工种植黄连。

在贡山，官府甚至亲自督促属民进行种植。如《菖蒲桶志》所载："菖属黄连……价昂利厚，采取者多。现已减少，每年约产一千斤。花系蓝色，高数寸或尺余，叶似芹菜，属草本，畏热喜冷，尽生产于高山之丛林间。两三年可采一次，年代越久，其根越大，价值尤昂。可以人工栽种。陈委员应昌已督饬各区夷人，挨户栽种，将来如有成效，亦可补助生计。"①

关于黄连的种植及其对当地民众生活的影响，可以参考紧邻福贡县的一些例子。1984年，福贡县工商局局长杨显华和张建林等人对当地三位老人栽种黄连的历史进行了访谈。

付阿伯、路阿夺两位老人回忆说，福贡县第一个栽种黄连的人为上帕区施底乡扎恰村的贾而此。此人年轻时去过缅甸，并在当地找了一个独龙族的媳妇。缅甸盛产黄连，当地的缅人教会了贾而此人工种植黄连的技术。此人在缅甸山上寻得黄连秧后，带回家乡试种，成功后迅速传到附近的其他地方，从此也开启了当地人工种植黄连的历史。

付阿伯老人讲，民国时，好的黄连1斤可以卖到6个半开（合3元），差的也可以卖4个半开（合2元），1件丽江土布（可以缝1件对襟上衣还剩一点）换1斤或1斤半黄连。由于黄连利润高，大理、丽江、兰坪等地的商人纷纷前来做生意，他们为了收买黄连，直接在山上的黄连地里搭棚子、盖房子，带来酒、腊肉、衣服、棉被、铁锅和当地人换黄连。没有种黄连的人，就去种黄连的人的地里帮忙拔黄连，工钱也是按黄连算，每天为1两。

通过种植黄连，一些原本一贫如洗的村民变得富有起来。古木甲村的阿拉先，家里人多，黄连种得也多。那时候，人们讨媳妇要用黄牛做聘礼，他结婚

---

① 参见政协云南省贡山独龙族怒族自治县委员会、政协云南省怒江傈僳族自治州委员会文史资料委员会编《怒江文史资料选辑》（第二十二辑），政协云南省贡山独龙族怒族自治县委员会、政协云南省怒江傈僳族自治州委员会文史资料委员会1991年刊印，第40页。

时出了 30 头牛也没有穷下来，靠的就是黄连。路阿夺老人说，最先种植黄连的贾而此，黄连种得多，生活过得好，穿着也讲究。不过，靠栽种黄连最先富起来的还是他自己。学会种黄连后，有一年他种了 7 架地（1 架合 1 亩半），收了 250 斤。有了钱就买地，并且请了工人将旱地改为水田，从此大米也能吃到了。最后，他还花钱雇了两个长工。

不过，黄连毕竟是一种面向市场生产的商品，它的价格并不稳定。另一名老人胡德清回忆说，当时一头牛值十五块大洋，有的商人从内地赶来牛，三斤黄连换一头，这样 1 斤黄连就值五块大洋。一只羊子卖大洋二块五、三块不等，有时，两只羊子才换一斤黄连。先付预购定金的，黄连价格低一些，现买现卖的，价钱又高一些。1940 年后，黄连的价格大跌，每斤只值半开 1 元或 1 元 5 角，来收购的商人也变少，市场随即处于瘫痪状态。

经济作物的种植是人们商品观念兴起的一大表现。传统上，人们主要是为了自身的使用而生产，而从事经济作物的种植，则完全是为了在市场上出售，以此获得收入。以上事例证明，货币的进入以及经济作物的种植，不仅改变了人们的经济观念，也将人们不同程度地卷入市场的漩涡中了。

### 三、土、洋货的输入

根据《菖蒲桶志（续）》的记载，20 世纪 30 年代前期，输入贡山地区的货物种类和数量为："土布约两千件，棉线约五百斤，春茶约五百桶。"而且提到："上列输入输出各货系最近数年，其十五年以前，并无如此之出产，输入之货亦不多。"①

可见，当时输入的货物主要为内地的土布、棉线和茶叶等。而到了 20 世纪 40 年代后，国外货物开始在当地的市场上占据一定比例。《怒族社会历史调查》中记载了上帕（福贡）市场九位资本雄厚的商人的物资囤积情况，其中计有枪支、大烟、酥油、黄金、麝香、黄连、粮食、百货、食盐、洋纱、土布、皮毛等。从中可以看出，国外货物在这一时期也已经进入怒江市场。

外货进入怒江地区还有一个重要的原因就是劳动力的流动。怒江和内地的商业交往也在一定程度上刺激了缅甸和缅北未定界地区与我国内地的商贸活动。据记载，从 1936—1939 年四年间，由于内地市场的需要，从缅甸和未定界地区输入黄连达 10000 余斤、黄金 2000 两以上；此外，还有大批生活资料，如民族装饰品和毛毯、毛线等。与此同时，国内通过怒江运到国外去的货物也

---

① 菖蒲桶行政委员公署编：《菖蒲桶志（续）》，见政协云南省贡山独龙族怒族自治县委员会、政协云南省怒江傈僳族自治州委员会文史资料委员会编《贡山文史资料》（创刊号），政协云南省贡山独龙族怒族自治县委员会、政协云南省怒江傈僳族自治州委员会文史资料委员会 1992 年刊印，第 2 页。

不少，共计耕牛 600 余头、食盐 2000 余担、铁三脚（煮饭架锅用）1000 多件、狗 500 余只（祭鬼用）、羊 2000 余只、土布 1000 余件、腊肉火腿 2000 余斤，其余各物尚未计算。① 怒江地区虽然作为连接两国的商贸通道，所有物资都在这里对流，但由于民众普遍贫困，购买力有限，因此影响不大。

民国时期，每届秋收农闲，常有大批当地居民结队前往国外和缅北的未定界地区当背夫、做苦工，出卖劳动力，历时数月，积累薄资，并随身购回有限的日常生活用品，返乡后自用或转售。这为怒江市场增加了外货的种类和数量。

正如这样的描述："由于季节性到缅甸出卖劳动力的怒江区居民的携带和商人的贩运，解放前怒江区日用百货几乎全为外货。抗日战争胜利后，怒江区和蒋管区的内地市场一样，美帝物资更大量涌进，而贫困之怒江区亦成为帝国主义商品倾销地。"②

甚至到中华人民共和国成立后的头几年，外货在怒江市场上所占的比重仍然很大。据 1953 年对福贡上帕市场的统计，外货占据百货货值的 70%～90%，国货仅为 10%～30%。1954 年，上帕市场的外货和国货比重见 2-1。③

表 2-1　上帕市场外货和国货比重

| 项　目 | 国　货 | 外　货 | 合　计 |
| --- | --- | --- | --- |
| 货摊数（个） | 14 | 58 | 72 |
| 占比（%） | 19.4 | 80.6 | 100 |
| 货值（元） | 3105 | 8378.50 | 11483.50 |
| 占比（%） | 27.8 | 72.2 | 100 |

注：图表及数字整理自《怒族社会历史调查》。

直到 1954 年年底，外货的比重才居于劣势，为货值总额的 5%～10%。由此，统治怒江市场达 17 年的外货才让位于国货。

以上只是从整体背景上对怒江地区在民国时期的市场和货物输入情况进行了介绍。然而，贸易活动总归是卖者和买者双方的行为，这里显然只是着重描述卖方的情况，对于买者的涉及并不多。贡山以至本书所研究的迪麻洛峡谷到

---

① 参见《民族问题五种丛书》云南省编辑委员会《怒族社会历史调查》，云南人民出版社 1981 年版，第 92～93 页。

② 参见《民族问题五种丛书》云南省编辑委员会《怒族社会历史调查》，云南人民出版社 1981 年版，第 95 页。

③ 参见《民族问题五种丛书》云南省编辑委员会《怒族社会历史调查》，云南人民出版社 1981 年版，第 95 页。

底在这一历史时期受到多大外货的影响,我们不得而知。但从前面的生产等活动以及民众的购买力方面,可以推测人们购买和消费外货的数量应该不是很大,家庭的生产自给应该仍然居于主要地位。总览民国时期怒江地区的社会经济状况,便呈现出贸易范围不断扩大、商品种类日益繁多、商品意识逐渐增强的卷入世界体系的状态。

# 第三章　计划经济时期城乡交换的推进

探讨中华人民共和国成立以后的地方社会与世界体系之间的关系，需要分作两个不同的阶段，一是计划经济体制时代，二是改革开放以后。如何看待计划经济时代地方社会与世界体系的关系，确是一个难题。

总的来讲，笔者对于这段历史的理解有两点。第一，中国在这一时期虽然和资本主义世界的交往不多，但却和社会主义阵营内部的国家保持着紧密的政治、经济联系，因而也可将其视作另外一种独特的"世界体系"。第二，如果将这段历史和接下来的改革开放联系起来看，会发现它的另外一层意义，即为后来的市场经济的施行创立了一定的条件。之所以这样认为，主要是基于这段历史所带来的一些结果：①新中国成立后的大规模山区生产改造，提高了当地的生产水平，为以后的家庭生产奠定了基础；②交通等基础条件得到进一步改善，为以后的市场化提供了便利；③统购统销下的城乡交换很大程度上加强了人们对工业品的惯性依赖，从而为以后的继续消费做好了观念上的准备。

对于身处西南偏远边区的怒江峡谷而言，从新中国成立之初到改革开放的这段时间里，社会经济各方面可谓出现了"巨变"。在国家财力、人力和物力的大力支持下，当地的交通、生产等方面获得了前所未有的发展，与内地的政治、经济和社会联系也变得更为紧密。客观地讲，正是这一时期的建设和努力，才为改革开放后的进一步发展提供了条件和基础。否则，即使实行了改革开放的政策，由于一些基本的设施条件没有到位，当地和外界市场的经济交往仍然要迟缓许多。

## 第一节　边区改造与基础条件的改善

### 一、农牧生计的发展

新中国成立后，贡山县的行政区划设置做了多次改变，迪麻洛也先后有不同的行政隶属。1950年，政府撤销了民国年间设置的捧当乡，将全县划为一区（丙中洛）、二区（茨开）、三区（普拉底）和四区（独龙江）。迪麻洛属于当时的一区（丙中洛）。

1969年起，区又改为公社，丙中洛也改称为朝红公社，迪麻洛仍为其所属的一个乡。1984年复改公社为区。此时，贡山县又对下面的行政区划做了调整，即在恢复以前的丙中洛区、茨开区、普拉底区和独龙江区外，新设了一个捧当区（当地人现在仍然称捧当为"五区"）。新的捧当区由闪当、迪麻洛、永拉嘎和马西当4个乡组成，其中前两个地方从原来的丙中洛划出，后两个从茨开划出。因此，迪麻洛又变为捧当区所属。

1987年10月，新的乡镇又设立。贡山县将丙中洛、捧当、普拉底、独龙江4个区改为乡制，又将原来的茨开区改为茨开镇，共包括20个村公所和6个办事处。这一行政建制一直沿用至今。迪麻洛此后也一直归属捧当乡。迪麻洛划归捧当，客观上有利于迪麻洛，因为从地理位置上来讲，捧当离迪麻洛距离较近，走出峡谷、跨过江就能到达，而丙中洛则要远很多。迪麻洛村村委会至捧当大约只有10公里，步行需2个小时，乘车只需30~40分钟；而距离丙中洛差不多有30公里，步行翻山需要大半天的时间，乘车更麻烦。

贡山、福贡、碧江、泸水四县过去也称"边四县"。新中国成立后，当地也进行了社会主义改革。1949—1950年间，各县相继建立人民民主政权。在中央"慎重稳进"的边疆工作总方针的引导下，具体工作以"团结、生产、进步"为方针，广泛开展"做好事，交朋友"的活动，帮助当地各族群众恢复和发展生产。这一期间，中共云南省委、丽江地委和怒江边工委对"边四县"做了大量社会调查研究。调查结果为，四县中除泸水南部的汉、白、彝等族居住的六库、上江、鲁掌地区已经进入封建社会外，其余的傈僳、怒、白、独龙等族居住的山区，由于生产力和生产关系水平十分低下，其社会经济形态总的特点是生产资料私有制已经基本确立，但土地占有不集中，阶级分化不明显。

在这一地区，一方面，由于私有制的存在，生产资料占有不平衡，产生了贫富悬殊、雇工和高利贷等剥削现象，出现了1%左右的富农阶层和个别地主；但另一方面，占有耕地面积30%左右的土地属于伙有共耕关系，原始参与十分明显，特别是贡山县的独龙族地区，尚处于原始公社的解体时期，土地基本属于家族公有，生产力的发展更为落后。

因此，针对这一地区的社会主义改造，主要任务是发展当地的生产力，改变当地贫穷落后的局面，不把土地改革作为一个运动来进行，而是采取在共产党的领导下，坚决依靠广大贫苦农民，团结一切劳动人民，团结和改造一切与人民群众有联系的各民族上层人士，在国家的扶持和其他民族的帮助下，通过互助合作,大力发展生产、经济和文化,增加社会主义因素,消灭剥削和消除原始落后因素,直接地、逐步地过渡到社会主义社会。

贡山县当时的社会改革主要从四个方面来进行。第一,通过协商由政府购买或本人赠送、借用、放弃及入社的方法,将喇嘛寺及个别上层头人占有的土地、山场逐步改变为集体所有。第二,对原来存在的个别租佃关系,采取自动取消或废除等办法,使人们从封建剥削中解脱出来。第三,对于利用原始协作方式进行雇工剥削的予以废除。第四,对爱国守法的宗教民族上层,在政治上给予安排、生活上给予照顾,达到团结、教育、争取的目的。

1954年怒江傈僳族自治区设立后,在取得团结、生产和敌对斗争胜利的基础上,政府组织和引导各族群众开展以发展生产为中心的山区生产改造运动,兴修水利、开垦农田、组织缺地少地的家户借地开荒,同时,从发放救济款、贷款等方面入手,通过工作队的示范和实践,推广施肥、选种等生产技术,在很大程度上提高了当地的生产。

在山区生产取得一定成绩的基础上,政府开始普遍组织了临时互助组和常年互助组。互助组根据自愿互利的原则,有计划地组织劳动生产,合理处理了土地及耕牛的借耕问题。同时,实行评工记分,使劳动得到合理报酬。从1955年年底至1956年年初,短短几个月内贡山县就建立起70个互助组。由于互助组发挥了集体力量,扩大了耕地,改进了生产技术,再加上国家给予的各方面支持,大部分地方都实现了增产增收。

1956年,怒江"边四县"开始试办合作社。首先在条件较好的33个乡里试点,并试办了67个以土地入股、统一经营为特点的初级农业生产合作社,入社农民1567户,占四县总户数的6.6%,其中有傈僳族915户、怒族203户与汉、彝、白、藏、独龙等族449户,参加农户占总户数的60%。

其中,贡山县先后在永拉嘎、丙中洛、普拉底、丹当等地方,试办了15个以土地入股、统一经营为特点的初级农业生产合作社,入社农户461户,占当时全县总农户数的14.4%。到1957年,又建立了12个,总规模达到27个。迪麻洛此时也加入其中,80%的农户都加入了互助组,除分散的高寒山区的独居户外,村民们基本上都投入互助合作运动当中。

当时,针对部分怒族、傈僳族和独龙族地区在土地关系上还不同程度地存在着氏族、家族公社的公有土地残余,在耕作和分配关系上还有原始共耕的平均主义分配办法的情况,政府转变用行政命令来强制没收的方式,而是坚持自愿原则,逐步提高这些地区的社会主义集体所有制。思想上,帮助其克服"收光吃光"的无积累习惯。

1958年5月,中共八届二次会议召开,通过了中央根据毛主席的倡议而提出的"鼓足干劲,力争上游,多快好省地建设社会主义"的总路线。8月,中央政治局北戴河会议发出钢铁产量翻一番的号召，开展全民大炼钢铁运动。同年秋，中央发布《关于在农村建立人民公社的决议》，怒江各县也相继建立人民公社。"边四县"在不到一年的时间里，实现由个体经济到初级社、高级社、人民公社的转变。人民公社建立后，曾一度实行公社所有制，在体制上实行政社合一，工农兵商学一体化，农、林、牧、副、渔统一经营无定额管理，干活不计工分，农村吃饭实行"公共食堂"化，吃饭不要钱，总的来讲就是"一大二公"的社会体制。

关于迪麻洛村村民在人民公社时期的生活情况，可以从一段回忆中窥知一二。1959年8月，丽江师范学院毕业的陈凤楼女士被分配到贡山任教，到达贡山后，县教育科将其分到了迪麻洛乡小学。陈凤楼在回忆文章中写道：

> 1959年8—9月，正值贡山解放后的第十个年头，人民群众的生产还相当落后，生活还极度贫困，再加之"大跃进"的热潮尚未降温，村村寨寨实行集体食堂，就连乡干部、小学教师、商店营业员也得加入集体食堂。迪麻洛小学挨近秋麻塘（即现在的青马塘），我被乡工作点长李正华编入秋麻塘食堂。当时的食堂，没有择食的条件，洋芋熟了专吃洋芋，青稞熟了专吃青稞，熟啥吃啥，没有菜吃，更吃不上肉。
>
> 整个迪麻洛乡，只有一所一至四年级的学校，教师只有古樟一人，我到后才有两名教师。学生有120多人，其中大部分是来吃饭的，因为不读书食堂不给打饭。……当时所有的学生都穿不上鞋，衣着简单，穿一件麻织或毛织的长衫，腰束一条腰带，不穿裤子。我上体育课时，学生最不肯做下蹲动作。初来乍到，师生之间言语不通，去问古老师，才知道原来是怕羞。……
>
> 迪麻洛的第二所小学"普才小学"即现在的普拉小学，是1960年秋建立起来的。当时"大跃进"刚结束，迪麻洛小学的学生大为减少，从120人减少为60人，原因是集体食堂已散伙……①

从以上资料可知，迪麻洛的各村寨在人民公社时期都兴办了集体食堂，并且在1960年秋的时候解散。从当时食堂的饭食以及学生们的衣着情况可以看出人们生活的艰苦。

1960年冬，中央开始纠正农村工作中的错误，发出《关于农村人民公社

---

① 陈凤楼：《忆进贡山办学一二事》，见政协云南省贡山独龙族怒族自治县委员会、政协云南省怒江傈僳族自治州委员会文史资料委员会编《怒江文史资料选辑》（第二十二辑），政协云南省贡山独龙族怒族自治县委员会、政协云南省怒江傈僳族自治州委员会文史资料委员会1993年刊印，第107～110页。

当前政策问题紧急指示信》，贯彻公社、生产大队和生产队的"三级所有制"，开展反"五风"，纠正"一平二调"等错误。中共八届九中全会正式通过了"调整、巩固、充实、提高"的八字方针，允许社员经营少量的自留地、自留畜和经济林木，情况才逐渐有所好转。

1962年，根据中共云南省委调整边疆合作社的指示，对农业生产合作社又进行了调整。调整后，坚持办下来的合作社为744个，入社农户11921户，占总农户数的44.93%。此后，农业生产合作社又有所发展。到1964年6月，合作社发展到985个。到1965年，经济形势才出现好转。

1966年，"文化大革命"波及农村，怒江地区也和全国其他地方一样掀起了"以阶级斗争为纲"的"左倾"路线。1968年，边区四县又恢复和建立了人民公社，共计19个公社，121个大队，979个生产队。有些地方甚至强行收回农民的自留地、自留畜（主要为山绵羊），并把农民家庭经营的小宗副业斥为"资本主义尾巴"；同时，推行大寨经验，搞政治工分、平均主义。这些政策给刚刚有所好转的农业生产形势又带来了灾难性的打击，导致生产增长缓慢，徘徊不前。①

1978年中共十一届三中全会后，农村逐渐开始了生产责任制的改革，实行以农户家庭为生产单位的包交提留。1982年年底，贡山县在包交提留到户的农业生产责任制取得一定经验的基础上，进一步调整方针，建立了农业承包合同制。其要求为：在坚持土地、山林集体所有的前提下，划定了自留山与责任山，延长了土地承包期；清点生产队的账务，处理遗留问题，根据中央的有关文件，免除了全县所有的农业税收；鼓励农民开展家庭副业，发展商品和交换，从事多种经营。农业承包合同制的推行，改变了过去农业中的单一生产局面。

1984年，农村经济体制得到全面改革，人民公社时期的三级所有制被撤销，恢复到以前的区级设置，并改大队一级为乡。这一体制也一直延续至今。由于商品和市场的逐步放活，各种专业户、重点户也开始出现，人们不仅从事种植业、畜牧业，还开展加工、运输、采矿、服务业等。从此，怒江山区也开始进入另一种局面。

从新中国成立之初到20世纪80年代的经济改革，中间虽然出现了多次政治起伏，但就生产改造方面来讲，还是取得了巨大的成果。如互助合作时期，政府曾派大批干部到农村指导生产和思想工作，同时也在物质上给予了大力扶持。仅在1956年，就对建立起来的15个初级合作社拨了2万多元的生产补助

---

① 新中国成立后至改革开放前国家政策和历次政治运动对贡山县以及怒江地区的影响，具体可见《贡山独龙族怒族自治县志》《怒江傈僳族自治州志》（上、下卷）。

费,还买了耕牛、农具、苞谷脱粒机等生产工具。人们用效率更高的铁制农具开荒种田,平整土地,固定耕地,并依靠集体力量兴修水利。犁耕方式的普及,减少了刀耕火种。观念上,废除杀牲祭鬼的旧习,逐步改变了"种懒庄稼"、不给土地施肥的习惯,大力推广积肥、施肥和精耕细作,加强田间管理。

推行"小春大革命",变一季生产为两季生产。当地政府还拿出专项资金,从内地购进小麦、蚕豆、豌豆、马铃薯等籽种,发给农民,进行大面积的小春试种。1952年,贡山县一次试种了小麦500亩,收获4万余斤。之后,他们又试种了蚕豆、马铃薯、油菜等小春作物,并逐年不断扩大,提高了作物的复种指数和土地的利用率。1984年,全县9万余亩土地中,小春作物面积达13800余亩,比1952年增加了15.4倍。

籽种改良。贡山地区种植苞谷已经有几百年的历史,但由于长期以来的刀耕火种原始农业生产方式,再加上苞谷品种的老化,产量不高,新中国成立初期每亩单产不过100来斤。1984年,县里从内地引进苞谷群体改良两个品种"墨白94"和"墨白1号",当年试种了7512亩,平均单产达到481斤,比老的苞谷品种多生产了351斤。

贡山的油菜种植历史较短。大面积种植油菜,是20世纪70年代初期的事情,当时国家为了教会当地各民族民众油菜种植技术,还专门从大理、丽江等地请来种植油菜的农技人员。1984年,全县播种油菜2000余亩,收取油菜籽1212担。

1955年,贡山县在丙中洛开办了国营农场,从丽江招收农工70余人,在本地招收农工30余人。该农场有30多亩耕地,开办后以开水田、种水稻为主,引导当地农民种植水稻。1958年成立人民公社后,该农场与公社合并,有的农工返回丽江,有的在当地参加工作。

新中国成立初期,全县只有大牲畜329头。实行民族区域自治以来,在国家的扶持下,各族群众积极开展养殖业,增加饲养品种;同时,县政府还在一些地方开办畜牧场,引进畜种。1957年,贡山县政府在迪麻洛的青马塘村创办了一个畜牧场。该畜牧场也是贡山有史以来的第一个畜牧场。到1984年,全县有大小牲畜27826头(匹),比1952年增长9.4倍,比1957年增长1.2倍;1984年生猪存栏数为22475头,比1952年增长9.4倍,比1957年增长2.4倍;1984年山绵羊存栏4877只,比1952年增长15.9倍,比1957年增长4.3倍。群众中饲养鸡、鸭、兔的,相比过去都有所发展,全县大小牲畜按1984年农业人口计算,人均为1.06头。大牲畜的交易已经开始在农村集市出现。1984年,生猪和猪、牛、羊肉的上市数量都比往年增多。当年,畜牧业产值收入达 75.3 万元，比 1980 年的 62 万元增加 13.3 万元。①

迪麻洛峡谷在这一时期的生产改造也取得了一定成效。迪麻洛河边有一块窄长的平地叫"沙坝"，这里有 100 多亩土地，属于从尼、补它和白汉洛 3 个村子。这块地是在"农业学大寨"时期由当地村民开垦的。为了防止河水的冲刷和侵蚀，人们用石头和木料在河边砌成 2 米高的围墙，把大石头炸成碎石块，从远处背回疏松的土，一筐筐一筐筐地倒在石头地上。

村里的白着大爷，今年 68 岁，仍然记得那个时候的轰烈场面。3 个村子的村民每年轮流背土造地，为了改造河边的这块 100 多亩的土地，3 个组的几百村民总共花费了 10 年左右的时间。这块田地改造完成以后，给当地村民提供了 10 来年的收益。改革开放以后，集体劳动变为家庭生产，公共事业逐渐荒废，由于缺乏管理和维护，沙坝的农田在一次洪水中被冲毁，后来几乎一直处于抛荒状态。

当地的土地极为特殊，地里除了疏松的土壤，还埋有大量的石块。一名当地人告诉我，以前山下可以耕种的土地很少，"农业学大寨"时期，当地也开始大量"平田整地"，人们用火药和雷管等将一块块大石头炸成碎块，再从其他地方用篮子将土背回来倒在这些石块上，慢慢地垫成一层，后来就开始在这些石头地上种植庄稼。

在集体化的高强度劳动下，迪麻洛峡谷的耕地数量得到一定程度的增加。原本的一些河滩、石块、陡坡、密林地被开垦和改造成了农用地，人们在这些新增土地上种植苞谷等杂粮，粮食产量相较以前提高不少，当地长期以来一直存在的缺粮状况也有所缓解。

## 二、交通条件的改善

### （一）驿道变公路

1950 年 8 月，中国人民解放军 126 团从贡山境内经过，支前民工从福贡境内经过。福贡和贡山两地地方政府动员 2000 多名民工修复道路，支援进藏部队顺利通过。1957—1958 年，国家拨出专款，贡山、福贡两地组织劳力，从不腊岩腰凿通了一条栈道，两县的往来从此不用再翻越季洛娃皮山口了，而且路途上缩短了 10 余公里。此外，县内还动员 1000 多名民工，先后整修了腊早至永拉嘎、捧当、茶腊、扎那桶、五里、尼大当之间的 100 多公里道路。

1953 年起，驿道被纳入云南省交通厅管理，维西岩瓦到贡山腊早的这条

---

① 参见贡山独龙族怒族自治县志编纂委员会编《贡山独龙族怒族自治县志》，民族出版社 2006 年版，第 248 页。

滇藏驿道也被纳入管理范围。在经济上给予补助，对旧驿道进行整修的同时，还建设了驿站，如岩瓦、碧罗雪山的马格洛、四季多美和腊早，并组织了一个40～50人的修路队，由国家发给工资，供应粮油。

1973年是贡山县应该永远铭记的一年。这一年，从怒江入口处的瓦窑至贡山的公路建成，其中，延伸进贡山境内的公路有34公里。这条公路的建成，贯通了整个怒江峡谷的交通，也开始了贡山地区的汽车运输时代。同年，茨开怒江汽车柔性吊桥建成后，岩瓦至腊早驿道仅供维西、贡山、福贡等邻近居民来往使用。此后，贡山至察瓦龙的驿道缩短为90公里，但这条驿道每年的12月至次年的5月会大雪封山，不能通行。1985年，贡山县与察隅县商议，联合改道，把沿怒江的九处悬崖峭壁炸开，疏通了一条道路。从此，两地之间的来往不必再翻越雪山了。

中华人民共和国成立以前，贡山县境内山高谷深，道路险阻，境内没有长途马帮运输①。虽养有一定数量的骡马，也只做短途运输和繁殖之用。新中国成立后，国家重视边疆民族地区经济的发展和边防巩固。在上级的扶持下，把羊肠小道拓宽成人马驿道，为驮马畅通创造条件。1956年，国家拨出专款，到丽江、维西、大理等地购买114匹骡马，分配给商业、粮食部门，粮食和商业物资开始由马帮驮运。1958年，贡山县民间运输站成立，其主要任务是组织人力背运和部分畜力运输。据统计，该运输站每年发动人力2万人次（全县人口2万多人），完成1000吨运量，每天要背运436背。贡山县城至岩瓦往返需8天。

1962年，腊早成立了一个民间运输分站，同时成立国营马帮运输队，直属民间运输站管理，从丽江、维西、鹤庆等地招聘有赶马经验者进入马帮运输队，再从本县傈僳族、怒族、藏族青年中挑选一部分青壮年，组建成一个65人的赶马队，列入国家工人编制。把商业、粮食部门的驮马集中起来，由民间运输站统一管理。县里指派一名有兽医经验的人负责，首先把维西岩瓦物资集中地起运，然后在怒江边的腊早民运分站卸货，每年行程达5000公里以上。

马帮运输属于季节性的运输，一般来讲，每年7—11月为运输期，其余时间为冰雪封山期，人马不能通行，处于和外界隔绝的状态。每年的运输开始前，县里都要成立一个由一名副县长挂帅的抢运物资领导小组，由供销、商业、粮食部门组成。一般先派出修路队整修道路、驿站（哨房），另派人到外地请马帮支援。每年从丽江、维西、中甸、德钦、宁蒗、永胜、兰坪等县及西藏自治区的察隅县、四川省的得荣县前来支援的骡马有2000多匹。

1973年，瓦贡公路贯通后，调拨物资可以由汽车进行运输了。因此，不

---

① 关于贡山县马帮运输情况，参见王玉球主编《怒江州交通志》（云南人民出版社2000年版）。

用再组织马帮和大批人力翻越碧罗雪山进行物资的运输了。紧接着,雪山东麓的维西县岩瓦转运站和西麓的腊早转运站相继撤销。但由于公路贯通得不彻底,贡山县城北部的捧当、丙中洛和独龙江三个地方仍然需要依赖人背马驮。

### (二) 渡口变桥梁

迪麻洛峡谷通往外界的渡口主要有三个,分别为闪当渡口、双拉渡口、月古渡口。

闪当渡口。闪当渡口位于捧当乡闪当村的怒江边上,是闪当连接捧当、迪麻洛、永拉嘎的渡口。此处江水较为平缓,除少数年份外,一年四季均可用木船摆渡。20世纪80年代以前,两岸边常有10多只大小木船来往行走。1985年,捧当人马吊桥建成后,一部分群众仍使用该渡口,划船到江中捕鱼。

双拉渡口。双拉渡口位于丙中洛乡双拉行政村的怒江边上,是双拉通往怒江西岸的重要渡江通道。秋夏江水上涨时不能渡船,人们只能靠溜索渡江。冬春季节江水落潮,可以用猪槽船摆渡。

迪麻洛的地理位置极为特殊,峡谷里的12个村子分布极为分散,1984年捧当区未成立以前归丙中洛管辖。那时候,迪麻洛村村民去丙中洛,有两条途径。东边和南边的村子离闪当渡口较近,可以从此处渡过怒江,再沿江而上,到达丙中洛。西北方向的阿鲁腊卡山上的村民,则可以直接翻山进入双拉,再从此处渡江,沿江而上到达丙中洛。相比于前者,后者的距离缩短很多。在迪麻洛的时候,笔者曾两次翻越阿鲁腊卡山到丙中洛。从阿鲁腊卡下到双拉村,只需要4~5个小时。时至今日,在通往丙中洛的江边上,我们仍可以看到溜索的存在。

月古渡口。月古渡口是包括迪麻洛在内的贡山以北地区南下怒江的必经之地。该渡口位于茨开月古村的怒江边上。1948年,由于山崩,大量巨石堆积于江中,再加上常年的泥沙堆积,形成了一道较大的水结,因此,水流平缓,适合行船。1958年,为了平息西藏上层分子叛乱,解放军部队从贡山经过。为支援前线,贡山县人民政府从丽江巨甸请来造船工匠和水手,建造了当地有史以来的第一艘大木驳船。新中国成立后,运进贡山的物资都要从该渡口经过。因此这里一度十分兴旺和拥挤,直到1965年"幸福桥"建成后才逐渐冷却下来。

渡船工具有两种。一种是猪槽船,从前清时就已经开始使用。其制造方法是:用一根长3~4米、直径100~120厘米的圆木,从一面凿空;船的两头砍削光滑并呈上翘状,在中间穿1~2根横档,作为划船人或乘坐人的座位;船底稍微铲平,用一根短木浆划行和掌握方向。因其形状极似猪食槽,故而得名。另一种是筏子。筏子是用坚硬的大龙竹做成,数根竹子并排穿连捆绑在一起即可。竹筏可渡人、载物，使用极为方便。

总之，通过国家这一时期对怒江地区的交通建设，迪麻洛峡谷和外界的距离明显接近了许多。虽然此时的公路仍然未通入村子，但人们和内地的联系距离毕竟是缩短了，相比于之前的长途跋涉、翻山背运，现在很多事情去县城就可以直接解决了。

## 第二节　土特产品的国家统购

对于 20 世纪 50 年代的农村商品市场，徐建青做了比较清晰的论述。① 中华人民共和国成立之初，国内的经济仍实行自由市场制度。农产品、土副产品中，除农民自用自食的部分外，其余的基本上都进入流通。国家需要的粮食（除了粮食税外）、工业原料以及出口的农副产品都通过市场收购。

1953 年，国家进入大规模工业化建设时期，物资严重紧缺。粮食、棉花、油料油脂、肉类等主要农副产品供不应求，其他农产品特别是作为工业原料的农产品面临同样情况。为了保证国家掌握稳定的物资来源，保证工业化建设的顺利进行，国家决定对主要农产品实行统购统销，对主要土副产品实行统一收购。1953 年 11 月起实行粮食和油料油脂的统购统销；1954 年 9 月起对棉花实行统购，对棉布实行统购统销。

新中国成立之初，农村市场上存在着多种市场主体和经济成分，包括国营商业、供销合作社商业、私营商业及个体摊贩、私商的合作化商业、农业合作社商业以及农民家庭贸易。为了活跃城乡市场、迅速恢复和发展生产，国家允许多种经济成分存在，并随时协调各方面的关系，以发挥各种商业组织和商人以及各种生产组织在活跃市场方面的积极作用。

1953 年以后，随着经济建设计划的实施，国家逐步加强了对农村商品市场的控制。同时，经过对私营商业的改造，改变了农村商品市场的主体结构，国营商业和供销合作社取得农村市场的主导地位。

国营商业网和供销合作社商业网是计划经济时代国家进行城乡物资交流的两条主要商业渠道。新中国成立之初，统一的国营商业除了在城市发展业务，还将经营机构延伸到广大农村，在城镇和农村普遍设立各种零售店和代购店，收购农产品，推销工业品。

国营商店向农村的过度延伸，和供销合作社的营销范围发生了冲突。最后

---

① 参见徐建青《50 年代农村商品市场变化述略》，载《中国经济史研究》2000 年第 1 期。

经过国家有关部门的统筹规划,实行城乡分工。总原则为国营商店负责领导城市市场,供销合作社则负责领导农村市场。此后,国营商业网基本退出农村地区,但仍保留了少数农产品的收购机构,如食品公司的生猪收购机构、油脂公司的油脂油料收购机构、粮食公司的粮食收购机构、药材公司的中药材收购机构等。这些机构中,基层收购点一般设在县镇里面,也有一些设在产区比较集中的乡村,基层收购点以上又有各级收购机构,从而形成国营商业的农土特产品收购网。

分工后,乡村中的物资购销主要由供销合作社进行。1951年,供销合作社将供给和推销业务分开,分别设立供给部门和推销部门。供给部门的任务主要是推销并供给生产者及消费者工业品。推销部门的任务主要为组织收购并推销地方土特产品,完成国营商业委托收购的农产品。1952年,在整顿基层供销社的过程中,要求基层供销社根据业务范围,适当设置分销店、收购站、流动供销组。

1956年,在私营商业社会主义改造基本完成后,供销社结合农村商业网的调整。在供应网方面,把零售机构逐步延伸到农业合作社或乡以下的居民点,在较大村庄、集镇、城市设立分销店、代销店、流动供销组、批发站等,建立起系统的零售网和批发网;在收购网方面,适应采购业务分散的特点,在乡镇设立采购点、流动采购组等。

供销社在农村地区设立的商业网点主要为代购代销店。代购代销店是供销合作社商业网的一个重要组成部分,也是联系农村和城市物资交换的重要渠道。代购代销员一般由贫下中农推选思想道德好、办事公道、责任心强、有一定文化的农民担任。其主要职能有二:一是执行供销社的计划和规定,为供销社代购零星农副土特产品和废旧物资;二是代销农民所需要的生产生活资料,从中取得一定的手续费。代购代销的资金由供销社拨付。据统计,1955年年底,云南省的代购代销点达到5216个。①

1956年1月后,为了做到"乡乡有点",迎接农业合作化的高潮,供销社普遍开始在生产大队建立代购代销店。贡山县的民贸事业发展得相对比较迟缓,直到这一年才在县里成立了供销合作社,从而代替了之前的民贸小组。到年底,云南省的代购代销店达到8445个,比1955年增加了3229个。后来,由于管理工作跟不上,许多代购代销店因账目不清而被淘汰。1958年7月云南省供销社与商业厅合并后,代购代销店数量继续减少。

1963年10月23日,云南省供销社发出《关于发展和巩固代购代销店的

---

① 参见云南省地方志编纂委员会编《云南省志·供销合作社志》,云南人民出版社1992年版,第122页。

意见》，指出当前农村商业网点比 1957 年减少 5%，而购销任务却增加了 45.85%，不能适应农副业生产的发展和广大群众的购销要求，决定短期内发展代购代销店 2 万多个。到 1966 年年底，全省的代购代销员达到 13000 人，迪麻洛乡的代购代销店也在这时建立起来。

"文化大革命"中，云南省供销社撤销，各地、县和基层的供销社普遍放松了对代购代销店的领导和管理，一半左右的代购代销员不同程度地发生了贪污盗窃、挪用资金、私分商品等违法乱纪行为，有的代购代销店甚至因资金和商品被吃尽而关门停业，造成很大的经济损失。1978 年 10 月，全国供销合作总社在四川绵竹召开会议，制定了《代购代销店管理办法》，对这一情况进行了纠正。

1980 年以后，云南省政府发出《关于进一步恢复和发展城乡个体工商户暂行规定》后，农村代购代销店的性质也发生了改变。有的开始转为个体工商户，有的则转为生产队或乡镇企业的商业门市部，有的转为与供销社联合经营的农商联营商店，另外一些设在经济中心地带或交通要道的购销业务较大的店则转为基层供销社的购销店。此后，代购代销店大面积地减少。迪麻洛的代购代销店大约于 1986 年后撤销。紧接着办起了私营商店。

统购时期，国家为了鼓励农户出售农副产品，规定对出售若干农副产品的集体和个人进行粮食奖售。奖售的范围包括经济作物、经济林木、食品副食品、水果、畜产品和中药材六大类。根据各个时期的具体情况，确定奖售品种范围和奖售标准。1960 年，有 8 种经济作物和 9 种中药材实行粮食奖售。1964 年奖售的品种达到 6 大类、46 个品种。贡山县的奖售品种除粮油外，还有生漆、生猪、牛、羊、皮张和中药材等。在迪麻洛，当时村民们交售的物资主要为核桃（油）、药材山货、牲畜等。

核桃油是怒江各族民众的传统食用油料。迪麻洛峡谷的山林中盛产核桃，尤其是一种质地坚硬的"铁核桃"。当地民众在收获核桃后，将其洗净、晒干，然后用杵臼冲碎，去掉皮壳，放入锅中熬煮，等到油质浮出水面后，再用瓢勺捞取，继而再煮热一遍，这样制作出来的核桃油可长久储存。相比菜油等其他油料，核桃油显得更为美味，唯生产加工起来比较麻烦。迪麻洛属于当地核桃的主产区，因此其核桃（油）也成为重点统购对象。

为了加强核桃的统购管理工作，当地政府先后采取了多种措施。[①]

第一，从 1957 年起，禁止核桃上市，严禁个人或其他单位进行核桃的买卖活动，按照留购各半的政策，宣传动员农户自愿出售。每年核桃的收获季

---

① 参见贡山独龙族怒族自治县志编纂委员会编《贡山独龙族怒族自治县志》，民族出版社 2006 年版，第 321～322 页。

节，县里的粮食部门还专门抽调和派出工作人员配合收购部门到各村寨发动群众及时采收，并且就地收购。

1961年3月，中共贡山县委在转批贡山县人民工作委员会《关于农产品收购工作中几个政策问题的报告》中确定，核桃包括核桃油，鼓励多产多购多吃。总的来说，是国家收购一半，农户家庭自留一半。出于各社、户在产量上不均衡的考虑，具体安排上也做了调整：属于合作社集体的核桃，实收量不到500斤的社，可全留以安排群众生活，是否出售由各社自己决定；500斤以上的社，超过部分由国家动员收购；办集体食堂的社可以适当多留一些。私人核桃按收获量，以人口平均计算，每人不到15斤的社，可全留自食；人口平均有40斤以上的农户，国家动员收购其产量的40%～70%。

据有关贡山县志记载，1978年10月，县革命委员会（简称"革委会"）根据当年核桃的预计产量及历史入库情况，计划收购核桃12万公斤（1公斤＝1千克，下同，不再标注），并分别将任务下达到各公社。其中，丙中洛公社（迪麻洛属其中）8万公斤，茨开公社2.5万公斤，普拉底公社1.5万公斤。同时，要求有任务的公社尽快将任务落实到各大队和生产队，安排和组织劳力采收，及时入库。

第二，适时调整核桃及核桃油的收购价格。例如，1957年，每50公斤核桃的收购价仅为2.40元，为了鼓励农户生产和出售的积极性，1963年调高至6元，1979年调升至8元，1986年起又调高到10元。核桃油方面，以每50公斤为例，1957年为56.50元，1963年为75元，1971年为88元，1979—1989年为115元，到了1990年进一步调高到237元。之所以在20世纪80年代以后价格的调整幅度比较大，主要是因为加入了市场的力量，私人商贩的竞争迫使国家不得不调高核桃及其成油的价格。

第三，公粮抵交。20世纪60年代，当地政府实行交售核桃油50公斤可折抵交售粮200公斤的综合交售政策。到了70年代，改为农户每交售核桃油50公斤，奖售粮食125公斤。

第四，坚持常年收购和委托商业基层网点代购。凡是设有粮所、粮点的大队，由粮食部门收购；没有粮所、粮点的大队，由商业贸易小组列入收购计划负责收购。收购任务结束后，及时移交粮食部门，并付给一定的代购手续费。

野生药材是迪麻洛在计划经济时期交售较多的另外一项统购物品。碧罗雪山上，生长着种类丰富的野生植物和动物。其中，药用植物如黄连、贝母、天麻、珠子参，共计100多种；动物体内所产的名贵药物如牛黄、麝香、朱砂、鹿茸、熊胆等。但是，仅靠采集野生药材远远跟不上任务需求。因此，在鼓励村民采集和交售野生药材的同时，政府还通过开办药材基地，培训当地村民人工种植药材。1956年,贡山县在迪麻洛的阿鲁腊卡开办了第一个药材生产基地。

据曾亲自参与此项工作的李华回忆,当时每村派了2人,共24人到阿鲁腊卡药材基地学习药材种植技术。虽说是药材基地,但一切都是白手起家,加上当时国家处于困难时期,在高寒山区开办药材基地,条件十分艰苦。县商业局派去的李华等三个同志带领大家自己动手盖起了一所简陋的木楞房作为办公室和食堂,又搭了三间草棚作为宿舍。就这样,大家在高山上首先安顿了下来。接着,他们就有步骤地开荒、平地、种植药材。由于得到了当地群众的支持,一个多月就开出16亩山地。第一年就在这些所开的地里种下了4亩当归、12亩木香。

开办药材基地是一件新鲜事。开种那天,丙中洛乡各村都派人前来现场观看。李华等同志就给群众当面讲授当归和木香的栽种技术。由于新开的药材地腐质土多,土层肥厚,当年的木香长势很好。第一年当归就收了1500多斤,每亩产量370多斤。种植当归要由专人管理,要做一些细致的工作,至少要除草4~5道才会有效益。

通过那次阿鲁腊卡药材栽种培训,迪麻洛各村很多群众掌握了种植当归的要领和管理技术。据说,白汉洛村种的当归,最大的一根有0.7斤重。木香下种后,3年才能收,平时的管理要跟得上,每年要锄草1~2道。在阿鲁腊卡种下的那些木香,当地群众在3年后得到了收效,每亩收到木香800斤左右,群众尝到了甜头。

在第一年开垦出10多亩地之后,第二年又开了一些荒地种上第二批木香。李华等二十几人管理近20亩药材地,劳动虽然辛苦,但大家每天总是起早贪黑地干。当时,李华他们三人每人每月只有半斤食油,各村派去的群众都自带被子、食油。国家有点补助,但不能完全解决问题。没有菜,大家就动手开荒种上些洋芋、青菜、萝卜等。他们在阿鲁腊卡与当地的怒族、藏族学员一直同吃、同居、同劳动,历时两年,直到1961年上半年才回到县里。他们把种好的药材基地交给当地群众管理,几年后迪麻洛各村向县商业局交售了上万斤当归和木香。

阿鲁腊卡药材基地试办成功后,1961年下半年又在全县各区普及。往后,县商业局又派赵士铭到普拉底指导,茨开由李华同志负责。从那以后,全县大部分生产队都办起了集体的药材基地……①

---

① 参见李华、张北星《贡山县第一个药材基地开办小史》,见政协云南省贡山独龙族怒族自治县委员会、政协云南省怒江傈僳族自治州委员会文史资料委员会编《怒江文史资料选辑》(第十八辑),政协云南省贡山独龙族怒族自治县委员会、政协云南省怒江傈僳族自治州委员会文史资料委员会1991年刊印,第121~123页。

从 20 世纪 60 年代到 80 年代初期，迪麻洛峡谷的很多村民都在半山腰的地里种上了木香。那个时候的木香价格较高，而且由政府统一收购，既不愁销路，价格又稳定，所以发展情况很好。后来的计划经济体制有所改变以后，国家对木香不再进行统一采购，县里的贸易公司根据市场行情的变化也不再收购木香根，木香的价格大幅下跌，村里的很多木香地逐渐荒废。一些村民后来甚至将木香根从地里挖出来种上了苞谷。直至 2003 年，外来商贩来到村子里收购木香，一些村民才又跑到地里面找木香根，将它们挖出来卖。木香的好处就是会一直长在地里，不会腐烂。这些挖到木香根的村民庆幸自己当时没有毁掉药地。

除了当归和木香，贝母也是一种需求量比较大的药材。民国时的《上帕沿边志》中就载道："贝母：入药用，产于碧落、高黎两大山寒冷之处，一茎直出，无分枝，杆尺余，花白色，开于顶茎，如胡葵。其根小如豆，名曰雀嘴贝者最佳；打如算盘子者次之。亦系草本，现在价甚昂贵。每年三四月间，怒、傈结伴往碧落（即碧罗）、高黎两山采取，各得数两至十余两者为多。含水甚重，需两三斤始晒干一斤，仍销内地。"①

然而，贝母并不能进行大规模的人工种植，只能上山采集。鉴于贡山境内贝母分布数量有限，当地政府想出了出境挖药材的办法。

1959 年，在贡山县茨开人民公社丹珠大队民族工队工作的李华，被县上派往西藏察隅县察瓦龙境内交涉挖贝母等药材的事宜。当时的察瓦龙盛产贝母等药材，但是人烟稀少，药材资源不能得到很好的利用，贡山县获知这一情况后，决定派人前去挖取。经过双方协商达成一致，由贡山县支付给察瓦龙资源租让费，不管挖得多少，由双方对半分配。

察瓦龙境内共有七处贝母山，每处贝母山又包括几块贝母地，每块贝母地 15～30 亩。李华的采挖队一共被分到三处贝母地。交涉成功以后，李华便留人在当地准备粮食和糌粑，汇报县里以后，县里通知丙中洛公社抽调 80 人，捧当公社抽调 70 人，普拉底公社抽调 10 人，总共 160 人前往察瓦龙挖药材。此外，还出动骡马 30 多匹。到达目的地以后，前往采挖队伍受到当地藏族头人的热情招待，并被赠以酥油和奶渣等礼物，采挖队则以茶叶和盐巴等物品回赠。出发当天，当地村民派出 30 多头骡马和牦牛为采挖队运输各种行李物品，到达山上以后，采挖队用食盐和茶叶进行酬谢。

采挖前，队员们在山上搭建棚子住下来，并且准备好晒贝母的工具。李华发现，当地的贝母极多，漫山遍野都是，并且估计，每人每天挖两三斤贝母不

---

① 《纂修云南上帕沿边志》，见《怒江傈僳族自治州文物志》编纂委员会编《怒江傈僳族自治州文物志》，云南大学出版社 2009 年版，第 344 页。

成问题。有一次，李华在一个石头堆下面竟然发现了储量达四五斤重的贝母，回来一说，才知道原来是遇到老鼠的过冬仓库了，那里的贝母多得都已经成了老鼠的食品了。几天后，采挖队返回。经过统计，全县共挖得贝母干货3696斤，人均挖得22斤，折合人民币44300多元。这一数字对于当时经济收入极低的贡山县来说，无疑是惊人的。此后，贡山县每年都派一部分群众前往西藏挖贝母，这一活动一直持续到20世纪70年代。①

除了采集和种植野生药材植物外，人们还在生产之余上山打猎，获取珍贵的动物体内药材和皮张，出售给国家的统购部门。狩猎工具有大中小各种弩弓、火药枪、长刀、铁叉、铁矛、麻绳网和各种式样的扣子。此外，还有必不可少的猎狗。打猎的对象有野驴、山羊、熊、老虎、獐子、麂子等。对付不同的野兽，需要使用不同的捕猎技术手段。例如，对付虎、豹、豺、狼等，就要设置暗弩毒箭；如果要猎取野牛、野猪、山驴、麂子、羚羊、岩羊等野兽，就要设置陷阱；等等。

20世纪80年代以后，国家逐渐禁止村民上山打猎，打猎活动才算告一段落。但是，现在仍有少量村民，尤其是牧场上的牧民，会不时地捕打一些小型动物，如飞鼠或山鼠等。

在牲畜方面，其统购种类主要为生猪、牛、羊等。迪麻洛周围的碧罗雪山上，分布着大量面积不等的草场资源，为当地民众发展畜牧业提供了便利。时至今日，当地依然是整个贡山县的重点畜牧村。

早在民国时期，当时的政府就已经开始注意到这里的畜牧业资源了。《菖蒲桶志》中说："菖属尽系崇山峻岭，并无整段平原。草木虽茂，不便散。现无大规模牧场，人民所养者，以黄牛及猪为最多，羊马均少。大都散放江边，每户不过一二只，三四口而已。现在陈委员查获迪麻洛、黑蛙底两处地势稍平，可以牧畜，已着手组织。"

1957年，贡山县政府在迪麻洛的青马塘村创办了一个畜牧场。该畜牧场也是贡山有史以来的第一个畜牧场。经过一段时间的筹备后，工作人员从村里购买了一些牛。但过了两年，由于经营不善，再加上瘟病流行，牲畜大量减少。考虑到县内已无法再买到更多的牲畜，便派专人到西藏的察瓦龙去购买牦牛、黄牛、绵羊等牲畜。在察瓦龙的扎那村，在当地解放委员会的协助下，工作人员很快完成了购买任务，不到3个月的时间里，共收购了600多只山羊、50头黄牛、20多头牦牛、20多匹骡马、2头牦牛种。

---

① 参见政协云南省贡山独龙族怒族自治县委员会、政协云南省怒江傈僳族自治州委员会文史资料委员会编《怒江文史资料选辑》（第二十二辑），政协云南省贡山独龙族怒族自治县委员会、政协云南省怒江傈僳族自治州委员会文史资料委员会1991年刊印，第134页。

青马塘畜牧场的兴办，增加了当地的牲畜种类，再加上国家对牲畜出售的奖励，人们饲养和放牧牲畜的积极性得到很大提高。因此，迪麻洛成为当时贡山县牲畜统购的主要地区。

除了国家统购，民间的牲畜市场其实是一直存在的。因为牲畜是活商品，农民对牲畜的要求又是多种多样的，不能完全统一管理。1957年3月，中共中央、国务院在《关于耕畜问题的指示》中提出，为了使牲畜畅流，调剂牲畜的余缺，要积极开展牲畜的贩运调剂工作，允许畜贩自由贩运，恢复并活跃国家领导下的牲畜交易市场。在耕畜不足地区，供销社应该组织和协调农业社到产区购买牲畜，组织畜贩到本地贩运牲口。农村中，大部分的耕畜需求其实一直都是通过耕畜市场，由农民和农业社直接调剂解决的。

随着国民经济建设的发展和非农业人口的增加，县内油脂产需矛盾变得越来越突出。为了尽量减少内地的油脂调入，以及满足县内油脂销售增长的需要，1970年，县里研究决定，在油脂收购上，除了继续做好核桃的生产和收购工作外，还要大力发展油菜种子的生产。

为了扩大油菜的种植面积，当地的农业和粮食部门积极从内地引进油菜种子，发动群众进行种植，当年即播种油菜面积100多亩，单产量50公斤，总产量5000公斤，其中国家收购600公斤。此后，县里也开始把油菜列入农业生产的计划当中。迪麻洛的一些社队从20世纪70年代起也开始试种油菜，但是由于技术、土质等方面的原因，成效不大。直到今天，政府为了推行小春作物的种植，依然鼓励农民在秋冬季节种植油菜。在村里调查的时候，笔者曾亲自参与一家人的油菜种植，他们采取挖地、撒播的办法，在满是石头和草丛的地里胡乱撒上一把油菜种子，任其自生自灭，所以很难说得上有什么成效。

## 第三节 粮食调拨与工业品的乡村推销

计划经济时期，当地民众的外部消费主要依赖两大部分，一是粮食，二是城市中的工业品。

### 一、粮食的调拨与输送

当时农村的粮食销售分为返销粮、籽种粮、短途集运补助粮、民工补助粮和奖售粮五种，其中以返销粮所占比例最大。返销粮的主要供应对象是农村的缺粮社队。1955—1976年，国家对粮食实行定产、定购、定销的三定政策。边区民众的缺粮供应，主要根据当年的粮食生产和余留情况，坚持"自力更生,余缺调剂,计划用粮,节约用粮,先吃自己的,后吃国家的,何时缺粮,何时供应,有什么品种,供什么品种"的原则。1985 年,全县农村都执行定口粮 400 斤、基本口粮 500 斤的办法。1957—1990 年,全县共计供应农村缺粮人口口粮 1379.28 万公斤。①

贡山县这一时期粮食销售总量的 90% 以上靠县外调入。1952 年至 1972 年间,贡山县的粮油从丽江、维西方向调入,运输方式有两种。②

1954 年前的陆路运输,只有人行的羊肠小道,运粮线路有两条。一是从维西县的康普粮库起运,途径阿尼大—澜沧江—阿青里—士机朵咪—腊早—东月谷—怒江—西月谷,最后到达贡山县城所在地的丹当;一是从维西县的岩瓦粮库(转运站)起运,途径澜沧江—斯壳子—马格洛—士机朵咪—腊早—普拉底—东月谷—怒江—西月谷,到达丹当。

1953 年,共调拨粮食和各类物资 30 万公斤,其中粮食 19.6 万公斤,全靠人背肩挑,人均负荷 25 公斤,运送一转来回需要 15 天的时间,完成全部运输任务需要 10 万多个工日。

1954—1972 年,县外粮油调拨以人背马驮相结合。1954—1956 年间,人背肩挑仍占粮油运输总量的 90% 以上。1972 年的粮油运输主要是组织马帮驮运,由于内地前来支援的马帮不能如数按期投入,每年还要动员部分民工背运。如在 1965 年,除组织马帮外,还发动了几千人抢运,最后才顺利完成当年度粮油和其他物质的调拨任务。

1973—1990 年,贡山县外的粮油调拨改为从泸水、保山、德宏、甸尾、昆明方向调入,这主要是此时怒江峡谷的公路修通的缘故。汽车和拖拉机的使用,大大减轻了人们运送粮油物资的劳动强度,运费开支也得到很大节省。

县内集运。由于县内 5 个区的粮食都不能自给,90% 要靠调入来平衡收支,故县内粮油的集运任务异常繁重。普拉底和茨开两个区,每年结合县外粮油调拨的情况一次到位,只在库存数量品种发生矛盾时做适当的调整。而丙中洛区和捧当区,结合独龙江区的粮油运输,每年从西藏自治区察隅县的察瓦龙请进大批驮马帮助运输独龙江的粮油和各类物资,进县时将两区调出的粮食运出来,返回时再把两区需要调进的粮油运进去,必要时做一些专程运输,即可完成两个区一年的粮油集运任务。

1953 年之前,贡山县负责管理调拨粮食的机构为"贡山县公粮总仓库",

---

① 参见贡山独龙族怒族自治县志编纂委员会编《贡山独龙族怒族自治县志》,民族出版社 2006 年版,第 347 页。

② 关于该时期贡山县粮食调运情况,请参见贡山独龙族怒族自治县志编纂委员会编《贡山独龙族怒族自治县志》(民族出版社 2006 年版)。

归贡山县财政科管理，负责部分用粮以及地方机关学校等干部职工的粮食供应和农村救济粮，救济籽种的收支拨付工作，一切收支拨付向丽江专员公署粮食局报账。

1954年粮食局成立后，便开展了粮食的购、销、调、存和加工业务。起初的粮库狭小、简陋，仓库容量仅为3万公斤；1954年重新修建后，仓容量提升到13万公斤。

粮食的购销工作开展以后，全县还设立了14个临时购销点，如一区的丙中洛、五里、秋那桶、比毕里4个点，二区的茨开、牛郎当、赤科、捧当、永拉嘎、双拉娃6个点，三区的普拉底、东月谷、西月谷、其达4个点。迪麻洛村当时没有设立粮食收购点。由于迪麻洛当时属于丙中洛区下面的一个乡，人们要购销粮食，就不得不跑几十公里的山路。老人们回忆说，那时候购销粮食，要翻山越岭，人背马驮，极为困难。

1959年，丙中洛区成立了粮管所。由于迪麻洛和丙中洛隔着大山，交通不便，出行和运输极为不易。为了照顾当地群众的利益，丙中洛粮管所终于在1964年分别增设了迪麻洛和格咱两个粮食购销点。村民们从此在峡谷里面就可以购销粮食，而不用再跑到几十里地的山外面去了。

1984年，迪麻洛迎来了新的机遇。这一年，贡山县政府将迪麻洛乡、捧当乡从丙中洛区划出，将其和原来属于茨开区的马西当、永拉嘎合并，成立了新的捧当区，捧当粮食购销点也改为捧当粮管所。捧当区的成立对于迪麻洛的意义是明显的。以前归丙中洛管辖的时候，两者之间的距离遥远，业务等各方面的联系都非常不便；归属捧当以后，就变得方便很多。捧当位于迪麻洛峡谷出口附近，两者隔怒江相望。从捧当到迪麻洛，直线距离大约只有10公里。去捧当办理业务，不仅耗费时间短，而且成本也降低许多。

需要指出的是，捧当和丙中洛都位于怒江西岸，而迪麻洛峡谷位于怒江东岸，无论去其中的哪一个地方，都要不可避免地跨越怒江。1985年以前，捧当人马吊桥还没有修建，迪麻洛村村民若要外出，只能去峡谷入口附近的闪当渡口，用猪槽船渡江。真是刚翻过了几座山，又要渡过一条江。猪槽船身长仅几米，容量极为有限，要是再用此来运送粮食物资，其困难和紧俏程度可想而知。

1980年，县里的粮食征购任务全部调减后，粮食部门的网点又一次进行了调整。到1990年年底，全县除了5个乡的粮管所外，仅保留县粮食局直属粮库的茨开粮食购销点、普拉底乡的腊早粮点以及独龙江乡的龙元粮点。迪麻洛粮点这时也被撤销，人们购销粮油又不得不跑到峡谷之外的捧当乡。所幸的是，这时连接捧当和迪麻洛等村子的跨江人马吊桥已经修建，不用再划船渡江，因此困难相比过去有所减轻。

## 二、工业品的民间推销

1951年8月间，贡山县成立了民族贸易办事处，由丽江地区调来3个同志负责筹备工作。1952年，工作人员在丹当建了房子，一所上下共10间的两层楼房，一间平房，都是土木结构的老式房子，由此形成了当时整个丹当县城唯一的门市部。下面的丙中洛、茨开、普拉底、独龙江各区都没有开设商店，更谈不上什么营业网点。

为了解决群众的物资困难，民贸办事处采取了代销的办法，即先把茶叶、食盐等群众急需的物资运到区上，由区里的干事负责代销，这一方法虽然作用有限，但也起到了一定的效果。

1953年9—10月间，丽江地区为了加强贡山的民贸工作，又派来多名工作人员，同年年底，又从昆明回来一批刚结束学习的同志，这样，民贸办事处的工作人员和队伍就壮大了许多。人多好办事。于是，民贸办事处在丙中洛和普拉底区成立了区商店，此后又在独龙江成立了区商店。当时的工作条件极为艰苦，商店的营业场所仅有简单的茅草房。

新中国成立之初，当地的交通极为不便，民贸小组的工作队伍积极组织货源，靠着人背马驮，从大理、丽江等地调运各种物资和民族特需品，以保障供给。同时，抽调商业职工深入到各区乡和村寨，帮助群众开展多种经营，发展药材生产等，增加群众的收入。1956—1957年间，办事处抽调了李华、赵四铭和杨树极3人前往迪麻洛的阿鲁腊卡开办贡山有史以来的第一个药材生产基地。

此外，为了照顾群众的不时之需，民贸部门还经常组织职工走村串寨，送货下乡，坚持流动性的收购与销售，给居住偏远的山区群众带来了方便和实惠。在迪麻洛，仍有老人记得那时的情景，人们半开玩笑地称民贸的工作人员为"身背背箩的贸易帕"。

新中国成立初期，民贸小组销售的物资极为稀少，主要以盐、茶、布等生存必需品为主。后来，随着城市工业的发展，物资种类开始变得丰富，百货供应也逐渐增多。农村设立代购代销店以后，农副土特产品和城市工业品的交换变得便利许多，销售量也呈现大幅度的增长。

这一时期，进入农村的城市工业品主要包括生产资料和日用百货两大类，生产资料如锄头、斧头、砍刀、镰刀、犁头等，日用百货如布匹、盐巴、火柴、针线、煤油等。

据统计，1959年，贡山县商品零售总额为1953年的5.8倍，其中棉布的销售达11.7万米（比1953年增加4.6倍），食盐达15万多斤、茶叶达5万多斤。当地民众已经基本改变了无衣无食的生活状态，吃上了大米，穿上了棉布衣。①

徐建青从两个方面分析了20世纪50年代工业品进入农村地区的情形。

一是农业合作化运动导致农村市场的工业品需求结构发生了深刻变化。以往农村市场上对工业品的需求只限于少数生活必需品，如煤油、火柴、食盐、糖、铁器制品等，且使用也不普遍，农业生产资料几乎没有。通过农业互助合作，尤其是农业合作化以后，农民组织起来进行劳动，改变了传统的生产方式和生活方式，出现了集体性需求，特别是农业生产资料和文化用品的需求明显扩大。在生产资料方面，农业社打井、修水利、搞科学种田，农村对水利工具、新式农具、运输工具、化肥、农药和农业机械、大牲畜等的需求突破了常规。在日用工业品及文化用品方面，农业社计时、记工、记账、组织体育活动、开展扫盲运动等，使得闹钟、挂钟、高音喇叭、算盘、钢笔、铅笔、尺子、记工簿、账簿、墨水、油印机、油墨、复写纸、球类等商品的需求量不断增加。

仅据部分销往农村的工业品统计，供应农业的生产资料中，化肥1952年37万吨，1959年252.6万吨；农药1952年1万吨，1959年35万吨；农业生产资料零售额，1952年14.1亿元，1959年81.5亿。文化用品中，机制纸1952年5.8万吨，1957年9万吨；墨水1952年162万打，1957年614万打；金笔1952年7.5万打，1957年17万打；钢笔1952年37万打，1957年100万打；铅笔1952年1172.2万打，1957年2033万打；收音机1954年420架，1957年2000架。② 从以上数据可见，农业合作化带动了农业生产资料市场和文化用品市场的同时扩大。

二是民众生活水平的提高以及消费需求的增加。随着农民生活水平的提高，农民个人需求也在增加，很多工业品从不用到用，由少用到多用。农民阴雨天出工需要的球鞋、胶鞋、雨伞、雨帽等，日常生活用的毛巾、围巾、棉布、搪瓷脸盆、手电筒等，妇女需要的儿童玩具、缝纫机等的需求量都迅速增加。诸如肥皂、热水瓶、卫生衫裤、毛线、自行车、矿石收音机等当时比较高档的商品以及药品也有了市场。一些原来不销往农村的商品成了畅销货。这种需求结构的变化之快，使得商业部门措手不及，以致许多商品一时脱销。

据统计，供应农村的其他工业品情况如下：食糖1952年6.4万吨，1956年25万吨；棉布1952年89293万米，1956年256828万米；煤炭1952年

---

① 参见中国科学院民族研究所云南少数民族社会历史调查组编《怒族简史简志合编（初稿）》，中国科学院民族研究所1962年刊印，第102页。

② 参见徐建青《50年代农村商品市场述略》，载《中国经济史研究》2000年第1期。

380.4万吨,1956年579.6万吨;煤油1952年8.9万吨,1956年27.6万吨。供应农村的工业品零售额,1952年为96.5亿元,1957年147.5亿元,1959年226.3亿元。①

20世纪70年代末,国家在贡山县供应和销售的物资扩至五大类,分别为工业品销售、农业生产资料销售、日用百货销售、药品销售和民族特需商品销售等。迪麻洛村村民购买工业品的收入来源主要为向国家出售核桃(油)、各类山货药材和牲畜。当时的野生药材价格较高,1952年的时候,每斤贝母可卖到6.50元,可以买回40斤食盐;1955年又提升至每斤12元,能够用来购买的工业品也就更多了。此外,国家对资金紧缺的农民提供各种贷款业务,方便农户购买农具、口粮、籽种、牲畜等生产生活用品。

计划经济时期,国家在意识形态上虽然排斥资本主义,但仍然积极地发展科学技术,提高生产力,增加工业部门在国民经济中的比重。虽然在计划经济体制下,国家一度取消自由市场和民间的商业活动,对物资实行统购统销,但普通民众仍然能够使用到国家所生产出来的工业品。换个角度来看,自由经济下民众与私营的公司和企业进行交换,而在计划经济下民众则与抽象的国家进行交换,只不过后者的交换自由受到很大的政治约束和限制。农村工业品需求的增长不仅扩大了工业品的市场,也体现了随着农业生产的恢复和发展,农民、农村对工业品和城市的依赖性在增强,城乡交流与城乡关系较以往密切了。

---

① 数字据中华人民共和国农业部计划司编《中国农村经济统计大全(1949—1986)》,1989年;国家统计局编《商业统计资料汇编提要(1950—1957)》,1958年;中国供销合作社大事记编辑部编《中国供销合作社大事记与发展概况(1949—1985)》,中国财政经济出版社1988年版;国家统计局编《国民经济主要比例关系研究资料汇编(1952—1962)》(转引自徐建青《50年代农村商品市场述略》,载《中国经济史研究》2000年第1期。)

# 第四章 改革开放以来现代商品的加速渗透与输入

如沃勒斯坦所说，现代世界体系内部的"中心—边缘"关系并不是固定不变的，而是伴随着上升与沉落的。① 改革开放以来的中国历史证明了这一点。目前，中国已是世界第二大经济体，以东部沿海的大城市为代表的地方，它们本身可被视为一个新的世界经济中心地。

笔者以为，改革开放以来，有三个方面的因素导致了中国的边远地区向现代世界体系的进一步靠近。第一，市场经济的实行使得地方社会和世界市场间的联系有了制度上的保障；第二，工业化的高速发展带动了国内市场的兴盛和发展；第三，跨国资本的流动使得中国和世界经济更加连为一体，从而缩短了地方社会和世界体系间的空间距离。

20 世纪 80 年代，国家的经济体制改革以后，农村中开始实行以家庭为单位的生产经营，城镇中的个体经济和私营经济也如雨后春笋般迅速发展起来。同时，由于国家放活了对市场的控制，压抑已久的民间商贸活动也得以开展。随着工业化的加速，国内的市场大规模兴起，国外的市场也不断进入，社会上的产品也日趋丰富，地区间的经济往来变得更加频繁。沿海和内地是如此，边远的西南山区也是如此，只不过后者在时间上要晚一些、在程度上要弱一些。总之，在这一时期，随着农民生产经营自主性地位的确立、商品观念的增强以及和国内外市场联系上的扩大，迪麻洛峡谷和现代世界体系之间的关系也变得紧密了。

## 第一节 公路修建与车辆运输的发展

改革开放以后，民间的商业活动逐渐繁盛起来。在迪麻洛峡谷，私人店铺

---

① 参见赵自勇《资本主义与现代世界——沃勒斯坦的世界体系理论透视》，载《史学理论研究》1996 年第 4 期。

的开办、集市贸易和汽车运输等新的经济内容开始在人们的日常生活中出现。商店、小卖部以及集市上的流动商贩将大量的外界商品输送进群山包裹下的迪麻洛峡谷，机动车辆等现代交通工具的使用极大地方便了货物的运输和流通，人们的长途出行和消费也变得更加容易。

1997年，迪麻洛村村委会至乡政府所在地捧当的公路修通，全长约8公里。这条公路的接口处就是贡丙公路，虽然只是一条简单的土石公路，但对于当地的普通村民来说，其影响却是史无前例的。

而在此之前，公路和车辆运输只限于迪麻洛峡谷的外围地区。1973年，从怒江入口瓦窑到贡山县城的公路建成通车。至此，贡山和内地之间的货运往来再也不需要翻越碧罗雪山，汽车运输逐渐代替了传统的骡马，原来的人马驿道也逐渐被废弃。汽车运输不仅缩短了贡山和内地之间的货运时间，也大大增加了货物的运输量。

1991年，贡山县城到丙中洛的公路建成，车辆运输又往怒江深处前进了一步。贡丙公路沿怒江而上，正好从迪麻洛峡谷外围经过。这时，人们只要翻山走出峡谷，再渡过怒江吊桥，便可到达公路旁边了。

在政府的支持下，迪麻洛峡谷的广大村民通过投工投劳、分段承包的方式，艰苦奋战，终于在1997年建成了一条属于自己的路（见图4-1）。

图4-1 迪麻洛峡谷的入口处

这条公路的修建，不仅方便了人们的出行，更激活了村子和外部的商贸联系，迪麻洛的集市也是在这条公路修通以后才逐渐兴盛起来的。现在，从捧当乡进入迪麻洛，乘车只需要半个小时的时间；从迪麻洛驾车，可以一直开到首都或沿海，而这在以前简直是不能想象的。但是，这条公路当时只通到村委会所在的中心地，直接受益的只有附近的青马塘、补它、从尼等村社；而其余居住在山上和峡谷深处的村民，出行和货物运输依然存在困难。人们要去县城或乡里，只能先到山下的中心地，再乘车出行（见图4-2）。从外面运进货物时，先在这里卸下，再人背或马驮到山上。

图4-2　悬崖峭壁下的公路

2008年，德贡公路（德钦—贡山）开始修建，迪麻洛峡谷的交通条件进一步得到改善。德贡公路的西段穿越整个迪麻洛峡谷，其中刚进入峡谷的部分就是沿用1997年村子里修建的老路。为了施工的需要，这条老路被拓展延伸，沿着河流东岸一直通往峡谷深处的新科牧场。该路的修建，使得峡谷东侧深处的普拉和桶当两个村子的交通方便了许多。由于公路从村子底下经过，人们从外面买回东西时，先用车辆拉到山脚下，再卸下来背回或驮回山上即可。

德贡公路和原来的老路在青马塘附近开始分叉。老路在山下的河边，新路则从上面的半山腰而过。借着德贡公路修建的契机，峡谷东侧山上的几个村子也开始修建自己的公路。由于资金不足，修路存在很大困难。为了修路，各个村子都想出了自己的办法。

施永功村为了修路，将村社集体所有的一片竹林的采伐权给了外地的一个老板。双方签订协议，该老板负责为村子修路，村子则以竹林的采伐权作为回报，采伐期限有10多年。现在，通往山上的公路已经建成，车辆可以直接进入村子里。但是，村民们也付出了生态环境被破坏的代价。施永功村的上方为达拉登牧场，而竹林恰好位于村子和牧场的中间部位。随着竹林的大面积砍伐，通往牧场的旧路已被毁坏，遍地都是砍过后的尖利竹子，人走过时都得小心翼翼。

财当村公路的修建，是村民自力更生和社会力量帮助共同作用的结果。为了修路，村民们一方面投工投劳，艰苦奋斗；一方面广泛寻求在外工作的老乡亲友的资金帮助。资金捐献者的名单（见表4-1），也被贴在村子教堂外的墙壁上。

表4-1 2010年县级机关财当老乡（职工、亲友）为财当村修车路爱心捐款名单

| 序号 | 姓名 | 资金（元） | 工作单位 | 序号 | 姓名 | 资金（元） | 工作单位 |
| --- | --- | --- | --- | --- | --- | --- | --- |
| 1 | 熊文华 | 1000.00 | 工商局 | 15 | 彭志辉 | 200.00 | 卫生局 |
| 2 | 虎国伟 | 500.00 | 邮政局 | 16 | 彭志勇 | 1000.00 | 州电信局 |
| 3 | 黄万忠 | 500.00 | 退休职工 | 17 | 怒学文 | 200.00 | 州歌舞团 |
| 4 | 杨林新 | 100.00 | 乡政府 | 18 | 李金荣 | 200.00 | 科技局 |
| 5 | 李桂秀 | 100.00 | 教育局 | 19 | 彭学军 | 1000.00 | 独龙江乡书记 |
| 6 | 王学红 | 200.00 | 林业公安局 | 20 | 彭志军 | 200.00 | 贡山一中 |
| 7 | 李英 | 200.00 | 文化局 | 21 | 彭秀梅 | 200.00 | 畜牧局 |
| 8 | 彭刚 | 200.00 | 民政局 | 22 | 熊文昌 | 500.00 | 退休职工 |
| 9 | 肖建芳 | 100.00 | 老乡 | 23 | 李树生 | 100.00 | 迪麻洛完全小学 |
| 10 | 肖建琴 | 100.00 | 老乡 | 24 | 欧少锋 | 50.00 | 亲友 |
| 11 | 李小芳 | 100.00 | 老乡 | 25 | 肖建生 | 200.00 | 县政府 |
| 12 | 海黎军 | 100.00 | 检察院 | 26 | 彭桂兰 | 200.00 | 县工会 |
| 13 | 海黎琴 | 100.00 | 卫生局 | 27 | 李云忠 | 100.00 | 县交通局 |
| 14 | 彭志香 | 200.00 | 检察院 | 28 | 日万娜 | 100.00 | 不详 |

此次修路，财当村共募得捐款7750元。虽然总额不多，但体现出人们对修路的态度和决心。财当村的公路修通以后（见图4-3），迪麻洛峡谷东侧的山上就只剩下木楼和白汉洛两个村子没有通车。木楼和白汉洛是两个海拔较高的村子，人们的出行只能靠崎岖狭窄的小路，交通十分不便。

图 4-3 财当村公路示意

德贡公路从迪麻洛峡谷的东侧经过，因而，对于西侧阿鲁腊卡山上的 3 个村子的影响不大。从迪麻洛的中心地到阿鲁腊卡山只有一条 1 米多宽的小路相通（见图 4-4）。每到集日，山上的村民们来到山下置办好所需货物，然后装在马背上，便沿着这条小路赶回山上。从山下的集市到山上，需要走上 2 个多小时。除了人、马外，现在也有部分年轻人骑摩托车上下山。

总体看来，迪麻洛各村的交通运输情况可归为四类：

第一类为通车的村子，如王其王、青马塘、施永功、财当等。

第二类为半通车、半骡马的村子，如从尼、桶当、普拉等。

第三类为未通车的村子，如补它、龙坡、木楼等。

第四类的情况比较特殊，即村子虽然位于山上，但也有少量村民搬到山下来住，靠近公路，因而拥有机动车等现代交通工具，如白汉洛和各科当等。

随着公路的修通，车辆运输逐渐代替了传统的人背马驮，人们和外界的社会经济往来也方便和频繁了许多。现在，从事车辆运输也成为部分村民的一项主要生计活动，他们通过为其他村民提供出行和拉货等方面的服务来获得一定的收入。

从种类来看，当地村民的现代交通工具主要有摩托车、客车、货车、拖拉机和卡车等。其中，摩托车有 86 辆，小型普通客车有 14 辆，普通货车有 9 辆，自动卸货车有 8 辆，拖拉机有 13 辆，此外还有大型汽车 2 辆。这些运输

图 4-4 阿鲁腊卡山的林间小道

工具在当地都有着各自的功能，除了摩托车完全为个人使用外，其余的机动车辆主要用来为他人服务、赚取收入。机动车辆的种类虽多，但具体的用途却只有两种，一为载客，二为拉货。

在村里，每天都有或多或少的村民前去县城或乡里办事情，如卖东西、购物、看病、办证等。从迪麻洛的村中心到乡里大约有 8 公里的路程，还不算绕弯，步行需要 2 小时，而乘车只需要半小时。到县城大约有 28 公里，乘车只需要 1 个小时多一点。以前没有公路和车的时候，人们只能靠步行；现在有车了，没有村民再愿意步行了。

每天早上 10 点多到 11 点，司机就会将车子开到村子里的中心地，在那里开始候客。之所以那么晚才出车，是因为很多村民要从山上赶下来。即使他们 8 点出门，路上一般也得花去 2 个多小时，到了山下就很晚了。村里的司机出车比较随意，没有固定的时间限制，他们开动车子的唯一条件就是要等人坐满。

当地的客车身型较小，每辆车的核定座位一般只有 7 个，即司机旁边一个，后面两排各 3 个。从迪麻洛到县城，单趟车费为每人 20 元，如果都拉满客，来回一趟司机可以赚得 280 元。为了多赚钱，村子里的车子几乎每次都超载，坐在人的腿上是经常的事情。有一次下午五六点，笔者从县城返回迪麻洛只剩下了一辆车子，十来个人勉勉强强挤进了这辆车子，到了捧当乡的时候，又遇到同村的 4 个村民，司机又将他们拉了上来。当时的情况极为夸张，有好几个人就坐在其他人的腿上，这样硬挤了回来。一个原本连司机一起才坐 8 个人的小客车，里面竟然坐了 15 个人。但是村民们并不介意，在车里依旧有说有笑。

除了专门的小客车，还有一种货车也载人。白汉洛村一个 50 多岁的老人，已经开了将近 10 年的车。他说自己曾是整个迪麻洛第一个买车的人，那时候刚买的车子是一辆面包车，后来由于生病就不开了，转售给了别人，病好以后又想办法买了一辆货车，一直开到现在。该辆货车前面有一个乘驾室，里面有两排座位，除了司机，前后可以坐四五个人。因此，每趟出车，拉货与载客两者都不耽误。

帮村民拉货也是一项需求性很大的生意。村里的货车总的来说有两种，一种是仓栅式，一种为露天式。前者能够遮风避雨，适合拉运一些需要特殊保护的货物；后者则没有如此多的讲究，因为装卸方便，主要用来运输沙子、水泥、砖块和木料等。

前面提到的那位半拉货、半载客的白汉洛村的老人家开的就是一辆仓栅式货车。曾经有段时间，他还跑过县城到独龙江的线路，后来由于事故不断，便放弃了这条线路上的生意，而专做从迪麻洛到县城的往返生意。他的生意内容主要是帮助村里人，尤其是那些开办大小店铺的老板捎东西。老板们在县城里将货物置办齐全以后，便一次性托他运回村子里。除了店铺的老板们，他也为普通村民提供一些简单的服务，如灌煤气。某个村民家里的煤气用完了，便将空的煤气罐交给他，让他去县城的时候帮忙灌好气带回来。但这一服务并不是免费的，需要支付一定的费用。

从尼村有一个小伙子，开一辆后仓容量较大的同类型货车，他有一项比较固定的业务是帮助村民拉苞谷。迪麻洛村村民现在从事家庭酿酒的很多，本地的苞谷不够用，只能靠外地输入。因此，每隔一段时间，就要买一次苞谷。每次出车前，这名小伙子都会统计好需要苞谷的家数和数量，一次性拉回一大车，然后开到每户村民家门口卸货。除了县城，有时候他还到大理、下关等地去拉货，因为那里的苞谷比贡山便宜得多，他通过地方间的货物差价来赚取利润。

再来看露天式的货物运输。这种货车的司机主要帮助村民拉运一些建筑用品。现在，村里的一些家庭为了显示地位，和其他村民区别开来，开始建造砖房。建造砖房需要空心砖、沙子、水泥等，这就为这些货车的使用提供了客源。

青马塘的梁某开一辆特殊结构的货车。这种货车是由三个部分构成的四轮货车,最前面为柴油机和发动机,中间为座驾箱,车尾为货箱。这种货车在转弯的时候比较灵活,适应当地的交通特点,因此比较流行。梁某平常拉的货物主要为空心砖和沙子。空心砖很重,每块足有三四十斤。砖块拉回来以后,梁某通常还要帮村民卸货,颇为辛苦。

拉柴火也是货车司机一项主要的生意。迪麻洛村村民无论贫富,家家都要烧火塘,用柴量极大。村民们除了上山砍柴,还去河流的上游两边捡柴火。由于路途较远,村民们往往一次就装满一车,然后再请车子拉回家中。

拉货和载客不同。载客可以被当作一项固定的职业,因为在村子里,村民的出行具有不确定性,需要每天都去固定的地点等候。因此,开小客车的村民为了不错过生意,几乎每天都要出车,没有多余的时间再去从事其他活动。他们家中的地和牲畜,一般交给妻子打理,自己则专门搞运输。

拉货则不然。开货车的村民一般不能将运输作为自己的单一职业。村民对货车的使用需求不固定,货车司机通常要等生意做,但他们主要是在家里等,而不需要每天都出车。以前没有手机等通信工具的时候,村民们若有拉货需要,就直接去货车司机家里说,即使司机不在也可以托家人代为传达。现在,有了通信工具,货车司机的时间进一步被解放出来,无论是在地里干活,还是在其他地方打牌,只要一个电话,生意就能接到手了。因此,开货车的村民可以同时兼营多项活动。

白汉洛村的那位老人倒是一个例外。他虽然名义上开的是货车,但载客在他的运输生意中也占有很大的比例,有时候载客的收入甚至还多于帮别人拉货的收入。所以,他也是每天都要出车,运输已经成为他的一项固定职业,运输收入也成为他家的主要生计来源。

## 第二节 店铺、集市等基层市场体系的建立

地方内部要和外部社会产生紧密的经济联系,离不开各种交换组织的发展。对此问题做过开拓性研究的杨庆堃就说道:"所谓对外的社会经济关系,就是指各社会经济单位之间互相倚赖,以彼之有余,而补此之不足的局面。交换的组织,是维持这互倚局面的一种最重要的机构。当互相倚赖的局面发展到很高的程度,而且扩张到很广的地域时,社会经济系统中的交换组织的复杂性和规模都随之而发展;反之,如社会间互倚的程度很轻微,则交换的方式和组织都呈现简单性,而其规模也较零碎和细小。这是经济史中的一个普遍的现

象。是以交换的组织的研究，是农村自给自足经济的变迁的一个有力的反映。"①

迪麻洛峡谷中目前的经济交换组织已经发展到有集市和各类大小店铺等。而在中华人民共和国成立以前，包括迪麻洛所在的整个贡山县的工商业极不发达，全县没有一家专号公司或商行。进入20世纪30—40年代，情况才有所变化。据陶云逵在1934—1936年间的见闻，贡山的茨开镇已经有了固定商铺。例如，丽江木氏荣华畅商号，规模颇大，专门收购各类山货药材，还有汉人开办的银匠店一家，专门制作各样首饰，卖给当地的少数民族。同时，也有来自内地的马帮。来贡山经商的马帮只是十几匹马的小帮，马帮一般驮来布匹、盐、铁锅、犁耙等，带走的是山货药材，等到马帮走后，小镇又变得沉静如水。②

新中国成立以后，自由交换逐步被取缔，转变为计划经济体制下的城乡交换。改革开放以后，由于市场被放活，民间的自由交换又重焕生机，并且呈现出繁荣增长的局面。20世纪80年代，贡山县的国营、集体和个体商业网点遍及城乡。1988年，迪麻洛开办了村子里有史以来的第一家民营商店。进入90年代，又有两家商店陆续开办。到了现在，无论山上山下，每个村子都有村民开办的小卖部。

与此同时，城乡集市也开始创立，结束了贡山过去无集市的历史。目前，贡山的集市有丹当集市（天天开）、茨开集市（天天开）、捧当集市（每逢星期一）、普拉底集市（每逢星期六）、腊早集市（每逢星期三）、马西当集市（每逢星期六）、丙中洛集市（每逢星期二）、迪麻洛集市（每逢星期四）。

其中，迪麻洛集市比较特殊，它是以上所有集市当中唯一一个村级集市，而其他的集市都设立于乡镇上。迪麻洛集市的兴起，是1997年公路修通以后的事情。集市在当地也被称作"街子"。迪麻洛的"街子"是一条长约100米、宽5~6米的水泥街道。除了街道，旁边的一块空地上还建有菜市场，专门供本地村民和外来商贩摆摊卖菜用。每到集日，街道两旁就摆满各种货摊，停满车辆。山上的村民无论远近都会赶着骡马、毛驴下到街子上来做买卖，景象十分热闹。

杨庆堃从两个方面总结了集市研究对于了解农村经济生活的重要意义：①集市"是农村经济活动的中心，它表现出农村中交换的形式和结构，这能指出目前农村发展的阶段"；②"从集市上的交易和货物的种类，能寻出工业

---

① 杨庆堃：《市集现象所表现的农村自给自足问题》，见李文海主编《民国时期社会调查丛编（二编）：乡村经济卷（中）》，福建教育出版社2009年版，第822页。
② 参见陶云逵《陶云逵民族研究文集》，民族出版社2012年版，第86~87页。

化的势力侵入农村之程度,以及目前的农村经济和世界经济所发生的关系。这对于中国目前的农村是在自给自足的地域经济阶段上,还是已经卷入了世界经济的漩涡这问题,有相当的解答。"①

集市的设立极大地促进了地方上的商品交换活动。如施坚雅所说:"交易活动的周期性把需求集中在某些日子,从而使这类企业得以用一种最为有效的方式把生产和销售结合起来。这不仅有利于集镇上店铺中的手工业者,也有利于从事家庭工业的农民,以及偶然出售蛋类的家庭主妇。每个这样的生产者都是他自己的推销员。"② 集市不仅为乡村地区的人们出售农副产品提供了方便,也为外来商品的进入提供了一条通道。

就迪麻洛村的集市来说,每个集期都有一批相对固定的外来商贩前来摆摊做生意,数量有二三十家。这些流动商贩既有来自云南省内的,也有来自湖南、四川等地的。他们一般居住在县城,一边在县城里开设店铺,一边巡回于各乡间集市。他们从昆明、大理等地运来各类现代商品,再拉到集市上卖给当地村民。

集市、商店、小卖部等初级市场和商业网点的设立,极大地推动了当地村民的商业交换活动的发展,尤其是现代商品向偏远山村地区的输入,使当地成为世界体系市场中一个不可或缺的部分。

基层市场和商业网点供应给村民的多为一些种类普通、价格低廉的日常生活用品,如果村民们有更高的消费要求,则要到县城去购买才行。最典型的如电视、洗衣机、移动电话、服装、摩托车等,如果要购买大型车辆,则要去更远的六库、下关和昆明等地。

## 一、店铺

开货店是当地最为主要的一种经商方式。从经营特点上来讲,又可将货店进一步细分为商店和小卖部。它们在满足村民的生活需要方面分别扮演着不同的角色,具有不同的功能。

商店和小卖部不同。首先,在经营形式上,商店一般要获得工商部门和卫生部门的批准,如果是出售香烟,还要获得烟草部门的授权和批准,因此显得比较正式;而小卖部则不然,它的经营一般比较随便,其开设不需要经过如此多的烦琐程序。

---

① 杨庆堃:《一个农村市集调查的尝试》,见李文海主编《民国时期社会调查丛编(二编):乡村经济卷(中)》,福建教育出版社 2009 年版,第 816~817 页。

② [美] 施坚雅:《中国农村的市场和社会结构》,史建云、徐秀丽译,中国社会科学出版社 1998 年版,第 12 页。

其次，在经营规模上，商店所卖的货物种类较多，除了烟、酒、副食，还有粮、油、米、面等，资本比较雄厚；而小卖部一般只供应油、盐、酱、醋等简单的生活必需品，也有烟、酒、副食，但数量较少，级别较低。

再次，在经营场所上，商店一般要有一个较大的店面和一个专用的柜台，客人可以进里面挑选货物；而小卖部通常只有一个简单的货架，它和客人沟通的渠道大多时候只是一扇窗户，客人提出要买的东西，主人将货物递出来，再将钱接进去，整个交易过程就算完成了。

最后，在经营目的和态度上，开商店被视为一项主营性事业，它往往构成一家人的主要生计依赖；而开办小卖部的家庭大多仍以从事农牧业或其他生计手段为主，他们之所以会去卖东西，只不过是想在闲余之外赚取一点小钱，并没有将其视作家庭生存所必不可少的依靠。

先来看商店。迪麻洛的商店全部位于村子里的一块中心地上。它的生意对象为迪麻洛的全体村民。

迪麻洛峡谷总共绵延 40 多公里，其中有村庄分布的部分长约 20 公里，即从峡谷最外端的王其王组（即村民小组）到最尽头的桶当组和补它组，中间相隔 20 公里左右。从峡谷入口沿着公路往里走大约 8 公里，就到了村子的中心地。这里有一条赶集时摆摊的街道，街道两侧有民居、店铺、台球室、篮球场以及村委会，可谓是整个迪麻洛的政治、经济和文化中心。

从地理位置上来讲，该处地方成为村子里的中心地显然是合理的，因为它刚好接近于所有村子的中间点，方便所有村民在政治和经济活动上的参与往来。迪麻洛的这一中心地的出现和形成并不是现在才开始的，早在民国时期，这里就已经是迪麻洛村公所的驻地，此后一直延续到现在。1997 年，从外界进入迪麻洛峡谷的公路修通，而它的尽头就在这里，所有从外界运进的物资都要先在这里停留，然后再用骡马运往山上的各个村子里。因此，这里在保留其政治中心点的同时，也迅速发展成为一个全村的货物集散地。这也能够解释为什么这里后来发展成为一个集市了。

据村民回忆，开店铺是改革开放以后的事情。人民公社和"文化大革命"时期，县里的国营商店曾在这里设立过一个分支机构，为当地群众提供一些基本的生活用品。改革开放以后不久，这家国营的分支商店就被撤销了，民间的商业机构才诞生并逐渐兴旺起来。

1988 年，村子里的一名小学教师在迪麻洛开办了第一家杂货店。这家店铺的位置就在村子里的中心地，它能够辐射到周围所有的村子。该名小学教师姓吴，现在已经退休在家。经过近 30 年的艰苦创业和打拼，这家杂货店目前已经发展成为整个迪麻洛最大的一家商店，其主人的富裕程度在当地也是首屈一指，据说积蓄已经近百万。

为了了解这家商铺的开办过程,笔者特意去拜访了店主人吴老师。吴老师今年57岁,家里有妻子、一个女儿和一个儿子。女儿和儿子现在都在县城工作,自己和妻子在家照料商店里的生意,可谓家庭美满,生活如意。吴老师初中毕业后就开始当老师,最先是当代课老师,后来由于教学成绩优秀转为正式老师,先后在附近的丙中洛、捧当、普拉底等地工作,最后自己要求调回迪麻洛的村小学,直到退休。

　　笔者问过吴老师为什么当时会想到开店铺。他说那个时候村里的国营商店撤销了,村里的人买东西要跑到县城或其他地方去,非常不方便,因此觉得有必要在村子里开一个店。吴老师的这一想法无疑是非常明智的。

　　20世纪80年代,迪麻洛通往外界的公路还未修建,村民们进出峡谷要翻山越岭,走羊肠小道。从村子到县城,需要走28公里的路,来回一趟就要花去一天时间,真的是既耗时又费力。但是没办法,人们总得去购置自己的生活必需品。而吴老师在此时开办的杂货店显然是填补了村子里的这一空白,它犹如一场及时雨,很快就满足了村民的日常生活需要,人们不再需要为买一点东西就跋涉到几十公里之外的地方去。

　　既然有如此好的机遇,为什么村子里面只有吴老师去付诸实践了呢?难道这么明显的事情当时就只有他一个人想到了吗?显然不是。吴老师说:"那时候村里的人太穷了,开商店需要一定的经济资本,不是谁想开就能够开的。"吴老师是当时迪麻洛少有的几个参加工作的人之一,有固定的工资,因而有能力开办商店,这是他和其他村民区别开来的最关键原因。

　　既然吴老师当时有工作,那他又是如何兼顾商店里的生意的呢?他说这一切都要归功于自己的妻子。早在开办商店前,吴老师就已经结婚成了家。吴老师的婚姻颇为有趣,他自己是施永功小组的人,信仰藏传佛教;而他的妻子为白汉洛人,信仰天主教。当时他去女方家提亲,女方父母都反对这门亲事。后来没有办法,他只得向女方父母承诺,结婚后就改信天主教,女方家这才答应将女儿嫁给他。但是据说结婚后吴老师并没有改变自己的宗教信仰,依然信奉藏传佛教。虽然如此,结婚后吴老师和妻子的感情还是很好,没有为此事而发生争吵。

　　为了经营好商店,吴老师和妻子采取家庭分工的方式。吴老师主要负责货物的购买和运输,妻子则在家负责货物的销售。吴老师说,自己一般利用学校的假期时间进货。由于平常要上班,没有时间去进货,所以每次寒暑假期间都要一次购置和准备好大半年的货。那时候公路未通,所有货物的运输都要靠人背马驮。每次去县城进货,都要雇请村民赶着马去驮东西,人数最多的时候有十几人,光是运输费用就是一笔不小的数目。由于进入村子里的道路难行,他不得不先将货物驮到乡里,找个地方集中存放,然后再一批一批逐渐运回到村子里。为此，他还专门花钱在乡里租了一个地方做仓库。

杂货店的日常生意主要由吴老师的妻子打理。她白天卖东西，晚上算账，有时候熬到大半夜，十分操劳。吴老师的妻子也不年轻了，但看上去依然精明利落，颇为能干。待人和善是她最大的性格特点，即使现在自己家里有钱了，村里的人无论贫富，只要去她那里买东西，她都会笑脸相迎，丝毫没有鄙弃和傲慢的态度。难怪吴老师也说，自己的妻子人缘好，大家都喜欢来他家买东西。

除了态度上的原因，吴老师夫妇还向笔者介绍了生意成功的另外一点经验，那就是要信任村民。吴老师说，刚开始开杂货店的时候，村里的人都很穷，没有什么钱，因此赊账的情况很多。村民赊账是一件很麻烦的事情，尤其是亲戚朋友之间，碍于情面，即使欠的时间长了不还，也不好意思去催要。尽管如此，吴老师的妻子还是采取信任的办法，大方地将货物先赊给村民，等到他们有钱的时候再还账。除了极少的赖账者，大多数欠账的村民都在一定时间内偿还了自己的债务。其实，吴老师家之所以敢将货物赊欠给村民，也有自己的打算。因为当时村里就只有他一家店，村民们这次买完东西下次还要再来买，如果不能及时还账，以后再想赊欠就没那么容易了。此外，也不能忽视文化方面的原因。当地群众大多是虔诚的天主教徒，根据天主教的教义，不能撒谎和欺骗，这就督促村民必须诚实守信，不能随意违背自己的承诺。实在不能还账的村民，则用自己的劳力作为抵偿，如帮助主人家卸货、干一些农活等。

然而，吴老师所开店铺的垄断地位并没有持续太久。进入20世纪90年代后，村子里又有两家人在其周围开办起了商店，从而成为他们家的竞争对手。其中一名姓杨，为迪麻洛补它组人，另一名为青马塘组人，他们后来的生意都做得比较好。商店间的竞争对于普通村民来说显然是一件好事，它为人们提供了更多的购物选择，方便了人们的生活。迪麻洛的商业也从此由一家独大进入三足鼎立的局面。时至今日，这三家商店仍是迪麻洛村最大的几家商业机构。

当地村民买东西的时候表现出一个很大的特点，就是地缘认同。具体来讲，就是村民们在面对多家商铺可供选择的情况下，往往倾向于去自己村子里的人开办的商店里买东西，只有在这家商店不具备自己要买的货物时，才去其他地方购买。这一选择无关乎商品的质量和价格等因素的考量，而完全是社会和文化作用的结果。这一事例充分说明，人类的经济关系通常是包含在人类的社会关系之内的。①

2000年以后，村里相继开起了很多小卖部。这主要是因为迪麻洛通往外

---

① 参见［英］卡尔·波兰尼《大转型：我们时代的政治与经济起源》，冯钢、刘阳译，浙江人民出版社2007年版。

界的公路已经修通，村里也开始有了专门从事运输的货车，在很大程度上降低了运输成本和人工成本。另外，开办小卖部所需的资金较少，即使拥有少量资本的村民也可以利用去县城的机会批发一点日用品，拿回家中零售给村民。

从表4-2中可以看出，在迪麻洛的624户居民中，平均每24户拥有一个小规模的商业服务点。在人口密集的平原地区，这一数据可能会显得不可思议，但是在人口分散的高山峡谷，这其实是非常正常的。可以举一个例子，在迪麻洛，要想用相机给一个村子拍张完整的照片几乎是不可能的，因为那里的村民居住得实在是太分散了，每个家庭之间往往相隔很远。因此，24户人家看似很少，但其覆盖的地域范围其实已经很大了。

表4-2 迪麻洛村2013年小卖部数量统计

| 地点 | | 数量 | 户数 | 平均客源（户） | 进货渠道 | 运输工具 |
|---|---|---|---|---|---|---|
| 中心地 | | 3 | 624 | 221 | 县城 | 车辆 |
| 王其王 | 华源新村 | 0 | 12 | 0 | 无 | 无 |
| | 贡卡 | 1 | 15 | 15 | 村中心 | 骡马 |
| | 王其王 | 1 | 19 | 19 | 县城 | 车辆 |
| 桶当 | | 2 | 51 | 26 | 县城 | 半车辆、半骡马 |
| 普拉 | | 1 | 40 | 20 | 县城 | 半车辆、半骡马 |
| 龙坡 | | 1 | 37 | 37 | 村中心 | 骡马 |
| 补它 | | 1 | 32 | 32 | 村中心 | 骡马 |
| 各科当 | | 2 | 41 | 41 | 村中心 | 骡马 |
| 青马塘 | | 1 | 31 | 31 | 县城 | 车辆 |
| 财当 | | 4 | 107 | 27 | 县城 | 车辆 |
| 白汉洛 | | 5 | 109 | 22 | 村中心 | 骡马 |
| 施永功 | | 1 | 40 | 20 | 县城 | 车辆 |
| 木楼 | | 2 | 42 | 21 | 村中心 | 骡马 |
| 从尼 | | 3 | 48 | 48 | 村中心 | 骡马 |
| 总计 | | 28 | 624 | 24 | — | — |

注：表中数据来源于笔者在迪麻洛峡谷调查期间的走访和统计。

小卖部的开办不同于商店。前面已经讲过，所有的商店都是集中于村子里的中心地，它的消费对象面向的是迪麻洛的全体村民；而小卖部则不然，除了极少数开办在中心地外，绝大多数的小卖部都直接开在各个村子里面，它的消费对象只限本小组的村民。现在，有些人口较多、居住比较分散的村子里，开办了不止一个小卖部，这些小卖部的服务范围变得更加窄小。除了村子里，也有一些村民在行人和车辆过往比较多的公路两侧开起了小卖部。总之，小卖部在当地已经呈现了遍地开花的局面，它使得当地的商业活动变得更加频繁，村民们的购物消费也变得更加方便。

在经营方式上，有些小卖部甚至连个货架都没有。主人平常将货物放在一个屋子里，等到村民去买东西的时候，才打开门，去里面将客人所需要的货物拿出来。在王其王组的贡卡小村里，笔者就遇到过这样的一家杂货店。当时在山上极为口渴，便找一户人家打听哪里有小卖部，主人竟然告诉笔者他家就是卖东西的。笔者告诉他自己要买一瓶啤酒，他让笔者先等一等，然后走进旁边的一间屋子去拿东西。起初以为里面还真的是有个货架什么的，谁知跟进去一看，才发现原来地上只是堆着几个纸箱和麻袋。主人从里面倒腾了半天，最后才拿了一瓶啤酒出来给笔者。这如果不是亲眼所见，真的很难想象。其实，这样的小卖部之所以能够存在，完全是因为它只是"对内"的，即周围的邻居都知道他家卖东西，所以也不用摆出来。这种小卖部也只能在一个"熟人社会"中存在。外人即使从旁边经过，也不会知道这里其实就是卖东西的地方。

小卖部的进货渠道一般有两种，一种是县城，另一种是中心地的商店或集市。前者主要为一些通公路的村子，人们若要进货，便可以将货物从县城直接拉回村子里；后者为没有通公路的村子，人们为了方便，索性直接在村子中心地的商店或集市上进货，然后用骡马驮回家中。也有一些村子的情况介于两者之间，如峡谷最里端的桶当和普拉，村子离山下的公路较近，人们一般先用车子将货物拉到村子下面的公路旁，然后再人背或者用骡马驮回去。

小卖部能够赚取的收入非常有限。在迪麻洛，没有一家村民将经营小卖部作为自己的主要职业。他们从事这一行当的主要目的只是在农牧业之余多赚得一点钱而已，想要靠它来发家致富几乎是不可能的。

## 二、集市贸易

摆摊现象源于迪麻洛村集市的兴起。集市在当地也称作"街子"，云南口音读作"Gaizi"。20世纪40年代，费孝通等在云南农村做调查的时候，就描述过禄村的街子："街子是买者和卖者定期集合发生贸易行为的场所。"[1] 可见，村子里面开设集市在云南的历史已经由来已久。

按照杨庆堃的界定，迪麻洛的集市属于"基本集"[2]。按照美国学者施坚

---

[1] 费孝通、张之毅：《云南三村》，天津人民出版社1990年版，第55页。
[2] 杨庆堃：《邹平市集之研究》（学位论文），燕京大学社会学系1934年。

雅的划分依据，迪麻洛也属于一个"基层市场"，它满足了农民家庭所有正常的贸易需求：家庭自产不自用的物品通常在那里出售，家庭自用不自产的物品通常在那里购买。基层市场为这个市场下属区域内生产的商品提供了交易场所，但更重要的是，它是农产品和手工业品向上流动进入市场体系中较高范围的起点，也是供农民消费的输入品向下流动的终点。①

1997年，进入迪麻洛村中心的公路修通后，外界的流动商贩也逐渐进入此地，摆摊做生意的现象由此产生。迪麻洛的街子由两个部分构成，其中一个部分为货摊，集中于公路两侧，长约100米；另一个部分为菜市场，位于公路旁边的一块空地上，面积约60平方米。集市刚刚兴起的时候，街子上基础条件极差，路面全部为土石，晴天尘土飞扬，雨天泥水四溅。2005年，正在迪麻洛河上开发水电项目的两家企业帮助村里将这一段道路改修成了水泥路面，而且在原来的菜市场上修建了水泥台面，专门方便人们在此摆摊做生意。迪麻洛的集市环境从此大为改观。

起初，迪麻洛的集日为每周的星期日，按照天主教的规定，村民们在这一天不能干活劳动，因此有时间前来逛街、买东西。后来在村民的商议下，又改到了星期四，原因是星期天村民们都要去教堂做礼拜，做完礼拜到了中午，对于那些居住在较远的山上的村民来说，再下山赶集时间上就显得特别紧。据一些村民说，那个时候赶集，往往都是大半夜才赶着骡马、驮着东西回家。因为村民们赶集并不纯粹是为了买东西，他们在购置完自己所需的货物后，还要找个地方和朋友们坐下来喝酒、聊天。有些在山下有亲戚或朋友的，晚上就干脆去他们家里借宿，第二天才返回山上。赶集时间太晚对外来的流动商贩也不利，在当地晚上行车很不安全。有一年，一对夫妇在迪麻洛摆完摊，晚上返回县城的时候，车子从公路边翻了下去，掉进了河里，最后全部遇难。这件事情虽然已经过去了好几年，但当地人依然记忆犹新。

更改集日还有一个最大的原因就是本地商贩的兴起。在外来商贩的刺激下，一些本地村民也开始想自己摆摊做生意。但星期天要做礼拜的宗教习俗又限制了这一行为。因此，为了方便本地村民做生意，村领导最后才不得不做出决定将迪麻洛的集期更改到星期四，并且一直延续到现在。（见图4-5）

本地从事摆摊子生意的村民由两部分构成，一是家就住在街子上及其附近的；一是家在其他地方而特地来此做生意的。后一种往往是在街子周围建了住所或租了房子，专门在此做生意。

根据笔者的观察访问，在公路两侧摆货摊的没有一家是迪麻洛人。货摊上

---

① 参见[美]施坚雅《中国农村的市场和社会结构》，史建云、徐秀丽译，中国社会科学出版社1998年版。

图 4-5　迪麻洛集市

一般出售日用百货、小电器、衣物、零食、粮油米面等外来商品。每次来迪麻洛集市做生意的摊主都比较固定，平均每个集期有三十来家。其中一个卖锅碗瓢盆等货物的老板告诉笔者，这些外来的摆摊者中最多的是湖南人，有 6 家；其次才是他们大理人，有 5 家。他们通常都是从昆明等地进货，在县城里有固定的店铺，利用集日到下面的几个乡村巡回做生意。从竞争力方面来讲，本地人若想从事同类商品的生意，根本不是外地人的对手。

本地村民在集市上卖的东西主要是饮食类。迪麻洛的菜市场一共有 18 个摊位，其中在这里摆摊做生意的只有 3 家是本地村民，其余的都是从县城或其他乡镇来的小老板，卖的东西有猪肉、鱼、鸡、调料和蔬菜等。本地摊主中一名叫阿达的，家离菜市场只有不到 100 米，她几乎每个集日都在这里卖猪肉。为了增加所卖货物的种类，她每次集日前都会去县城进一些豆花、米线、粑粑等，拿回来和猪肉摆在一起卖。阿达等本地村民之所以能够在菜市场立足，完全凭村民们的信任。因为现在市场上有很多质量不好的猪肉，有些人甚至还卖"奶猪肉"，村民们跟同村人买肉是为了吃得放心。

在迪麻洛，每个集期做餐饮生意的有 11 户人家，其中有 5 家是在街子上，4 家位于篮球场旁边，另外 2 家直接设在街子附近的村民家中，如果不是亲自去过，难以发现。当地村民做餐饮生意并不完全是采取摆摊的方式，而是采取一种摊位和店铺兼有的经营形式，即顾客消费的时候凭自己的意愿，既可以坐在外面，也可以坐在屋子里面。提供的餐饮一般有米线、饺子、烧烤和酒。

米线是当地村民最为喜爱的一种食物。米线的原料一般从县城购买，集日的时候，摊主将米线煮熟，加入作料后就可以食用。米线做起来简单、迅速，价格也不高，5 元钱就可以买到一大碗，难怪村民们都愿意买来吃。饺子相对较少，由摊主自己做，并且赶集的前一天晚上就要做好，等到第二天村民前来消费的时候再拿出来煮。饺子的价格较贵，每碗要 10 元，村里人买得也较少。

烧烤是另外一种比较流行的食物。烧烤的种类有鸡爪、鸡翅、鸡胃、鱼皮卷、茄子、韭菜等，原料全部由县城买来。村民们赶集之余，找个卖烧烤的地方坐下来，买几串烧烤，喝上一顿酒，是经常的事。

酒是所有饮食中最重要的一种。毫不夸张地说，酒在当地村民的眼里甚至比饭还重要。酒的种类极多，既有啤酒，也有村民的各种自制酒，如水酒和下拉。此外，还有一种中草药泡制的药酒。有户家在阿鲁腊卡山上的村民，他们还卖用虫草泡制的药酒，一纸杯卖价达到 10 元钱。

除了开店和摆摊卖饮食外，个别村民也通过引进外界的娱乐方式，向村民提供休闲服务，来赚一点小钱。其中最为典型的就是台球。

台球这项娱乐活动不只流行于本书所述的迪麻洛。2012 年的 7—8 月间，笔者等人沿着澜沧江峡谷走到怒江大峡谷，可谓是绕着碧罗雪山转了一大圈，在沿途的乡镇或到过的大小村落，几乎都发现台球桌的存在。由此可见，台球的流行在滇西北农村里是一个普遍现象。

为何这一娱乐活动会在当地如此流行？笔者起初以为是当地缺乏娱乐活动的原因，后来发现其实不完全是。如果没有台球，人们可以唱歌、跳舞，举办篮球比赛，或者围聚在一起喝酒、聊天等。即使有了台球，打的时间久了也就腻了，更何况天天去打。调查深入后，才发现台球其实只是一项工具，不能只从娱乐功能的角度去理解它。村民们打台球，并不只是觉得它好玩，而是借助它来实现其他目的，其中最主要的就是赌博。

在迪麻洛，很少有村民单纯为了玩而打台球。他们在玩的时候，或多或少都会带有一些赌博内容，如啤酒或现金。用台球赌钱的情况占到了所有台球活动的 90% 以上。当地村民用台球赌钱的方法是，给参加者每人手中发 5 张扑克牌，每个人只能击打和自己手中牌的数字相对应的球，谁先打完自己的牌，谁就获得该局比赛的胜利。每局台球的赌资最低 5 元，普通为 10 元，还有更高的为 20 元或 50 元。赌资较低的多为几名村民一起参与，赌资较高的一般只是两个人的单挑和较量。有位村民告诉笔者，自己有次玩台球输了 2000 多块钱，这在普遍穷困的当地农村，算是一笔较大的数目了。

台球场地主要集中于迪麻洛村的中心地。目前，这里共有 4 个台球场地，其中以玛丽和一个梁姓人家的生意最好。台球一般按局数收费，每局通常为 1 元，玩家每玩够 5 局或 10 局付一次费。

玛丽 30 多岁，两年前和丈夫从白汉洛的山上搬了下来，住在一户搬去了外地的亲戚家里，从此做起了小生意。玛丽家位于迪麻洛街子的上端，这里人流量较大，从上面村子下来的村民都要从她家门前经过。除了经营台球生意，玛丽还和丈夫开办了小卖部,并且在集日里卖烧烤和米线,生意极为兴隆。玛丽家有两张台球桌,摆放在一个半开放的棚子下面,虽然桌面已经极为陈旧,但是前来打台球的人依然络绎不绝。有时候,村民们甚至会打台球到通宵。经营台球已经构成玛丽家生意的一个不可或缺的部分。

梁某为青马塘组村村民,七八年前在村子的中心地旁边租了一座房子,从县城买回来两张台球桌,开始经营起台球生意。和玛丽家不同的是,梁家的台球室只在集日期间开放,梁某自己也参与赌球,妻子则在外面摆摊卖烧烤。

在以上所讲的开商店、开小卖部、摆摊、开办娱乐场所这几类商业活动中,以开商店最为赚钱,从事的几家村民都已经将其视为自己的主营项目。而开小卖部、摆摊和开办娱乐场所归根到底都只是一些小本经营,人们的生计并不能靠此来全部满足。但无论如何,这些也是那些政治、经济和文化资本都比较缺乏的普通村民在现代经济的刺激面前做出的一些力所能及的尝试,从一个侧面反映了人们传统生计态度的转变。

## 第三节　现代商品的广泛消费与使用

如马克思、恩格斯所言:"资产阶级,由于一切生产工具的迅速改进,由于交通的极其便利,把一切民族甚至最野蛮的民族都卷到文明中来了。它的商品的低廉价格,是它用来摧毁一切万里长城、征服野蛮人最顽强的仇外心理的重炮。"①

通过工业品的竞争和输入来分析现代世界体系向传统地方社会的扩张及其影响后果不乏其人。毛泽东在 20 世纪 30 年代对江西省寻乌县的商业调查中就关注到"洋货"输入的问题,并且详细统计了当时杂货店中所售卖的 131 种"洋货"的种类和名称。针对"洋货"对"土货"的冲击问题,他说:"寻乌城是这样一个手工业商品和资本主义商品交战表演了剧烈的荣枯得失的地方,怎能不值得我们注意呢?"② 同时期,在燕京大学读书的杨庆堃也对同类问题进行了关注。他通过对山东邹平的集市货物来源地的调查,分析了在世界经济的冲击和影响下,当地农村自给自足经济局面的保留和打破程度。③ 几年后,

---

① 《马克思恩格斯选集》(第 1 卷),人民出版社 1995 年版,第 276 页。
② 毛泽东:《寻乌调查》,见《毛泽东文集》(第 1 卷),人民出版社 1993 年版,第 118～245 页。
③ 参见杨庆堃《邹平市集之研究》(学位论文),燕京大学 1934 年。

费孝通先生又通过在太湖流域的江村（开弦弓村）的调查，为我们描述了工业技术的改进以及邻国市场的竞争如何导致了当地传统蚕丝业的衰退。①

在迪麻洛峡谷，虽然村民们目前仍然保留着相当部分的农牧产品和手工业品，但也随处可见各种现代的商品，如粮油、服饰、电视、手机、香烟、白酒等等。从最基本的生存之需，到奢侈品的享受，当地民众在物质生活上已经和外界市场产生了紧密的依赖关系。其中，对人们的生产生活影响比较大的商品包括九类。

### 一、粮油

粮油是外界商品输入中的一个大项，包括大米、面粉、挂面、米线、苞谷、食用油等。迪麻洛峡谷虽然家家户户都从事农业，但主产粮食为苞谷杂粮，没有大米。据村中一位68岁的老人讲，小的时候几乎没有吃过大米饭，苞谷和荞麦一直都是当地主食。统购统销时期，政府在村中设立了一个国营商店分支，当时可以凭粮票换得极少量大米。20世纪80年代，村中的国营商店撤销，民间商业活动逐渐兴起，有人开始开办商店，人们才逐渐开始买回少量大米食用。目前，大米已经取代苞谷成为当地村民的家庭主食，人们每天的午饭和晚饭几乎都吃米饭，苞谷或其他食物间或才吃。

面粉主要用来做粑粑，在早餐的时候食用。其主要做法有两种，一是蒸，二是炸，但是制作起来都比较麻烦，食用的频率不高。当地的藏、怒、傈僳等族居民很少会做手工面条，都是直接购买成品的挂面回来煮。相比于挂面，米线在当地更受欢迎，米线也是购买成品煮来吃。

输入苞谷的目的不是食用，而是蒸酒。迪麻洛虽然每家都产苞谷，但是由于耕地面积少，每年所产的苞谷除了家里吃，还要喂养猪、鸡、牛、马等牲畜，几乎没有剩余。因而，当地群众有一项很重要的家庭副业就是蒸酒，一来自己平日里消费，二来出售以换取一点收入，因此需要从外界购买大量苞谷以满足需求。

食用油主要为市场上常见的桶装花生油或菜籽油。迪麻洛虽然也自产核桃油和漆油，但是产量不均，而且制作麻烦，大部分家庭现在都买油吃。

### 二、农资

农资包括作物种子、化肥、地膜、农药等。种子主要有苞谷种、土豆种、蔬菜种和油菜种等，其中苞谷种是需求量最多的一种。贡山县销售的苞谷种共

---

① 参见费孝通《江村经济：中国农民的生活》，商务印书馆2002年版。

有四种。根据当地一家名为荣华农资土产有限责任公司的介绍，2013年苞谷种的种类和价格分别为：会单4号，每包（4斤）43元；罗单3号，每包（4斤）43元；罗单9号，每包（4斤）48元；西山90，每包（2斤）27元。

土豆是除苞谷之外的另一种重要食物。除了用来做菜之外，当地群众平日里喜欢烤土豆吃。有些家庭早上刚刚起来，一边在火塘里生火，一边就开始烤土豆吃了。几个土豆加酥油茶，就构成了一顿简单的早餐。迪麻洛峡谷的环境其实不适宜种植油菜，但为了不让地空着，当地政府将任务下到村组里强制种植，但是种植效果并不明显，下种的油菜根本长不起来，只能拿来喂牲畜。化肥几乎家家都有购买，而地膜只在平地上才用，地势陡峭的坡地上则无法使用。蔬菜种有萝卜、白菜、包菜等。民国时期，贡山地区的少数民族很少食用和栽种蔬菜，"夷人不食菜蔬，亦无栽种之人"。现在，每家都有自己的菜园。

## 三、服饰

服饰分民族服饰和现代服饰两类。按照民族风俗，迪麻洛的藏、怒、傈僳等族都有自己的传统服饰，但是现在都已经很少穿了，人们平日里将自己的民族服装压在箱底，只在节日里跳舞的时候才取出来穿。有时候为了给前来考察巡视的官员表演，也会穿着打扮。

过去，人们自己动手用羊毛和野麻纺线，然后织成毯子或麻布，再缝制成简单的衣服。村里的一位老人讲，自己年轻的时候根本不穿鞋，冬天的时候用皮子随便缝制一双鞋子裹在脚上御寒，衣物很少，天冷的时候就睡在火塘边烤火。现在，当地还保存着传统的纺织技术，但只织成毯子，并不剪裁成衣服。人们所穿的衣物基本和汉族地区一样，都要从市场上买回来。

当地群众对衣物的要求不高，只图便宜，不论品牌，更不管搭配，反正能穿在身上就行。样式上除了西装和现代都市中一些稀奇古怪的着装外，其他我们通常所穿的在当地都能见到。但总体来说，运动系列和解放军系列的服饰在当地居多。

以鞋子为例，当地群众普遍穿着一种"三五三七"牌的解放军胶鞋。这种鞋子分低靴和高靴两种，价格从20多元到40多元，颜色有深有浅，男的也穿，女的也穿。这种鞋下面有防滑钉，非常适合山区的地理特点，而且经久耐磨，因而颇受当地老百姓的喜爱。除了胶鞋，现在青年人也买运动鞋，运动鞋在山地上行走也比较方便。在这些地方，几乎见不到皮鞋的踪迹。

## 四、副食

茶、酒、烟是当地民众消费最多的三类副食品，在家庭及个人的支出中占据了很大比例。

  茶的主要用途是做酥油茶。迪麻洛峡谷虽然除了藏族还有怒族和傈僳族等，但他们受藏族文化影响较深，家家都喝酥油茶。酥油茶的制作当然离不开茶。做酥油茶的茶叶并不是我们平日里所喝的茶，而是一种专门售卖的砖茶。当地群众多是购买一种名为"云南下关砖茶"的茶叶，它的生产者"云南下关沱茶（集团）股份有限公司"为国家边销茶定点生产企业。这种茶用一层厚纸包裹，总重为3斤，里面装有3块长方形的茶饼，每块刚好1斤，由于茶饼被压缩得极为结实，酷似砖块，因而取名砖茶。目前，每包砖茶的市场售价为30元。制作酥油茶的时候，先烧半锅开水，然后从茶饼上掰下几块丢进锅中熬煮，熬到一定程度的时候，将茶水过滤倒入酥油桶中，加入盐和酥油，上下搅动，等酥油化开后即可倒出来食用。

  在当地群众看来，喝酒就是生活的一部分，可以一个人坐在家里慢慢喝，更可以和别人聚在一起喝。按照内地的习惯，客人到家的时候，主人可能会泡杯茶来招待；但在迪麻洛，家里来了客人，主人家第一件事情就是给他倒上一杯酒。闲来无事的时候喝酒，在地里干活的时候也要喝酒，晚上回家更要喝酒。按照当地人的说法，喝酒能解除疲劳，此言并不虚。要想知道当地群众嗜酒的程度有多深，看看他们门口的酒瓶堆就明白了。

  当地村民除了自己生产酒，还大量购买外界输入的白酒、啤酒、保健酒等其他酒类。根据笔者在村里杂货店的调查以及到其他地方寻访所见，当地售卖的酒类品种主要有10余种（见表4-3）。

表4-3 迪麻洛村的外来酒种类、价格与产地

| 品牌名称 | 类别 | 容量（毫升） | 酒精度（%vol） | 售价（元） | 产地 |
| --- | --- | --- | --- | --- | --- |
| 苞谷酒 | 白酒 | 360 | 42 | 3 | 云南昆明 |
| 康巴汉子 | 白酒 | 400 | 38 | 6 | 云南昆明 |
| 怒江荞酒 | 白酒 | 360 | 46 | 5 | 云南怒江 |
| 鹤庆大麦酒 | 白酒 | 400 | 46 | 10 | 云南大理 |
| 老白干 | 白酒 | 500 | 45 | 10 | 河北衡水 |
| 枸杞木瓜 | 保健酒 | 400 | 32 | 8 | 四川邛崃 |
| 追风八珍酒 | 保健酒 | 500 | 38 | 15 | 湖北黄石 |
| 中国劲酒 | 保健酒 | 125 | 35 | 10 | 湖北黄石 |
| 大理雕梅酒 | 甜酒 | 360 | 25 | 10 | 云南大理 |
| 云南柔红 | 红酒 | 500 | 25 | 20 | 云南弥勒 |
| 澜沧江 | 啤酒 | 600 | 8 | 3 | 云南临沧 |

从表 4-3 中可以看出，当地群众消费的多为一些价格低廉的劣质酒，其中最具代表性的当属"苞谷酒"，作为白酒，每瓶仅售 3 元，质量可想而知。村里人讲，这种酒以前喝坏了好多人。为了村民的健康着想，2013 年 7 月 18 日，新选举的村委会组织发布公告，禁止村中的店铺以及外来商贩出售"苞谷酒"等劣质白酒。同时为了制止乱扔玻璃酒瓶现象，保护村落环境，也禁止售卖瓶装啤酒。现在，罐装的"澜沧江""雪花"等啤酒代替了以前的瓶装啤酒，消费量极大。

当地群众一般也喜欢抽烟。他们抽的烟分两种，一种为烟丝，一种为我们平常所见的香烟。烟丝主要从大理、保山等地运来，由商贩在集市上售卖。烟丝论斤称，每斤 20 元，同时配有一厚叠专门卷烟用的小纸片。抽烟丝的主要为一些贫苦农牧民，他们买回烟丝以后，将烟丝拿出一部分装在一个塑料袋里，揣在口袋里随身携带，随抽、随取、随卷。盒装香烟有便宜的，也有贵的。便宜的如 4.50 元一盒的"甲天下"、5 元的"雄狮"、7 元的"红塔山"或"红河"，中等的有"云烟""红河"等，稍贵的有 22 元左右的"玉溪""云烟"等，奢侈一点的有 60 元的"云烟"等。除了桶当等信奉基督教的村子外，绝大多数村子的村民都有抽烟的习惯。

### 五、能源

当地的传统能源主要为柴火。20 世纪 90 年代末，电能开始进入迪麻洛峡谷。2000 年以后，天然气和太阳能等也先后进入当地居民的日常生活。对于当地居民来说，这种神奇而有魔力的东西迅速改变了他们的生活内容。过去照明、煮饭、烤火只能依靠柴火，而这些新能源的出现则为人们提供了新的选择。

当地的电有两种，一种为电厂的输送电，一种为小水电。由于当地经常发生滑坡、泥石流等自然灾害，会冲毁沿途的输电设施，从而造成经常性的断电现象。尤其是冬季大雪的时候，停电期会更长。为此，一些家庭自己花钱安装了叶轮发电机。这种叶轮发电机体积很小，利用流水的冲击力带动里面的叶轮转动而产生电能。但是，小水电的使用也不稳定，因为河水的流量会经常发生变化，造成电压不稳，会经常烧坏家里的电器，因此一些家庭在使用了一段时间后就干脆放弃了这种用电方式，其他的也大多处于备用状态。总体来讲，当地的通电过程并不顺利。据捧当乡政府的统计，在 2012 年年底时，迪麻洛村的 663 户家庭中通电的才 356 户，只占到总户数的 57% 左右，还有近一半的家庭没有通电。

现在很多家庭已经开始使用煤气。笔者问当地居民："为什么不用柴火，而要花钱买煤气用？"他们说："夏天的时候太热，烧火做饭很难受，用煤气就好多了。而且煤气的火候可大可小，控制起来比较方便；而用柴火的话，一来生火麻烦，二来炒菜容易焦煳。"而出于经济上的考虑，他们认为电比较浪费，煤气则相对比较省。使用煤气的家庭其实仅限于那些居住在山底下的家庭，他们的位置靠近公路、方便运输，每隔两三个月就要去县城换一次气。煤气罐自身比较笨重，这对不通公路的半山腰居民来说显然是一个障碍。

太阳能的推广和使用主要是以政府主导的方式来实现的。当地林业主管部门为了保护生态，减少村民对树木的砍伐，以财政补贴的方式来刺激村民购买太阳能热水器。但是这一举措的效果并不明显。从价格上来说，一套标准的太阳能热水器设备需要2800元，而政府只补贴1000元，村民自己还需要另外支付1800元，这对收入有限的山区居民来说还是贵了点。从用途上来讲，太阳能热水器的主要功能是洗澡，而当地群众并没有经常洗澡的习惯。再从安装条件来讲，安装太阳能热水器需要专门的卫生间等配套设施，而当地村民的卫生设施极为简陋，大多只用木板搭成一个小棚子就做成了。可见，生活习惯和费用成本等因素共同限制了这一新能源在山区的推广。截至目前，迪麻洛使用太阳能的家庭屈指可数，总共只有不到20户。

## 六、家电及其他电子产品

笔者走访了一户在当地比较富裕的家庭，专门调查了他们家的电器使用情况，结果发现种类还是比较多的。例如，一台32英寸的TCL液晶平板电视，一台奥格玛的DVD，一台康佳的BCD-128MH2冰箱，一台广东佛山生产的微波炉，一个浙江某地生产的全自动电饼铛，一口煮饭用的高压锅，一个制作酥油茶的电动搅拌机，一台宝尔马牌的洗衣机。此外，家里四口人每人都有一部移动电话。

电视、洗衣机、电饭锅是三种消费比较普遍的家用电器。对于长期处于封闭状态的高山峡谷居民来说，电视这一新事物无疑具有巨大的吸引力。据村民们反映，以前人们一到晚上就无事可干，尽管也流行唱歌、跳舞，但是多在节日里才进行，平日里的生活极为单调，要么围聚在火塘边喝酒，要么早早地睡觉。有了电视后情况就大不一样，只要有空，白天晚上都可以待在家里看。现在，拥有电视机已经成为村民的一种普遍期盼。据统计，2012年年底，当地拥有电视机的共有262户，还不到全村家庭的一半，那些没有电视的人家晚上只能跑到邻居或朋友家去看。

洗衣机也是村民们普遍喜欢的一项新产品。当地村民习惯把洗衣机摆放在院子里，由于没有围墙，很容易看得到。洗衣机的使用完全是出于方便的考虑，当地的家务一般都由女人来做，而女人每天要做饭、背柴火、找猪食、喂猪，还要干农活，再加上要洗全家人积攒的一大堆衣服，根本忙不过来。使用洗衣机后就好多了，原本要大半天才能做完的劳动现在可能几十分钟就完成了。使用洗衣机的人家笔者没有进行统计，但根据在每个村子里的走访和观察所见，一半的家庭总之是有了。

除了牧场上的牧民，现在用上了电的家庭都用电饭锅来煮饭。以前没有电饭锅的时候，人们只能在火塘上煮米饭。用柴火煮的米饭质量很差，由于受热不均，往往底下都已经焦糊了，上面的水分还没有蒸发掉。在迪麻洛的新科牧场上过夜的时候，笔者曾有过切身体会。用电饭锅煮饭，只要加入的水量合适，煮出来的米饭质量就大不一样了。

移动电话是另外一个消费大项。人们在购买电视、手机这些外来的新鲜产品时，其实都有一个共同的规律。最开始接触和购买这类产品的人多是出于偶然，他们只是觉得新奇、好玩，同时会不由自主地带有一种炫耀心理。后来的购买者大多出于效仿或攀比的目的。这样，一个群体对某类新鲜物品的消费和使用是一个由点到面的连带与扩散过程。

移动电话的功能主要是方便联系和娱乐。在村庄和居民分散的高山峡谷，使用移动电话的意义是不言而喻的。以前，政府有什么通知，村委会要派专人跑去每个村里通知，或者托人代为传达。村民之间的联系也是一样，亲戚或朋友之间若需要帮忙，也要亲自跑到对方家里去说；若有急事，往往会被耽搁。移动电话的出现彻底改变了这一困境。现在，村里通知开会，可以直接打小组长的手机，小组长再通知自己组里的村民。村民之间若需要联系，一个电话就解决了。手机的娱乐功能也很强，可以随时玩一些小游戏来消磨时间。现在，村里的年轻人也玩微信，交朋友、聊天、谈感情变得方便多了。需要说明的是，当地群众购买的多为一些杂牌的低劣手机产品，有些外观看似漂亮的手机才 100 多元到 200 元，这类手机不仅对人的辐射危害大，而且用不了多久就坏掉了。到 2012 年年底，全村拥有移动电话的有 280 户。

电筒也是村民使用较多的工具。电筒最初只有装电池的，现在有了充电的。在当地，无论多穷，每家都会有一只或几只电筒，一是为了照明，二是为了壮胆。没有电筒的时候，人们晚上很少出门。尤其是住在山上的人家，他们的房屋前就是斜坡和悬崖，稍不留神就会发生意外。那些牧场上的牧民，则要担心狼虫虎豹的威胁。碧罗雪山的牧场上至今仍有大量的狼和熊。2012 年夏天在色洼隆巴牧场调查的时候，一位牧民告诉笔者牧场被一头熊入侵的经历：他晚上睡觉的时候突然听到外面的狗狂叫不停，于是打着电筒走出去吓跑了熊。如果没有电筒，再有胆量他也是不敢一个人跑出去的。2013 年，笔者有次去白汉洛村上面的达拉登牧场，傍晚时分才从山上返回。当时与笔者同行的有 6 个人，其中一个女的还背着自己的孩子。白汉洛没有公路，全是窄窄的小路，特别滑，一不小心就会被草滑倒。我们下来的时候，走在后面的人打电筒照在前面一个人的脚下。路上，笔者跌倒了好多次，当时真为背孩子的那个女人担心。所幸的是大家安全到达，但已经是晚上11点多了。这次经历真是难以忘记，如果没有电筒这种现代工具的帮助，在那种情况下行走是不可能的。电筒的种类繁多，既有拿在手里的，也有戴在头上的，全凭人们自己使用方便程度而定。当地村民使用电筒的方式也比较特别，当两手忙不过来的时候，就把电筒含在嘴里，或者夹在脖子一边，总之是想尽了办法。

### 七、车辆等交通工具

迪麻洛现在有大型汽车2辆，大中型拖拉机13辆，中型自动卸货车8辆，小型普通客车14辆，普通货车9辆，摩托车86辆。特殊结构货车是指一种由三部分构架成的四轮货车，前面为柴油机和发动机，中间为座驾箱，后尾为货箱，这种货车在当地颇为流行。

表4-4反映了迪麻洛村2013年拥有的机动车辆种类与数量。

表4-4 迪麻洛村2013年拥有的机动车辆种类与数量　　单位：辆

| 村名 | 摩托车 | 小型普通客车 | 普通货车 | 自动卸货车 | 大中型拖拉机 | 大型汽车 |
|---|---|---|---|---|---|---|
| 王其王 | 12 | 1 | 1 | 0 | 0 | 0 |
| 木楼 | 4 | 0 | 0 | 0 | 0 | 0 |
| 施永功 | 5 | 2 | 1 | 0 | 1 | 0 |
| 白汉洛 | 2 | 1 | 1 | 1 | 1 | 1（解放牌汽车） |
| 木拉登 | 7 | 1 | 0 | 0 | 2 | 0 |
| 财当 | 9 | 1 | 1 | 2 | 3 | 0 |
| 普拉 | 7 | 2 | 2 | 1 | 1 | 0 |
| 桶当 | 19 | 1 | 1 | 1 | 3 | 0 |
| 龙坡 | 3 | 0 | 0 | 0 | 0 | 0 |
| 补它 | 6 | 0 | 0 | 0 | 0 | 1（东风牌汽车） |
| 各科当 | 3 | 1 | 0 | 2 | 1 | 0 |
| 从尼 | 5 | 2 | 1 | 1 | 0 | 0 |
| 青马塘 | 4 | 2 | 1 | 0 | 1 | 0 |
| 总计 | 86 | 14 | 9 | 8 | 13 | 2 |

注：数据由笔者调查期间的历次走访和统计得出，可能会有少许疏漏。

开摩托车的多为一些追赶时髦的年轻人,即使在地势险峻的峡谷里,他们也开得飞快。通往阿鲁腊卡的路为一条人马便道,宽度仅为 1 米左右,旁边就是陡坡悬崖,但是村子里的年轻人照开不误,如履平地。当地有一个很有意思的现象,由于交通条件的限制,山上的有些村子里摩托车开不上去,人们只好将摩托车停在山下的公路旁,用一块破旧的塑料纸盖在上面,根本不加看管。其实,当地群众受天主教等宗教思想的洗礼颇深,严于律己,也很少发生偷盗的现象。从表 4-4 可以看出,桶当村拥有的摩托车数量最多,主要是由于其地理位置在靠近峡谷的最里端,进出极为不便,因而购买摩托车的家庭也较多。

## 八、机器

当地输入的机器主要为农业生产和粮食加工方面的,如耕机、磨面机、粉碎机等。这些机器普遍较小,主要根据峡谷地带的特殊地形而制,多适于单个家庭使用。

耕机为一种小型的犁地工具。这种机器外形和手扶拖拉机相似,只是轮胎不一样。当地群众使用的耕机不用普通的橡胶轮胎,而是使用由很多铁片组成的两个圆形叶轮。这种轮子碾过的土地不会留下很深的痕迹。它的另外一个特点是没有座驾,人在操作的时候,只需要双手按住两个把柄,跟在机器后面掌控方向。这种机器很适合当地耕地面积小的情形。

磨面机一般用来加工苞谷。磨成的苞谷面可以食用,或喂牛、喂鸡等。现在,村里的一些地方仍在使用传统的水磨,但规模已不是很大。

粉碎机只有一台,为村里的一名小学退休老师家所有,购买于 10 年前,为生铁铸就,质量非常好。据主人介绍,现在就是花钱也很难再买到这样的机器了。粉碎机主要用来打核桃,当地群众普遍加工和食用核桃油,用机器可以将核桃的外壳去掉。以前没有粉碎机的时候,人们只能用木制的杵臼来完成这项工作。

## 九、药品

药品是人们生活当中离不开的一种特殊商品。迪麻洛村以前只有传统的草药,没有西药。现在,草药仍在使用,典型的如"凡金"(藏语)、黄连、秦艽、"羌和"(藏语)、"鸡生"(怒语)、"盖雪香"(藏语)等,但西药无疑已经占据了主导地位。

迪麻洛现在有两个乡村卫生室,里面能买到各种常用的药品,最普通的为感冒药、止泻药、止痛药等。村民们一般将这些药买回家中备用,遇到类似病症就拿出来服用，只有在病症不见好转的情况下才去卫生室或医院就诊。自国家推行新型农村合作医疗以来，看病变得比以前便宜许多，买药就诊的情况也开始增多，因而间接刺激了人们对药品的消费。

　　以上只是列举了对人们日常生活影响较大、消费数量相对较多的九类商品，除此之外的小额商品更是种类杂多，不胜枚举，如锅碗瓢盆、清洁用品、洗漱用品、零食饮料等等。

# 第五章　地方资源的竭力输出与不足

输入和扩大工业品消费的另一端，是地方资源的加剧输出。改革开放以来，迪麻洛民众的市场输出产品依然是各类山林野生资源。和历史上的输出项目比较，只不过在输出的具体内容上发生了一些变化。最明显的就是由于国家禁猎政策的实施，动物毛皮的输出基本停止，而只剩下植物资源方面的输出。

植物资源方面，当地民众目前输出的主要包括两大类：一类是虫草、天麻等野生药材，一类是榧木等红豆杉科的珍稀林木。前者人们可以自由采挖和出售，而后者的获得则要冒着法律惩处的风险。

尽管当地民众已经通过各种手段和努力对上述资源进行了最大化的攫取，但由于资源总量的限制，人们借此获得的收入也十分有限，因此在地方和外界经济的交换中表现出明显的逆差。由于长期的过度采挖和砍伐，当地珍稀野生植物资源的数量正在日益减少，呈现出市场输出和交换上的不可持续性。从长远的发展着想，人们必须要找到新的替代途径。

## 第一节　野生资源的掠夺与日益枯竭

野生药材的采集是目前迪麻洛村村民在农牧业之余从事最多的一项家庭副业。这主要是因为：第一，找药材这类活动对人们的文化知识等方面的要求程度较低，凡是身体健康、手脚勤快、眼力较好的村民都可以做，并没有特别的限制因素。第二，工作的自由度高。采药全凭人们自愿，想干就干，不想干就干脆不去，也没有人强制，这点颇为契合当地少数民族的个性。

碧罗雪山地区的山林草地中，生长着黄连、贝母、虫草、茯苓、黄山药、秦艽、当归、木香、紫胶、青归等大量山货药材。迪麻洛峡谷刚好身处碧罗雪山之中，其中的白汉洛等村就位于海拔较高的半山腰上。这里原始森林密布，草木丰盛，从海拔1500多米的河谷一直到海拔4000多米的山顶，分布着不同植被和野生植物。迪麻洛是一个天然的野生药材生长基地，其所在的树林、草地和山谷中分布着大量的黄精果、虫草、重楼、羊肚菌、天麻、兰花和木香等珍贵的山货药材。

迪麻洛是碧罗雪山东西两麓的一个重要连接点，19世纪末，法国传教士就是从碧罗雪山东麓的茨中等地翻越大雪山到达迪麻洛的，并且在此修建了著名的白汉洛天主教堂。由于当时怒江沿岸的道路尚未全部修通，翻越碧罗雪山就成为怒江地区和澜沧江地区相联系的重要通道。

药材的采集主要取决于外界的需求以及价格的变化，不同时期，人们所采集的药材种类有着很大的不同。清末民初，人们主要采集黄连和贝母；到了20世纪八九十年代以后，国内外市场对虫草、天麻等土特产的需求急剧扩大，人们又大规模地投入到虫草和天麻等野生药材的采集活动中去。

民国时期，怒江地区的怒族、藏族等少数民族群众就已经采集各种山货药材，与德钦、维西和丽江等地的商人进行生活必需品的交换；一些当地群众还主动带上自己采集的土特产品和手工制品到维西等地的市场去出售，然后再买回锄头、铁锅、铁三脚（烧火塘用）、布料等生产生活用品。

新中国成立以后，国家对当地的药材曾实行统购统销，药材价格相对比较稳定，很多家庭劳动之余都上山采集野生药材。除了私人的采集和挖掘，政府为了解决财政困难的问题，也曾组织人员进山挖药材。1959年，在贡山县茨开人民公社丹珠大队民族工作队工作的李华，被县上派往西藏察隅县察瓦龙境内商量和交涉挖贝母等药材的事宜。当时的察瓦龙盛产贝母等药材，但是人烟稀少，药材资源不能得到很好的利用，贡山县获知这一情况后，决定派人前去挖取。双方经过协商最后达成一致，由贡山县支付给察瓦龙资源租让费，不管挖得多少，由双方对半分配。

改革开放以后，中国的市场经济逐步获得发展。由于野生药材的质量极高，并且相对稀缺，受到国外消费者的青睐，尤其是对虫草、天麻和松茸等山货药材的需求不断扩大，因而价格不断飙升。受此趋势的影响，当地的少数民族群众在农牧业生产之余，大规模地上山采挖药材，通过出售换取现金收入。

目前，迪麻洛村村民采集的主要对象有虫草、黄精果、重楼、羊肚菌、天麻、兰花等。

（1）虫草。虫草的采集时间一般为5月至6月底，高山上的冰雪还未完全融化的时候。虫草为目前所有药材中最贵者，由于数量稀少，所以按小对出售和计价。一对虫草现在可卖得100元钱。

（2）黄精果。黄精果当地藏语也叫"木嗨"，为圆形，大小不一。采集时间一般为每年的8—11月，价格中等，每公斤可以卖到200元左右。遇到下雨，要在树林里将其用火烘干。采集出售黄精果是一件比较辛苦和麻烦的工作。

（3）重楼。重楼的采集时间为5—6月，每公斤可以卖到150多元。

（4）羊肚菌。羊肚菌的采集时间为3—4月，出售的时候必须晾干。20世纪90年代，每公斤可以卖到500元；2000年以后，价格逐渐下降，现在每公斤只能卖到200～300元。

（5）天麻。天麻也是一种名贵药材，其采集时间多在5—6月，每公斤可以卖到400～500元。

（6）兰花。兰花的采集多在春夏季节，价格随着种类的不同而不同。普通品种一般几元钱一株，一些知名的雪兰可以卖到上万元，但是已经很难找到了，村里面也很少有老板前来收购了。

以上各种药材的采集要求具体见表5-1。

表5-1 迪麻洛村村民目前采集的野生资源种类、价格与成本

| 药材种类 | 地点 | 采集成本 | 价格 | 可获得的难易程度 | 可出售部分及要求 |
|---|---|---|---|---|---|
| 虫草 | 雪山 | 干粮、车票等运输成本 | 一对（两只）100元 | 很少，但可以找到 | 整株，去掉泥土，风干 |
| 黄精果 | 半山腰 | 自带干粮 | 每公斤200元 | 还可以 | 根部，风干 |
| 重楼 | 半山腰 | 放牧、砍柴的时候可以兼顾 | 每公斤150元 | 还可以 | 根，无特殊要求 |
| 羊肚菌 | 半山腰 | 放牧、砍柴的时候可以兼顾 | 每公斤200～300元 | 还可以 | 整株，必须晒干 |
| 天麻 | 雪山、牧场 | 自带干粮 | 每公斤400～500元 | 很少，和虫草差不多 | 根部，无特殊要求 |
| 兰花 | 山林、深谷 | 自带干粮 | 普通每株几元，名贵雪兰上万元 | 知名的雪兰现在很难找到了 | 整株，活体 |

一名村民仍然记得自己第一次挖重楼卖钱的喜悦。他告诉我，1989年的时候，重楼的价格为一市斤1元钱，比虫草的价格还贵。那次他在山上挖到了90斤重楼，拿到县城后卖了90元钱。他说那是他人生中挣到的第一笔钱，他用这些钱买了一身新衣服和鞋子等，回到家中还剩下40多元钱。后来，他将

剩下的这些钱夹在一个崭新的笔记本里，有空就翻出来看看，心里有一种小小的成就感。

采集药材是一件非常辛苦的工作。在迪麻洛的时候，笔者跟随一位村民去山上挖黄精果。之前，该村民已经来山上挖过几次。他说，有一次来的时候，几头猪在山上拱草，无意中竟然拱出了黄精果，于是他就跟在后面捡，总共捡了四五个，他那天一共才找了十几个。找黄精果，一般选择土质比较疏松的草丛，用锄头轻轻挖下去，如果有黄精果，就会顺着泥土滚下来，但是发现它需要很好的眼力。那天我们的运气非常不好，跑遍了大半片山坡，穿越了无数荆棘树丛，最后才找到了5个。其实，我们去的那片山林，早已经被其他村民找过了，因为随处都是被刨挖过的痕迹。但是没有办法，资源就这么多，大家都想要，所以只能一遍一遍重复找。

由于现在药材的数量越来越少，人们要跑很远的路才能找得到，光是路程有时就要走上半天或者一天。由于路程较远，而且要保证采集效果，人们往往一去就是好几天，有些甚至长达半个月。挖虫草的时间更长，一般需要两个月。为此，采集者每次上山，都要准备好工具和充足的生活用品，包括大米、洋芋、猪肉、油、食盐、香烟、白酒、茶叶、铁锅、砍刀和锄头等。为了保证安全，人们往往三五成群地结伴而行，食物吃尽以后再返回。

人们将自己采集到的药材晾干和简单处理后出售。出售的方式也有很多种，既可以拿到集市上去卖，也可以直接卖给来村子里收山货药材的商人。由于山货药材交易中的巨大利润，很多外地人进入怒江和澜沧江地区做药材的收购生意。他们有的在乡镇街道上专门设点开店，常年收购当地的各种土特产，有的直接将收购点设在村子里。这些收购者之间的竞争也是很激烈的。

迪麻洛村村民出售自己的山货药材有很多选择，一是直接在村子里的集市上出售，二是拿到附近的丙中洛或县城去出售。每周的星期四为迪麻洛村的集日，上午早早的就会看到一些商贩守候在集市上面的一个路口处，山上和峡谷里面的村民都要从这里经过。看到有村民背着袋子，商贩们就会迎上前去询问是否有药材要卖。在村子里收购药材，可以在第一时间揽到一些生意，但是能收购到的药材总量也很有限，再加上现在公路修通，很多人宁愿选择到村子外面的店铺出售，而不愿意卖给出价很低的流动商贩。

附近的丙中洛也是一个当地村民常前去卖药材的地方。100多米长的一条街道上分布着大大小小几十个店面，其中就有三家土特产品收购店。每周的星期二是丙中洛的赶集日，迪麻洛的村民这一天也会来到这里买卖货物。为了了解药材收购的一些详细情况，笔者特意来到一家药材收购店里做了访谈。该店铺的老板姓周，是一名年轻女性，今年30多岁，为四川资中人，来到丙中洛已经8年多时间了，丈夫开了一家摩托车修理店，自己专门经营药材收购生意，家里还有一个小女儿。周大姐的店里面摆放着各种药材、菌类等土特产品，并且还出售玉石、弩弓等当地的一些其他物品。她向笔者详细介绍了灵芝菌、松茸菌、山黄菌、木海、三七、贝母、天麻、藏黄连（也叫鸡角黄连）、竹叶菜、紫草、雪茶、雪莲等各种菌类和药材的名称、用途和价格等，甚至对每种药材最终卖向何处都十分清楚。比如，松茸菌主要出口到日本，据说可以防止核辐射；山黄菌销往韩国；等等。据周大姐回忆，最开始的时候，她和丈夫去山上的村民家里收药材。当时的药材数量多、价格好，人们卖得的钱都是一沓一沓的。现在，平日里的生意已经不多，附近的村民们主要是在赶集日才来街道上卖药材。

到了集日，店主们除了坐等生意，也会主动出击。他们在穿梭于街道上的人群中寻找自己的交易对象，因为这个时候收购药材的人很多，所以竞争很大，因而要自己争取找来卖药材的人，坐在店中等到的机会是很少的。看到肩上背着袋子的村民，店主和其他药材收购商人就会追上前去问是否有药材要出售。在一家经营副食生意的店门口，一个老板成功地收购到大约1斤天麻，卖者是一位中年妇女。对于这次交易，很显然是有利于买方而不利于卖方的，因为该妇女在拿到钱的时候仍然显得很犹豫，而店老板一边掂量手中的天麻一边露出了满意的笑容。对于药材的实际价格，村民们其实并不真正了解，他们大多是根据往年和别人所卖的价格来衡量自己货物的价值，但是收购药材的老板也可以用今年的行情不好之类的托词来故意压低药材的价格，对于平常很少出门去外面世界看看的普通村民来说，他们大多时候只能选择默认和接受。

在所有的药材当中，人们对虫草的采集最为重视，如果收获丰厚，单其一项往往就构成了一家人一年的主要开支来源。每年的五六月是挖虫草的旺季。迪麻洛村村民挖虫草的去处主要有两个，一是碧罗雪山，二是本县茨开镇的嘎拉博。

每到这个时节，村民们种完苞谷，一边赶着牛群，一边背驮着米、盐、肉、菜、被子等基本生活用品就上山了。挖虫草的人一般住在高山牧场上的牧屋里，这里一般距离雪山已经很近，找虫草来回也比较方便。为了赶时间，人们早上5点多起床，趁着天没亮就上山，8点多到山上开始一天的采挖。这个季节，高山上的积雪还没有完全融化，气候依然比较寒冷。

嘎拉博是一个傈僳族村，离此不远有一条著名的野牛谷，沿着河谷上山就到鸠木当牧场，牧场再往上就是海拔4000多米的大雪山，这里正是适宜生长虫草的地方。那些从迪麻洛前去挖虫草的村民就驻扎在该牧场上。嘎拉博的傈僳族村民信奉基督教，待外来者比较友好。他们不仅允许迪麻洛村村民来自己的地盘上找虫草，还允许他们住在自己的牧场上。现在，有一些常年去嘎拉博找虫草的迪麻洛村村民为了方便，已经在那里的牧场上专门建了房子，采挖虫草期间就住在里面。等采挖虫草结束以后，就将被子等生活用品留在里面，等到来年再去的时候用。

由于山上的草类植被很多，颜色也非常接近，有时还会下雪，因此采挖虫草需要特别好的眼力。挖虫草的往往是20多岁的年轻人，此外还有一些跟大人去的小孩子。那些年纪大的人可能趴在草地或雪地上一天都挖不到几根。累了，人们就站起来伸伸腰；渴了，他们就随便往嘴里含几口冰雪，或找一条水沟趴着喝上几口。纵然如此辛苦，暴利仍然让挖草者趋之若鹜。

据村里的一名叫阿达的女子讲，她们采虫草的工具只有一把锄头。她要完全依靠自己的双脚和双眼，在铺满冰雪和草皮的坡地上，把那些只露出地面四五厘米长的虫草找出来。有些露出地面的虫草只有2~3厘米，而且颜色呈暗黑色，如果不仔细观察很难发现。发现虫草后，举起锄头，顺着虫草生长的方向刨下去，把土翻松，然后用手指捏住虫草的最底端，从下往上将虫草整个儿拔起来。挖虫草有一个细节，就是虫草被拔出地面以后，还要将翻松了的土再重新填回去，然后用手掌往地里拍一拍。这是村民们常年采挖虫草总结出来的一套地方性知识。据说这样做是为了让虫草以后再长出来。这种情况虽然也有，但并不常见。还有，如果挖出来的虫草是白色的，也要把它种回去，因为这样的虫还没有死。这点充分体现了人们对自然生命的敬畏和尊重。

虫草挖出来以后，还要对其进行清理，这项工作一般等到晚上返回的时候才进行。人们要用一把小刷子将虫草上的泥土弄干净，清理后的虫草颜色为暗黄色。采挖虫草完全凭靠个人的运气，有时候一天可以挖到数根或十几根以上，有时候奔波忙活一天可能只找到一两根。人们清点和整理好挖到的虫草以后，就在牧屋里做顿简单的饭菜，调料几乎只有盐巴，有时候干脆就只吃方便面了事。

到了6月底，人们就可以将风干后的虫草（见图5-1）拿去售卖。迪麻洛村村民出售自己的虫草主要有两种途径，一种是直接卖给村里的亲戚或熟人，由他们再去联系外面的老板出售；一种是由村民自己去县城联系老板出售。县城一般只是虫草的初级市场。老板们将虫草收购回去以后，又进一步拿到德钦、昆明、西宁等中间或更高一级市场去出售。初级市场上，虫草的数量很少，因此只按数量计价，个小、质量一般者每对70元或80元，个大、质量好的每对可以卖到100元。中间或高级市场上的虫草则是按重量计价，据说每公斤可以卖到20万元。虽然买卖虫草有如此暴利，但其产量的逐年下降已经成为事实，毕竟人为的大规模采挖破坏了自然生长的规律。据了解，全世界一共有300多种虫草，只有青海和西藏产区的虫草才能叫冬虫夏草，因而从储量上看还是比较稀缺的。

图 5-1 风干后的冬虫夏草

村民阿洛告诉笔者，1989 年的时候，虫草的价格每斤还不到 1 元，都比不过重楼。那时候，虫草在山上长得到处都是，就连他家放牛的地里随处都是，而且牛随便啃着吃。虫草的价格开始上涨大概是从 1993 年开始，那时商贩主要集中于碧罗雪山东边的德钦那边，价格为 6 元 1 对。他从迪麻洛收购虫草 2 元 1 对，然后背到德钦去卖。贡山的虫草较小，不比德钦那边的虫草大，因此只卖到 4 块多一对。尽管如此，他还是赚到了一些钱。后来由于市场的不稳定，他放弃了继续做这样的生意。短短的 20 多年间，虫草的价格竟涨了上万倍！

经过长时间的大规模采挖，到目前，山林中的药材已经不再像过去那样多，采集药材也不再像过去那样容易，人们要跑更远的路、花更多的时间，即使这样有时候也不一定能得到理想的结果。即使如此，采集药材等土特产品仍然在当地民众的整个家庭经济体系中占有相当比重，人们还是不愿意放弃努力，每年仍会为此付出长时间的劳动。

## 第二节 珍稀林木的盗卖

迪麻洛河流域是目前贡山境内森林资源保存比较完好的一块区域。这里分布有大面积的原始森林，木材资源极为丰富，而且大多材质优良，具有代表性的如云南松、冷杉、铁杉、秃杉等，在此之前一直未被外地的开发商所直接侵染。按照国家的林权划分形式，当地的林木所有权按照海拔从低到高依次是自用林（自留山）、集体林（含承包林）和国有林。使用权限上，自留山上的树木群众一般可以自由砍伐利用，集体林的砍伐需要群众提出申请并获得当地林业主管部门的审批同意，国有林则禁止砍伐。如果私自砍伐集体或国有的林木，那就触犯了法律，称作"盗"。

在迪麻洛的日子里，几乎每天深夜都会听到拖拉机或其他机动车辆的声响，村里的人都知道，这是在偷运榧木。迪麻洛峡谷周围的原始森林里，生长着数量很多的榧木，榧木树干粗大，有些已经生长了几百年或上千年。但是，短短的10多年里，这种珍贵资源几乎快被砍伐殆尽了。

榧木就是香榧的木头。香榧又名榧树、玉榧、野杉子，为红豆杉科、榧属常绿乔木，是世界上稀有的经济树种。香榧树干高大，挺拔直立，侧枝发达，树姿优美，枝叶葱绿，四季常青，细叶婆娑，对烟尘的抗性较强，又很少被病虫害侵染，极富观赏价值。香榧木材的纹理直，硬度适中，为造船、建筑、枕木、家具及工艺雕刻等良材。然而，榧木并不多见，在世界上也是属于珍稀少有的树种，我国早已将其和红豆杉等树种列为国家级重点保护植物，严禁砍伐。

资源本身的稀缺，再加上国家法律的管制，无形中抬高了榧木产品的市场价格。笔者在网上搜索了关于榧木产品的种类及其价格，发现榧木一般被用来雕刻成大的茶盘、圈椅、棋盘、棋罐等高级工艺品，大件的榧木工艺品的价格显示是电议，而一些小件的则是明码标价且价格惊人。如一个榧木花瓶为4300元，一个榧木茶盘是3800元，一个榧木棋盘竟高达9600元，而且产地都是在云南。据悉，榧木是围棋棋具中最高级的一种，由于材质上佳、纹理微妙，用其制作而成的棋盘或棋罐堪称精品。

榧木产品的价格如此高昂，那么其原料的价格又如何呢？迪麻洛的一位知情者透露，一块长约120厘米、宽约100厘米、厚约24厘米的榧木方料，如果出售给县城的老板可以得到8000元左右。8000元在当地是什么概念，它几乎相当于一名普通村民一年挖虫草的收入或打好几个月工的工资。难怪有些村民会甘愿冒着被罚巨款或刑拘入狱的危险,去偷砍和倒卖榧木了。

盗卖木料的事情起始于2000年之初,当时进入迪麻洛峡谷的公路刚刚修通不久,客观上为投机商提供了良机和便利条件。木材老板通过关系先在村里找寻好中介人或代理人,中介人再去找村民砍树,并将树木初步加工成方便运输的圆筒或方料,暂时存放于山里的隐蔽地方或可以信赖的村民家中,等到时机成熟,再将其运送出来。

做中介人或老板的代理人有很大风险,因为老板们一般都是在事成之后才付款;而一旦出事,中介人就要自己承担木料的损失,因为大家都是同村村民;而且交易都是建立于信任的基础上的,一旦承诺破坏那将是十分麻烦和难堪的事情。

因此,做中介人一来需要得到老板的信任,因为根据行规,即使出事,中介人一般也不能将后面的老板给供出来;二来需要胆量和勇气,既要有敢于面对法律惩戒的胆量,也要有承担风险损失的魄力;三来需要良好的村民关系和社会资本,如果得不到村民的信任,也不会有人愿意为其去冒险和卖力。

木料盗伐是一个"内外合谋"的过程。老板、中介人和普通村民三者构成了一个盗伐木料的完整链条,缺少其中任何一个都会导致这一活动无法运转。具体来讲,老板们只需要支付木料本身的费用,以及打通检查站等社会关系;中介人负责联系卖木料的村民;而普通村民则负责偷树、砍树,并且将加工好的木料运送到指定地点。

伴随着时间的推移,老板的情况也逐渐发生了变化。近几年,村里也开始出现了"本土"的木材生意老板。这些"本土"的老板主要蜕变于以前的中介者,由于中介者冒的风险较大,他们的报酬相应也高,经过十几年的力量积聚,他们不再满足于只是做外界老板的代理人,而想独自开创一片天地。一名当地的中介人透露说,一块在当地值几千元的榧木,拉到六库或昆明等地利润可以翻上好几倍,老板们从中赚走了好多钱,这对他们来说太不公平了,所以最好的办法就是自己做老板。

在迪麻洛村做调查的时候,笔者一共直接或间接地了解到3名这样的"本土"老板。其中的两名已经靠盗卖木料发了财,并且买了私家车,在村上也颇具威望。另外一名则没有如此幸运,两年前在一次拉运木料途中被警察截获,最后花重金才被保了出来,现在已经改行,在乡里做建筑方面的小工程生意。

偷盗木料过程中的最大风险和难题其实是在木料的运输环节。如果没有相当硬的后台或社会关系,即使收集到了木料,也不一定能够逃避执法部门的检查而将其成功运达目的地。木料的运输有两种途径,一种是老板或中介人找当地村民的拖拉机拉运,一种是老板用自己的私家车拉运。其中,前一种情况最多，后一种主要是一些小规模的偷运。

国家的林权划分和迪麻洛村村民的生计习惯在某种程度上发生着矛盾。高山放牧为当地村民畜牧业生产的主要方式，长久以来，人们为了放牧的方便，都在牧场上建造了房屋。每年待在牧场上的时间长达几个月。然而，按照国家林权的划分形式，高山牧场一般属于国有林的保护范围之内。按照这一法律上的规定，村民其实是不能私自使用这些牧场资源的。但这显然不合实际，当地村民依旧每年按期上山放牧，并且砍伐树木修建房屋。

出于实际状况的考虑，当地政府和林业部门其实是默认了这一事实的存在，因为如果禁止村民的这种行为，那无疑是断了他们的生路，而且会激起很大的社会矛盾。但是，有时候情况也会出现偏差。

2013年，一帮法国人要帮搞旅游的阿洛在碧罗雪山的色洼隆巴牧场上建造一座小客栈。色洼隆巴牧场是从贡山翻越到德钦茨中的中间点，旅客到了这里一般都要休息一晚。有一天，阿洛接到村委会领导的电话，说是有人举报其在山上砍伐树木，让他办理相关手续。高山牧场上的原始森林属于国有林，禁止砍伐。当地牧民要在山上放牧，都要砍伐树木来建牧屋，这也是当地一个相沿成习的传统。阿洛很生气，"为什么别人在山上砍树建房子可以，自己就不可以？"阿洛想不明白。为此，他向村委会的领导说明，如果不允许自己砍树也可以，就请县里或上级主管部门的工作人员上山去看是别人砍掉的多，还是他砍掉的多。事实也是如此，沿着通往牧场的山路一直进发，沿途随处可见四处倒地的大树，村委会的领导对这一情况也是束手无策，他们怕上级部门责怪自己失职，这件事情也就不了了之了。

按照现行法律规定，林木的砍伐和使用需要履行一定的程序，满足政府规定的条件。在砍伐程序上，村民们先要写一份林木采伐申请表，里面写明采伐用途、地点、树种等；并请村里的森管员测量核实，拿给组长签字，再拿到村委会盖章。村里的程序完了以后再去乡里的林业站盖章。最后才拿到县林业局去正式申请。

林业部门同意村民递交的采伐申请后，会为其发放一份林木采伐许可证。笔者在一户村民家中取得的一份采伐许可证，里面详细地注明了该村民所要采伐林木的范围、地理坐标、树种、采伐强度、采伐的蓄积量等。此外，村民在砍伐树木后，还要保证及时补栽和进行更新。

在林业主管部门看来，只有符合以上程序的采伐才是合法的，否则就算是偷盗。偷盗者显然是要被法律处罚的，具体参见《中华人民共和国森林法实施条例》。

第三十八条　盗伐森林或其他林木，以立木材积计算不足0.5立方米或者幼树不足20株的，由县级以上人民政府林业主管部门责令补种盗伐株数十倍树木，没收盗伐的树木或者变卖所得，并处盗伐林木价值3倍至5倍的罚款。

盗伐森林或者其他林木，以立木材积计算0.5立方米以上或者幼树20株以上的，由县级以上人民政府林业主管部门责令补种盗伐株数十倍的树木，没收盗伐的树木或者变卖所得，并处盗伐林木价值5倍至10倍的罚款。

第三十九条　滥伐森林或者其他林木，以立木材积计算不足2立方米或者幼树不足50株的，由县级以上人民政府林业主管部门责令补种滥伐株数5倍的树木，并处滥伐林木价值2倍至3倍的罚款。

滥伐林木或其他林木，以立木材积计算2立方米以上或者幼树50株以上的，由县级以上人民政府林业主管部门责令补种滥伐株数5倍的树木，并处滥伐林木价值3倍至5倍的罚款。

超过木材生产计划采伐森林或者其他林木的，依照前两款规定处罚。

从我国森林法的相关处罚条例来看，盗木者一般要被罚款，并且要补种私自砍伐的树木。但是在实际生活中，并不是每一次盗木的事情都被法律部门追究。例如，2011年3月1日，迪麻洛普拉小组的部分村民来迪麻洛补它小组的集体林里，无证盗伐200余棵云南松，卖给了本地的木材厂。经补它村村民上报到村委会、乡人民政府、乡林业站、贡山县林业局，一直未有处理和相关答复，村民们你看我、我看你，最后无可奈何，也就不了了之了。

笔者在调查中，收集到村民在运输禁伐木料途中被抓捕的几个案例。①

案例一

2009年12月，李某某伙同木某某（在逃）在捧当乡迪麻洛村购买了两件榧木树根和两件原木；同年12月15日，李某某请肖某某拉运，在运输途中被我局查获，随后李某某逃离现场，之后一直在逃。2012年3月9日李某某被抓获归案。

2012年8月19日在贡山县人民法院判决如下：

一、肖某某犯非法运输国家重点保护植物罪，判处拘役六个月，并处罚金2000.00元人民币。

二、李某某犯非法收购、运输国家重点保护植物罪，判处有期徒刑三

---

① 贡山县森林公安局为了加强对盗木行为的管理，在乡村中张贴各种宣传海报以警示村民，笔者文中的案例材料即拍摄于迪麻洛村道路旁的法律宣传告示中。

年零六个月,并处罚金5000.00元人民币。

案例二

2011年9月5日,康某某在余某某的帮助下在迪麻洛收购了9块榧木大板,9月11日余某某又帮助康某某雇请和某某拉运榧木大板,晚上车子由于堵路停放在普拉底敬老院院坝内,之后被普拉底边防派出所巡逻时查获并移交我局。

2009年11月底,钱某某(37岁)和肯某(在逃)在嘎啦博林区依玛底(地名)加工了一件红豆杉死树根后卖给余某某(45岁),并请另一余某某(23岁)拉运。

2009年12月初,肯某和李某某(37岁)在嘎啦博林区依玛底砍伐一棵红豆杉活树和加工了一棵红豆杉树根,并请钱某某(37岁)用车拖到路边卖给了余某某(45岁),随后余某某(45岁)请钱某某(37岁)拉运到六库,因钱某某(37岁)没有驾驶证,钱某某遂请另一余某某(23岁)代为拉运。

2012年4月19日在贡山县人民法院判决如下:

一、被告人康某某犯非法收购、运输国家重点保护植物罪,判处有期徒刑三年,缓刑三年,并处罚金5000.00元人民币。

二、被告人康某某犯非法收购、运输国家重点保护植物罪,判处有期徒刑三年,缓刑三年,并处罚金3000.00元人民币。

三、被告人和某某犯非法运输国家重点保护植物罪,判处有期徒刑二年,缓刑二年,并处罚金2000.00元人民币。

四、作案车辆(云Q12731)农用车一辆,予以没收处理。

政府为了加强对林木的保护,早在每个村中设置了森林管理员,由每个人负责一块片区,还要定时巡逻查看。然而,一名叫雅格伯的森林管理员告诉笔者,大家都是同村人,谁愿意去得罪人,干这个工作只是为了那点工资而已。有时候就是你真的看到了,还不是睁一只眼、闭一只眼就过去了。一名盗卖木料的小老板对笔者则这样说:"我们才不怕村里人去揭发,如果真的被揭发了,我不用想都知道是哪些人干的!"这样就不难明白为什么村民们在砍树的时候不会被抓了。

对于国家抓捕那些盗卖木料的老板和中介人,村民们还能理解;但是刑拘和处罚帮忙运输的普通村民,人们就想不通了。如上面的两个案例所示,案例一中的肖某某和案例二中的和某某都是由于帮老板或中介人拉运木料被连带问罪,既受罚款,又遭刑拘。案例一中的肖某某为阿洛的小叔。阿洛回忆说:

2010年10月9日，我和弟弟还有小姨妈去看望叔叔。我们去了贡山县森林公安局，也去了贡山县看守所，但是没有人肯让我们进去探视。我叔叔是地道的农民，我们山里的农民都是非常穷的。我叔叔叫肖文生，以前我们迪麻洛的原始森林是肖文生救下来的，他一直是个英雄人物。说真的，当年如果没有肖文生，就不会有今天的碧罗雪山贡山县迪麻洛流域境内原始森林和国家名贵植物红豆杉、榧木、云杉、秃杉等树种。我叔叔他也只是人家请了他，他才用拖拉机运几块方料而已，不应该刑事拘留。

阿洛之所以说自己的叔叔是个英雄，是由于20世纪90年代中期发生在迪麻洛的一次事件。那时候，曾有外来的私人投资商看中了迪麻洛峡谷的森林资源，准备和当地政府一道进行开发，但在肖文生等人的带头下，2000多名迪麻洛村村民联合起来进行抗议和抵制，最后将开发商赶了出去，政府的开发项目也落空了。人们回忆说，要不是那次事件，现在的迪麻洛峡谷早已是面目全非了，怎么可能还会看到今日的青山绿水！在阿洛等村民看来，肖文生等人的行为根本不构成犯罪，因为他们"只是用拖拉机运几块方料而已"。但是执法部门却不这么认为，他们还是给肖文生等人判了拘役。其实，很多村民在被抓之前根本不知道自己的行为会遭受法律制裁，他们往往只是从自己的立场出发，感性地思考法律，出发点无疑是为了赚取一点运输费。

其实，偷采珍贵林木并不只局限于迪麻洛峡谷，贡山其他原始森林生长茂密的地方，情况同样严重。2011年8月，贡山县人民法院判决了一起当地近年来最大的一次珍贵林木偷盗案件，涉案人员达12人，最高被判处有期徒刑9年，罚款6万元。

2009年11月底，余某某（45岁）向李某某（23岁）、李某某（32岁，在逃）、李某某（25岁，在逃）买红豆杉，随后3人在嘎啦博依玛底砍倒了一棵红豆杉活树后卖给余某某（45岁），余某某请段某某（32岁）用吊车把红豆杉装到车上，余某某又请余某某（23岁）和吕某某（37岁）将红豆杉树根拉运到六库。

2011年1月，余某某（45岁）、李某某（37岁）邀约李某某（31岁）、李某某（26岁）、李某某（28岁）、阿登罗罗（傈僳话译音，另案处理）、让那（怒话译音，另案处理）两次在捧当乡那格洛集体林区非法采伐、加工两株云南榧树。作案过程中，余某某负责联系老板销赃，李某某（37岁）、李某某（26岁）、阿登罗罗、让那负责伐树和加工，李某某（31岁）、李某某（28岁）负责运输。

2010年年底，李某某（37岁）伙同阿登罗罗在嘎啦博依玛底盗伐两株大树杜鹃，并加工成十一件方料。

2011年春节前夕，钱某某（40岁）伙同三个民工在捧当乡那格洛集体林区非法采伐一株云南榧树，并加工成榧木圆筒四件，一件出售给了李某某（26岁），另一件出售给了李某某（48岁）。

2011年1月，李某某（26岁）、钱某某（40岁）伙同三个民工在捧当乡那格洛集体林区非法采伐两株云南榧树，并加工成榧木圆筒；加工好后，李某某（26岁）雇请余某某（45岁）联系老板销赃，李某某（31岁）、李某某（28岁）负责运输。

2011年8月29日贡山县人民法院对其判决如下：

一、被告人钱某某（37岁）犯非法采伐、毁坏、加工、出售、运输国家重点保护植物罪，判处有期徒刑七年，并处罚金22000.00元人民币。

二、被告人余某某（23岁）犯非法运输国家重点保护植物罪，判处有期徒刑四年，并处罚金15000.00元人民币。

三、被告人段某某（23岁）犯非法运输国家重点保护植物罪，判处有期徒刑三年，缓刑五年，并处罚金10000.00元人民币。

四、被告人李某某（23岁）犯非法采伐、毁坏国家重点保护植物罪，判处有期徒刑三年，缓刑四年，并处罚金8000.00元人民币。

五、被告人吕某某（37岁）犯非法运输国家重点保护植物罪，判处有期徒刑三年，缓刑三年，并处罚金5000.00元人民币。

六、被告人余某某（45岁）犯非法采伐、收购、出售国家重点保护植物罪，判处有期徒刑九年，并处罚金60000.00元人民币。

七、被告人李某某（37岁）犯非法采伐、加工、出售国家重点保护植物罪、盗伐林木罪，判处有期徒刑七年，并处罚金30000.00元人民币。

八、被告人李某某（31岁）犯非法运输国家重点保护植物罪，判处有期徒刑三年，缓刑五年，并处罚金20000.00元人民币。

九、被告人李某某（28岁）犯非法运输国家重点保护植物罪，判处有期徒刑二年，缓刑三年，并处罚金10000.00元人民币。

十、被告人李某某（48岁）犯非法收购、出售国家重点保护植物罪，判处有期徒刑六年，并处罚金10000.00元人民币。

十一、被告人李某某（26岁）犯非法采伐国家重点保护植物罪，判处有期徒刑五年零六个月，并处罚金40000.00元人民币。

十二、被告人钱某某（40岁）犯非法采伐国家重点保护植物罪，判处有期徒刑三年，缓刑五年，并处罚金30000.00元人民币。

十三、作案工具车子二辆（车牌号分别为云Q17911、云Q03600）、二把砍刀、二把刀把、油锯两台予以没收处理。

按理说，这样的典型性案件足以震慑那些偷盗木料者；但是，这次事件过去后，盗木的现象在当地仍然屡禁不止。

2011年左右，贡山县政府为了加强对林业资源的管理，先后在一些林区集中的地方设立了检查站，迪麻洛即是其中之一。迪麻洛的检查站设在迪麻洛峡谷的公路入口处，叫作河口检查站，这里也是所有进出迪麻洛车辆的必经之地。在检查站门口，笔者发现一则通告，上面对站内工作人员的职责权限进行了相关说明。

贡山县捧当乡河口检查站工作制度

为了使捧当乡河口检查站工作人员认真履行职责，确保我乡珍贵树种和野生动物资源安全。根据《中华人民共和国森林法》《云南省森林条例》《中华人民共和国野生动物保护法》《云南省珍稀树种保护条例》和国家相关规定，特制订如下工作制度，检查站工作人员必须严格遵守本制度。

一、检查站工作

（1）检查无证运输、非法收购盗伐与滥伐的木料。

（2）检查非法运输国家重点保护植物原木、树根及制品。

（3）检查非法运输珍贵、濒危野生动物死、活体及制品。

（4）检查其他涉林违法物品。

二、工作要求

（1）工作人员严格执行国家相关的《中华人民共和国森林法》，做好监督与宣传工作。

（2）上岗期间，严格着装制服，佩戴工作卡，站立姿举停车示意牌，示意停车检查。

（3）工作人员严格检查过往车辆，开后备厢，入车厢检查、爬车顶检查。对拉有木料、木材的车辆，要认真检查对拉运物品的手续是否齐全，是否夹带违禁物品。

……

该检查站平日里有两名森林公安进行24小时值班，其主要职责就是检查从村子里出来的每一辆车，尤其是那些货车和装有后备厢的私家车等。工作人员需要"开后备厢、入车厢、爬车顶"，检查不可谓不仔细。

2012年9月21日，贡山县在迪麻洛村举行了一次盗伐国家珍稀物种榧木案件防御会议，当时参会的有迪麻洛的全体村民、森林管理员、县里的林业分管领导与林业公安以及县交通局、乡人民政府领导等，规模盛大。鉴于广大村民法律意识薄弱，公安部门还特地为村民们进行了普法宣传，在村里比较醒目的地方贴上了相关法律条例，上面详细列举了违法采伐珍贵树种的后果及处罚细节，以此警示村民。

在国家法律的干预下，现在的林木偷盗现象已经有所减少，但并未完全绝迹，仍然有很多村民铤而走险、偷偷摸摸地上山砍伐木料，想办法将它们卖给中介人或老板。虽然被抓的可能性很大，但是抱有侥幸心理的人依然存在。还有少数人利用各种社会关系来盗卖木料，甚至一部分掌握权力的工作人员也不时参与其中。和普通村民不同的是，他们多逍遥于法律之外。

# 第六章 劳力市场的进入与制约

不发达地区融入现代世界体系之中一般有两种形式，一种是各类原料和初级产品的输出，一种是廉价劳动力的出卖。就迪麻洛峡谷目前的状况来看，由于野生资源输出上的有限和不稳定，人们在延续这一收入途径的同时，也越来越重视对各类打工活动的参与。然而，现实中的情形却是，由于地理、文化习惯、受教育程度等方面因素的制约，人们的打工活动只是局限于自身所熟悉的狭小地域范围内，务工机会十分缺乏。当地村民若想走出崇山深谷，进入内地和沿海等经济发达地区的劳务市场中，可谓困难重重！

## 第一节 资金进入与劳力转移的带动

对于迪麻洛峡谷里的少数民族群众来说，学会打工挣钱还是很晚的事情。村民阿洛对笔者讲，自己挣得的第一笔钱是通过采集野生药材所得的。1989年，阿洛在山上采挖了大约90斤的重楼，拿到县城去卖了90元钱，此事至今仍让他念念不忘，因为是自己人生中赚的第一笔钱，所以印象特别深刻。阿洛的这一段经历其实代表了迪麻洛绝大多数村民的情况。在当地，人们通过采药赚钱的时间早于打工。

打工一般有两种情形，一是村民们自己走出去，主动寻找就业的机会；二是等待相关的就业机会。迪麻洛村村民属于后一种情形。据村里的孔医生回忆，当地村民真正开始认识和参与打工是在2002年。那时，外界的一家电力公司准备在迪麻洛河上修建水电站，需要大批劳动力，这对于无所事事、整日饮酒作乐的迪麻洛村村民来说显然是一件新鲜事。

迪麻洛河水电站的坝址位于河流的中下游位置。从村委会出发，往下走大约20分钟就可以到达。修建水电站需要大批劳动力，而从地理位置上来讲，从本地招揽民工是最方便、最划算的选择。据村民们回忆，当时的工价按天计算，劳动一天的工资为50元，工地上还为他们提供一顿午饭，这样的工资待遇对于当时缺乏现金收入的迪麻洛村村民来说无疑具有很大的诱惑和吸引力。因此，很多村民都去工地上报名干活。

工地上的活非常苦，除了能用挖土机和拖拉机来干的活外，剩下的活几乎都要靠人的力气来完成。修建大坝需要大量的水泥和沙子，扛水泥、背沙袋和石块就成了两项最经常的工作。尽管活很苦，但当地村民并不怕。尤其是那些藏族青年，他们普遍视拥有强壮的肌肉为美德，有的人为了显示自己的力气，或者加快干活的速度，有时候一次能背两袋水泥。当地群众背东西的方式也很特别，他们不像内地很多地方的人搬东西的时候喜欢用肩膀扛，而主要是靠背。背的方法有两种，一种是用箩筐背，背的时候，箩筐靠在后背上，一根长带子挂在头上，双手从后面扶住箩筐维持平衡即可，箩筐一般用来背石块。还有一种背法是将水泥袋竖起，人蹲下来，双手托住袋子的两只边角，然后身子往前倾，用力站起来，这种背法需要极大的腿力和腰力。水泥很重，一般一袋就重达100斤，一次背两袋的难度可想而知。

有个叫雅格伯的藏族青年告诉笔者，自己的哥哥那时候也去工地干活。有一天中午工地上伙食很好，哥哥饭量很大，吃得很饱，肚子都鼓起来了。下午往车上卸沙子的时候，由于操作不当，半车的沙子突然全部倒塌了下来，哥哥由于避闪不及，被沙子埋在了下面，等挖出来的时候，肠子都被压破了。他跑去告诉正在地里干活的父亲，父亲闻讯后急忙撂下锄头赶到现场，看到躺在地上已不能动弹的儿子，背起他就赶紧往乡医院跑。由于等不及找车子，父亲便一口气将儿子背到了8公里外的捧当乡医院。乡里医院检查说不能治，最后又用车子拉到了县城；县城说肠子破了，这样的手术不能做，只能拉去六库。没有办法，父亲又回家筹了一些钱，最后将儿子拉到了六库，做了手术。那次事情之后，家里欠了很多钱，雅格伯也从初中退了学，回到工地干活，帮助照顾家里的生活。

迪麻洛河电站（见图6-1）从2002年开始动工修建，2010年才竣工，总共用了8年多的时间。当地的村民在正常的农牧业生产外，都会断断续续地去工地上干活，几年下来也挣了不少钱。人们用挣来的钱买米、买油、买衣服、买烟、买酒、买电视，生活上和从前相比变得大不一样。

可以说，这次的工程对当地民众的意义是巨大的。它的到来打破了人们原本知足常乐、安于天命的生存状态，从此将人们推向了另外一种生活模式。一旦人们传统的生活状态被打破了，消费欲望被刺激起来了，那么，为了维持重新获得的这一生活水平，人们又不得不继续去寻找新的赚钱途径。

用天数计算工资有一个好处，就是村民们的工作相对比较自由。如果家里有活或其他急事，就可以请假赶回来，等家里的活干完了再继续去工地上干。这样的话，工资结算起来也比较容易。

图 6-1 迪麻洛河水电站

2008年，又有一个大的工程项目在迪麻洛峡谷开始了，那就是德（德钦）贡（贡山）公路的修建（见图6-2）。前面章节已经讲过，南北走向的碧罗雪山横亘于澜沧江峡谷和怒江大峡谷之间，两者东西走向间的直线距离其实很短，只有几十或上百公里，但是由于雪山阻隔、不通公路，行人若要来往于两地间，要么步行翻山，要么乘车绕碧罗雪山一圈，极费周折。为此，经贡山和德钦两地政府的协商，并在上级政府的批复和支持下，决定于2008年5月开始动工修建穿越碧罗雪山的德贡公路。该公路路基工程为四级，全长95.225公里，其中德钦段长44.501公里、贡山段长50.724公里，而贡山段内的施工范围主要就是在迪麻洛峡谷。德贡公路的贡山段通过横跨怒江的捧当大桥和贡丙公路相接，另一端延伸至峡谷里端的孔雀山垭口和德钦路段汇合，工程贯穿了迪麻洛的整条峡谷。

客观上讲，德贡公路的修建又为迪麻洛的村民提供了另外一个比较大的务工机会。其实早在正式动工的前几年，该条公路的设计和测量工作就已经开始了。2003年，迪麻洛的40名年轻村民被昆明的一家公司雇佣，做从桶当到孔雀山垭口的道路测量工作。他们的主要工作是背负测量工具，帮助技术人员做一些繁重的劳务工作。据村民们回忆，当时每天的工资为45元，下雨天另算，仅为25元。这项工作前前后后共持续了两个多月时间，每位村民差不多赚了3000元钱。

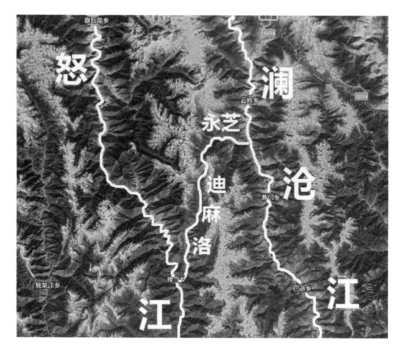

图6-2 连接怒江大峡谷与澜沧江峡谷的德贡公路

2013年,笔者在迪麻洛调查,发现当地村民参与此项工程的积极性并不高。其原因大致有三:

第一,当地村民普遍反感修建这条路。因为整条公路沿着峡谷右侧的半山腰而建(见图6-3),将原本完好的山破坏得体无完肤,例如山上的树被砍了、农田被毁了、房子也被迫搬走了等等。

第二,就业竞争方面的原因。该工程大多采取分段承包的方式,由外地的老板全部承包了。这些老板对本地村民充满偏见,认为他们只会喝酒闹事、不好管理,因此从自己的家乡招揽了很多民工,而不就近雇佣本地村民。

第三,只有最艰苦、最危险、没人愿意干的活才留给本地村民干,比如炸山、锯树、搬石头等。

刚开始的时候,为了吸引村民,工地上开出一天200元的工资,去的人相对还多一些。但时间不长,又降到120元一天,去的村民就很少了。20多岁的噶真,为了盖房子,2013年的时候去干了100天,挣了大约2万元,年底的时候房子也已经盖起来了。一个30多岁的傈僳族青年,家原来在福贡,由于一次偶然的原因来到了迪麻洛,和当地的一名寡妇结了婚,并在此地长住了下来。由于工地上的活是按天算,所以他总是断断续续地去。笔者总是很奇怪

图 6-3 施工中的公路

地看到他时而在家，时而又进山干活。他告诉笔者，山里面的活太辛苦了。笔者问他一般去了干些什么。他说他要砍很粗很粗的树，山上有很多原始森林，挖土机拿它们没办法，因此要人来锯或者砍，要么就是炸山、搬石头，为挖机和卡车清理路面。有一次，他差点被滚下来的石头砸到，还好他躲闪得较快。在那种地方干活确实非常危险，有一次，一辆挖机从山崖上坠落了下去，滚到了河里面，司机被河水一直冲到了下游的大坝里，后来清淤抽水的时候才找到尸体。

为了勘察实情，笔者也到了工地走访。为了了解民工的来源地，笔者碰到路边的施工人群，就问他们是从哪里过来的。大多数人告诉笔者，他们是从大理、昭通等地来的。笔者又问他们是如何知道这个地方的。他们有的说是老板带过来的，有的说是跟着亲戚或熟人过来的。当时，笔者的感受很复杂，想到就连这么偏僻的地方、这么受人"唾弃"的工作，就业竞争都如此激烈，更何况其他地方呢？

再到工人们居住的地方一看，那情景真的是触目惊心。工人们的住所为临时搭建的帐篷（见图 6-4），随着施工路段的前移，帐篷也随时跟着往前搬迁。在一个帐篷前，笔者遇到了迪麻洛村的那名傈僳族青年。笔者问他为什么没去干活，他说今天休息，工地上暂时用不到他们。

笔者问是否允许进他们的帐篷里面去看一下。他同意了。帐篷里面是通

图6-4 路边的帐篷

铺,有五六个民工并排挤在一起睡,没有灯,光线极为昏暗,没有一丝生气,除了到处乱丢的衣服和鞋子外,别无他物。有一个人被石头砸伤了腿,躺在床上蒙着被子睡觉。笔者查看了很久才发现他。(见图6-5)

图6-5 帐篷内的简陋生活

笔者问他们平常吃什么。他们说早上就吃方便面，中午的时候工地上有吃的，晚上自己做。工作时，一般六七点就要起床，8点钟开始干活，中午休息1个小时，晚上7点左右才下工，每天平均要干11个小时左右。2013年11月，这名傈僳族青年的弟弟也来到了迪麻洛。他听自己的哥哥说这里有活干就来了。尽管起初他说只要能挣到钱什么苦都能吃，但他在山上的工地里待了8天就跑下来了。后来在一起喝酒的时候，他说："那里的活就不是人干的。"

虽然修路的活很辛苦，也很单调寂寞，但是人们拿到钱的时候还是很开心的。坚持了3个多月后，这名傈僳族青年拿到了大约2万块钱的工资。笔者依然记得他当时期盼领取工资的心情。有一天，我们坐在他家门口的石头堆上，上面的公路上开进来一辆越野车。他立刻就显出很激动的表情，并下意识地说："老板回来了，马上就能拿到钱了。"笔者问了才知道，这只是他的幻想，他自己都不确定哪辆车里坐的才是自己的老板，只不过是安慰自己罢了。

当地群众有一个消费习惯，就是挣得多、花得也多。在还没有领到钱的时候，该名青年就告诉过笔者，等自己拿到钱了要买这样，或者买那样。赚钱的目的和态度在很大程度上决定了接下来的消费，至于那笔钱最后到底花去了哪里，谁也不清楚。

## 第二节　本地其他务工机会的寻找

当人们尝到了打工挣钱的好处，消费欲望被刺激起来以后，就逐渐开始主动寻找各种务工赚钱的机会。迪麻洛的村民目前的打工活动有一个突出的特点，即打工范围集中于本地和临近地域，到内地和沿海发达地区务工的人数屈指可数。本地务工的范围包括迪麻洛村及附近的其他乡镇，工作以采矿、修路、建筑等基础设施方面为主。

近些年来，贡山县通过招商引资，逐渐在境内的一些矿山开办起了采矿公司，由于路途较近，从事采矿业也成为一些村民外出打工的选择之一。贡山县普拉底乡的力透底山上有一家铁矿开采公司，2010年的时候，有十几名迪麻洛村村民前去那里打工。同年的8月18日，发生了可能是贡山历史上最惨烈的一次泥石流灾难。由于事故发生在凌晨，人们毫无准备，大量人员、车辆以及山下的房屋被毁。在这次灾难中，迪麻洛有6名村民丧生。有一名幸存者告诉笔者，他当时脱了衣服正睡觉，听见轰隆隆的声音，自己就被卷进了冰冷的泥浆中；当时的泥浆都已经埋到了自己的脖子上，要不是命大，早就死掉了。

熟人引介与赴缅甸伐木。20世纪90年代，怒江地区的伐木业一度很兴旺。2000年以后，怒江州开始施行天然林的保护政策，禁止随意砍伐森林，当地的伐木业才逐渐降温。然而，与其毗邻的缅甸境内的伐木业却在这时发展起来，去缅甸伐木随之成为一部分迪麻洛村村民的打工选择。

迪麻洛村村民进缅甸伐木主要有两种方式。最早的一种是由村子里的熟人带去。村子里的熟人之所以熟悉缅甸境内的情况，是因为他们自己也有熟人在那里的某个伐木场做管理人员。他们之间取得联系以后，就会按照需要组织一些村民过去伐木头。一般来说，由熟人联系和介绍的工作，工资有保障，出行也安全。因此，容易得到村民们的信任，人们也愿意去干。

第二种情况是外地老板雇佣。近年来，一些内地商人进入缅甸北部的森林地带做木材生意，他们进入缅甸境内之前，需要在国内招揽劳动力来为其砍伐和搬运树木，其中一部分迪麻洛村村民也被纳入其中。据村里人讲，每年去缅甸伐木头的有二十几人。四川、湖南那边的老板来到村里后，挑选一些年轻力壮的年轻人，想方设法将他们带到缅甸去为自己干活。

但是后一种情况很不可靠，容易被欺骗。这些老板带伐木者进入缅甸并不是走合法途径，大多是采用偷渡的办法。有个小伙子告诉笔者，他曾经在2011年去过缅甸伐木头，当时同行的有十几人，走到离边防检查站不远的地方，便绕到河水的下游，从那里游过去。至于为什么要偷渡，一是有些村民没有身份证，检查的时候过不去；二是老板们怕惹麻烦，因为出国后难保证不发生什么意外。也有些人说是为了逃避通行费，也不无可能。

据该名小伙子讲，干活都是在工头的监视下进行的，连偷懒的机会都没有。缅甸北部的政治局势比较复杂，几乎家家都拥有枪支和武器，他们每次走过的时候都胆战心惊，不敢多看几眼。老板和工头们自己开了商店和小卖铺，工人们领到钱后只能到这些指定的商店去买东西。这里的东西当然是既昂贵，质量又差。人们辛辛苦苦挣得的钱又这样间接地被老板们给赚回去了。好不容易到了冬季返回，该小伙子干了3个多月的活，回来后才一共挣了2000多元钱。他说，还不如待在村子里。笔者问他，如果他们不放你们回来怎么办？他说，那只能偷跑了。

除了在本地附近寻找务工机会，人们也偶尔参与进村子内部的劳力市场。2013年年底，村民阿洛在碧罗雪山的色洼隆巴牧场上修建了一座小型客栈。根据最后的统计，建造这座不起眼的小房子的总费用超过了5万元。而为了修建这所土木结构的藏式房屋，阿洛雇了将近20名村民，其中既有直接上山干活的，也有赶马驮运东西的。

通过这次务工活动，有的村民最高赚取了3000多元，这也算是一笔不小的收入了。而阿洛为了建这座房子，总共为村民们支付了35864元的工资，也算是一笔不小的投资（见表6-1、表6-2）。

表6-1 色洼隆巴客栈建造工资支付一（施工工人工资花名册）

| 姓　　名 | 已付金额（元） | 尚欠金额（元） |
|---|---|---|
| 郭　忠 | 3000 | 215 |
| 白　乃 | 3000 | 779 |
| 李　荣 | 3000 | 835 |
| 衡　仁 | 3000 | 840 |
| 郭小兵 | 1400 | 85 |
| 衡　生 | 1100 | 80 |
| 郭兵天 | 2400 | 355 |
| 郭永庆 | 2400 | 355 |
| 郭小明 | 1200 | 395 |
| 都　生 | 1300 | 395 |
| 玛　姑 | 935 | 无 |
| 熊玉峰 | 770 | 无 |
| 梁　兵 | 825 | 无 |
| 斯麦悟 | 2000 | 310 |
| 阿　铮 | 200 | 无 |
| 古拉叶 | 650 | 无 |
| 合　　计 | 27080 | 5184 |
| 建造工资总计 | 32264 | |

表6-2 色洼隆巴客栈建造工资支付二（施工马帮费用花名册）

| 马帮名下 | 金额（元） |
|---|---|
| 若　瑟 | 700 |
| 郭杰新 | 不详 |
| 阿　弟 | 不详 |
| 鲁　噶 | 不详 |
| 古拉叶 | 不详 |
| 合　　计 | 3600 |

2012年年底，有户人家在村中心上方的一块空地上开办了一个砖厂。该砖厂规模较小，只有一台制砖机，主要生产空心砖。除了1名制砖师傅外，还吸引了几名村里的年轻人前去干活。（见图6-6）

图6-6　砖厂劳动

当地的传统建筑虽然为木结构，但是近年来政府出台的危房改造政策，以及为农户投资修建猪舍、蓄水池等，刺激了对砖的需求。空心砖由沙石压缩而成，每块干砖重达30～40斤。对村民而言，无论是制作还是搬运空心砖，都十分辛苦。砖厂的劳动报酬也是按天计算，平均每天工资100元。虽说辛苦，但总算是有活可干，而且不出村子就有钱可挣。另外，因为都是同村村民，也不会存在工资讨要上的风险。

但无论如何，像以上这样在本村内务工和赚钱的机会毕竟还是比较少的，要想解决村里的劳力转移和现金增收问题，肯定是远远不够的。

## 第三节　省外务工的制约

迪麻洛村村民出省务工的人数很少。据2012年的数据统计，全村只有12人到省外务工，在1230人的总劳动力中所占比例还不到1%。这一数据和已经空巢化的内地农村相比，显然是不可思议的。

根据访问，迪麻洛的很多人最远才到过昆明，至于更远的地方是什么样子，他们根本不了解。那些去过更远地方的人，他们只知道北京等地，至于内地或沿海的其他城市，他们几乎没有听说过。当笔者向他们提起广州、深圳这些名字时，他们更是一点反应也没有。

有名20多岁的藏族青年告诉笔者，自己以前跑过很多地方，甚至去过东北，由于不识字，公交车不会坐，连个厕所都找不到，转了一圈又回来了。教育欠缺确实是挡在当地青年外出务工前面的一道不可逾越的障碍。在当地，孩子的辍学率非常高，很多人在小学或初中的时候就退学了，能读到高中的寥寥无几。这里不像内地，父母普遍对子女的期望较高，从小就盼望他们出人头地，有些父母甚至以子女的成绩和就读学校来作为和别人家一较高低的资本。一位藏族群众告诉笔者，他们并不期望自己的子女有多大的成就，对于他们来说，最大的心愿就是子女长大了比较孝顺，自己老了想去谁家住就去谁家里住。因此，很少有父母强制子女读书。

除了教育方面的因素，还有文化性格方面的原因。藏族群众天性自由，少受羁绊，而且性子较为直爽，要么非常友好仗义，要么就是直接跟你动武。他们的性格与讲求伪善和妥协的外界社会可以说是格格不入的。也正因为如此，很多青年在外面跑了一圈又回去了。他们都会说，还是自己家乡好，无拘无束。

此外，有一点也不容忽视，那就是文化偏见和歧视的原因。一名藏族小伙告诉笔者，有次他去北京，刚下车走了几步就被警察追上来检查身份证，询问他来这里的原因。当时他留着一头很长的头发，样子极为"另类"。用人单位也很少会雇佣这些少数民族地区来的年轻人，总是用异样的眼光打量他们，对他们充满着不信任。因此，很多人宁愿留在村子里或附近的乡镇打一些零工，也不愿跑到省外等较远的地方去打工赚钱。

总体来讲，迪麻洛村村民的打工有个显著特点，就是倾向于在本地打工。限制他们去省外打工的原因主要有：

除了以上几个特殊因素，还有教育和文化程度等一般因素。当地的很多年轻人只读了小学和初中，而且中途退学的还很多。他们的普通话水平有限，很多时候为了描述一件事情要想上好半天。一些人对外面的世界所知甚少，即使有外出打工的想法也不知道该去往何处。不像内地，外出打工已经有了很长历史，很多地方都有自己的老乡，甚至形成了一定的文化氛围，而长期闭塞的高山峡谷地区的情况则截然不同。

即使村民们在本地务工，有时候也要冒很大风险。之所以这样说，是与人们打工所从事的工作内容有着直接关系的。本地打工主要包括修路和建筑工程两种。怒江沿线的公路很容易发生滚石、塌方和泥石流等现象，因此需要经常维修或直接返修。县城或乡里的单位、企业也会经常盖一些楼房。这两类工程的一个共同的特点就是承包给私人老板。如果是公路，就分路段承包；如果是楼房，就承包给某个建筑公司，公司再分部分承包给大小工头，老板或工头则再找民工来干活。由于这些老板大多来自外地，他们和民工并不熟悉，所以很容易发生拖欠工资的现象。

  有时候，为了修筑公路两旁的水沟或砌筑公路边的挡墙，交通部门也会将一些工作机会提供给村里。但这类工作一般是先通知给村委会，再由村委会负责组织村民。这时候，社会关系就占了很重要的位置。按照惯例，村领导首先会选择和通知自己的亲戚、朋友等，将工作机会提供给他们，很多普通村民则被排斥在外。

# 第七章　生存自给与自我保护

迪麻洛村村民现在所从事的生计活动种类非常多，既有传统的农牧业，也有药材采集、打工、经商、做导游等等。然而，看似多样化选择的背后，其实不能一概而论，每种生计方式的特点和性质存在着很大差异，它们对于当地村民的作用和意义也不一样。站在主位的角度来讲，当地村民对每种生计活动的地位和重要性也有着明确的划分。

安迪在这方面做了极为细致的研究。① 安迪将迪麻洛村村民的生计活动区分为两种，一种为家居的，如种苞谷、养牛、养山羊、养鸡、养马、养猪和加工羊毛；一种为以获得现金收入为目的，如挖黄精果根、重楼根和木香根，采集羊肚菌、虫草、天麻和兰花，在村里打工、外出打工以及小规模买卖。

安迪的调查颇有意思。为了获知村民们的主位想法，安迪采用了人类学的PRA（参与式乡村评估）调查方法。她没有采用抽象的问题提问，而是先将所有的生计活动做成图案，18名调查对象每人发50颗苞谷粒，让他们根据自己所认为的重要程度，分别在每类生计活动的拼图上摆放苞谷粒。原则非常简单：重要的多分配一些，次要的少分配一些，具体的数量由村民自己掌握；往年没有从事过的生计活动则不要放，并且说明没有从事的原因。整个调查的结果见表7-1。

表7-1　根据重要性排序的各项生计活动的平均得分

| 种　类 | 给这项活动打分的用户数量 | 所有样本的平均分 | 标准偏差 |
| --- | --- | --- | --- |
| 种植苞谷 | 18 | 19.9 | 7.2 |
| 养牛 | 15 | 12.6 | 7.5 |
| 养猪 | 18 | 12.5 | 2.6 |
| 养鸡 | 18 | 10.5 | 3.2 |
| 养山羊 | 11 | 7.6 | 7.3 |
| 挖虫草 | 15 | 5.6 | 3.4 |

---

① 参见安迪《农牧业社区传统文化中的家庭经济模式、风险与生计的可持续性》，载《云南省生物多样性与传统知识研究会社区生计部研究报告14》，2005年。

续表 7-1

| 种 类 | 给这项活动打分的用户数量 | 所有样本的平均分 | 标 准 偏 差 |
|---|---|---|---|
| 挖黄精果 | 13 | 4.6 | 4.4 |
| 采羊肚菌 | 13 | 4.4 | 4.4 |
| 挖木香 | 13 | 4.1 | 3.4 |
| 在村里打工 | 12 | 3.9 | 3.4 |
| 挖重楼 | 11 | 3.4 | 3.1 |
| 找天麻 | 6 | 2.9 | 5.3 |
| 小规模买卖 | 7 | 2.4 | 3.6 |
| 加工羊毛 | 7 | 2.1 | 3.1 |
| 外出打工 | 6 | 1.8 | 2.9 |
| 采兰花 | 6 | 1.2 | 2.2 |
| 养马 | 2 | 0.9 | 3.0 |

根据安迪的调查结果可以看出，种植业和畜牧业（除养马外）[①] 是迪麻洛村村民从事最多、给出分数最高的两项生计活动。而与市场化相关的采集和打工却只得到很少的分数，表明其在当地村民的心目中并不占有重要的位置。限制人们进行采集活动的因素有价格变动、可获得数量少、家里缺乏劳动力等，限制打工的因素有工作机会难找、老板骗钱、报酬低等。从另一个方面可以看出，农民衡量一项生计活动是否对自己重要，主要是依据它的稳定性、可靠性和可持续性，而不仅仅是短暂的现金诱惑。

农牧结合为迪麻洛峡谷的基本生计模式，这一模式也是当地村民长期以来适应生态环境的结果。迪麻洛所处的碧罗雪山高耸于怒江和澜沧江之间，山体两旁皆为深切的 V 形峡谷。一般来讲，山巅气候寒冷，不适宜居住和进行农业种植，但是有一定数量的草场资源分布，可以用来发展畜牧业；山腰和谷底气候温和，热量充足，是村庄和农田的主要分布地区。

耕地稀少和牧场狭小是高山峡谷地区农牧业的主要特征，自然条件使这两者的规模都难以扩大，只能停留于有限的水平之上。单靠其中的任何一种，都难以满足人们的生存和生活需要，因而需要两者兼顾、共同经营。事实上，由于土地和草场资源分布上的差异，每个地方的农牧业比例有着很大的不同，耕地资源较多的地区，农业的比例会大一些；而草场资源丰富的地区，畜牧业所占的比例也相应地要大一些。这些都是人们在适应环境的基础上充分利用资源

---

① 迪麻洛有 12 个村小组，大部分位于半山腰或山上，由于公路和交通的原因，每个村子养马的情况都不一样，因此不能一概而论。安迪虽在此处没有注明调查对象所在的村落位置，但骡马的饲养在迪麻洛总体呈下降趋势确是一个事实。

的结果。

农牧业之外，还需手工业的辅助。在一个相对比较自足的传统社会中，手工技艺及其产品无疑是不可缺少的。为了维持基本的生存和社会交往活动，人们必须发明和创造各种技术、物品来满足生存等各方面的需要，这样就产生了各种家庭或地方性的手工业活动。

## 第一节　农业种植

目前，虽然外来的大米和面粉等已经在迪麻洛居民的食物消费中占据了主导地位，但从事农业生产仍然是当地的一项基本生计方式，其主要原因有五个：一是文化习惯上的原因，人们在平日的饮食结构中，除了食用米、面，还喜欢间隔做一些传统的食物，如苞谷稀饭、烤土豆等，以此来作为主食之外的辅助食物。二是饲养牲畜的原因，迪麻洛是贡山县的畜牧业重点村，村民们除了放牧牛、马外，还在家中饲养猪、鸡等，喂养如此多的畜禽需要大量的苞谷等杂粮来为其提供饲料。三是酿酒的原因，当地群众几乎家家酿酒，而且多为苞谷酒。四是经济上的原因，苞谷、土豆、饲料等虽然也可以在市场上买到，但村民们也不能让自家的地和劳动力闲着，从而白白浪费掉，人们的收入程度显然还没有达到完全依赖市场的程度。五是风险上的考虑，和打工、采集药材等其他生计方式相比，农业种植的稳定性无疑更强，它的作用显然不能只用现金收入来衡量。以上几个方面的原因共同导致人们不能放弃农业，相反必须将其放在重要的地位来考量。

机械化生产和规模化经营被视为现代农业发展的必然趋势，它对于增加农民收入以及解决传统农业生产的低效率问题具有重要意义。然而在现实中，我们与这一目标还相距甚远。在一些偏远的山区地带，人们的农业生产状况仍然处于十分落后的局面，复杂的生态环境和低下的技术水平严重制约着当地农业的发展，而作为解决问题之道的机械化和规模化生产对于这些地区又显得那么遥不可及和无能为力。

迪麻洛峡谷身处碧罗雪山的包围之中，高山峡谷的自然条件构成了该区域的主要地形地貌特点。新中国成立以前，当地的农业还很落后，很多地方依然从事着刀耕火种的耕作方式，粮食短缺。民国时期的《菖蒲桶志》中曾有过"足食之家，全境不过数十户"的记载，足见当时缺粮问题之严重。为了弥补粮食的不足，人们每年都要花费大量的时间上山去采集野菜和打猎。

经过半个多世纪的发展，如今该地区的农业生产状况已经大为改观，技术、产量和农田的开发利用程度都已经得到显著提高,人们的温饱问题基本得到解决。但是总体来看,依靠人力、畜力和简单的工具仍然是当地农业生产的主要特征。在接受外来技术和生产工具的同时,当地的农业也表现出一些独具特色的地方文化特点。

首先,土地稀少。在地表和植被上,高山、河流、草地和森林占据了村中的绝大部分,能开垦为耕地的只占极少部分。迪麻洛现在有2717亩土地,人均只有1.33亩耕地,而且大多数土地位于山势陡峭的斜坡上,耕作极为不便,但它毕竟为当地人提供了一项生存资源。

其次,坡地种植。峡谷两侧少有平地,人们只能在不同坡度的土地上进行农业生产。坡地的利用主要有两种形式,一种是直接耕种,一种是将其开垦成梯田。迪麻洛村全靠简单的坡地种植,几乎没有见到任何梯田。

最后,土地零散和碎块化。在迪麻洛,我们在两侧的山坡、林间和崖角等处都能见到各种形状不一、大小不等的块状或条状农田。此外,土地间的海拔差异显著,村子里的土地有些位于山脚,有些位于半山腰地带,还有一些掩映于云雾缭绕的山顶。

受地形和交通条件的影响,该地区的耕作方式也呈现参差不齐的局面,既有传统的锄挖和牛犁,也有现代化的机耕。

(1)锄挖农业。锄挖农业是指只用锄头等简单工具来进行翻土、播种的土地,其主要适合于那些坡度太大或者面积过小、不宜用犁耕的土地类型。在耕地缺乏的峡谷地带,人们不会轻易浪费掉一块土地,生存的压力迫使人们必须充分利用每一个可供开垦的陡坡和崖角(见图7-1)。

图7-1 陡峭的坡地

锄挖地一般种植苞谷、豆类等杂粮作物，这些杂粮既可以作为主粮的补充，也能用来喂养牲畜。但是由于翻土不深，肥力容易流失，导致地力贫瘠、产量不高。锄挖地每年只种一季作物，并且要通过轮种来缓解地力的下降，维持土地的再生产功能。

在峡谷两侧的陡峭山坡上，还有一些高山深处的狭窄槽地上，分布着坡度极大的旱作地。这些土地有的坡度甚至达到60度左右，有人形象地将其称为"挂在壁上"的土地。在这些陡峭的斜坡地上，无法使用耕牛来犁地，只能以锄头等工具来挖地耕种，因而被称作手挖地。手挖地一般种苞谷、高粱、小米、黄豆、蚕豆、洋芋、芋头等。在山高坡陡、悬崖峭壁、涧溪纵横、石块较多的山区，特别是在草莽荆棘丛生、毒蛇猛兽出没的地方，能找一块相对平整的土地进行开垦耕种是很不容易的。人们为了生存，必须充分利用每一个陡坡、崖角、壁边，种植各种豆类以及其他杂粮。人们背负着筐篓，冒着各种危险，在块状的狭小陡坡和崖壁上挖地、点种苞谷、薅草；秋收季节，人们飞快地穿梭其上，摘取苞谷。

手挖地是牛犁地的补充，在耕地缺乏的峡谷地区，人们是不会轻易浪费掉一片可耕地的，即使其耕作难度非常大。虽然手挖地的产量极为有限，但是对于以维生为主的农民来说，能多产一点粮食就尽量多产一点，回报少一些也是可以接受的。手挖地由于翻土不深、施肥困难，因而土地比较贫瘠，再加上一些山腰地带海拔较高，作物的生长期较长，因而很难实现一年两熟的耕作方式，只能是两年三熟或者一年一熟的轮作。两年三熟的轮作方法是，第一年的四五月份种植苞谷，九十月份种植小麦，第二年的四五月份小麦成熟以后，不再种苞谷，而是等到七八月份撒种荞麦。一年一熟即每一年只种某一作物，例如第一年种苞谷，第二年种小麦，等到第三年再种荞麦，通过这样的作物轮换使得土地得到休养。手挖地是半固定的耕地，因为耕种几年之后，土地肥力跟不上，人们就会逐渐将其抛荒；等过几年，土地的肥力恢复之后再行耕种。

锄挖农业看似简单，但是对于怒江的少数民族群众来说，却也是经历了一个缓慢的发展过程。20世纪50年代以前，该地区的铁制农具还比较缺乏，当地群众普遍使用一种木铁合制的简单锄头，即在一根坚硬的带钩树杈上套上一块卷曲的小铁片（见图7-2、图7-3）。这种锄头不仅挖地的深度浅，而且效率极低。

图7-2 木锄

图7-3 套在木锄上的铁皮尖

现在的锄头虽然已经全部变成了铁制的，但是在形状上仍然保留着过去的样子。该地区锄头的锄刃呈现出尖长的鹤嘴形，和平原地区的锄头有着很大差别。这种尖嘴锄头在碧罗雪山地区的应用极为普遍，它和该地区的地形和土地特征是极为适应的。一方面土地的土壤浅薄、石块多，另一方面坡度大，如果使用较为宽大的锄头，容易造成土块的大量滑落，在多雨季节，还会造成水土流失。因此，不能只将锄头视为一件孤立的工具，而应该将其放入当地文化所处的整体环境中去看待，这样，我们才能发现其所具有的特殊功能意义。

由于在石头地里耕作极为不便，当地群众为此想出了自己的办法。挖地的时候，用传统的尖嘴锄头，这种锄头在石头地里耕作再方便不过。虽然如此，挖地的时候，还是几乎每次下去都会挖到石头，胳膊震得发麻。石头地里的土质极为疏松，挖地不需要太深。植物生长的根茎也很浅，一到刮风下雨，就会出现大面积倒伏。在这种地里拔草很轻松，很容易就将草连根拔起。

（2）牛犁农业。犁耕技术适合于坡度较为平缓的土地，其对农业生产效率的提高程度是不言而喻的。犁耕能够充分疏松土壤，不仅可以将作物的根茎铲除，也能将地里的石块翻起，这些都是人力所不能及的。由于翻土较深、熟化程度高、肥力易于保持，牛犁地可以进行一年两季的复种耕作模式，因而产量较高。牛犁地是该地区的基本农田，在所有的耕地类型中所占的比重最大，是粮食生产的主要来源。

该地区的犁头也极具特色。当地的犁呈现出犁辕长、犁铧小的突出特点。犁辕为一根直木，犁铧为一块套在木尖上的厚铁皮。将犁铧设计得相对窄小是为了适应当地地理环境特点。土层的浅薄和坡地地形决定了人们不能采用效率更高的大型犁铧，为了避免土地过度遭受侵蚀和破坏，当地群众只能使用这种耕作效率较低的小型犁具。

耕牛主要为黄牛和犏牛。犏牛为牦牛和黄牛的杂交种，力气大，能适应高海拔气候，在碧罗雪山地区几乎都有分布。牛犁有两种方式，一种是单牛犁地，一种是二牛抬杠，使用何种方式根据具体情况而定。

当地的土地极为特殊，地里除了疏松的土壤，还埋有大量的石块。一名当地人告诉笔者，以前山下可以耕种的土地很少，"农业学大寨"时期，当地也开始大量"平田整地"，人们用火药和雷管等将一块块大石头炸成碎块，再从其他地方用篮子将土背回来倒在这些石块上，慢慢地垫成一层，后来就开始在这些石头地上种植庄稼。有位村民给笔者讲过一件令人匪夷所思的事情。在人民公社那个热火朝天的年代，村民们昼夜在地里劳动，晚上天太黑，为了犁地，有个村子想出了一个办法——他们在牛的双角上绑上烧火用的明子，一边照明，一边犁地。他说，现在回想起来，那时的举动真是异常疯狂。

（3）机耕农业。机耕需要便利的交通以及良好的地形条件，此外还需要一定的资金投入，因此，只有在一些耕作条件比较优越的地方才能施行。当地的犁地机器很特别，身型很小，样子很像一个手扶拖拉机，轮子不用轮胎，而是用两个叶轮状的东西；没有座驾，人不是坐在机器上面，而是一边用手扶着，一边跟在后面走，遇到石块较多的地方，还要用脚用力踩住犁铧。（见图7-4）这种机器使用起来极为方便，当地的农田面积都不是很大，一会工夫就全耕完了。雇请别人用机器耕地有一个缺点就是犁地不深，机器的速度较快，很多时候只是掠过一个薄薄的浅层便开过去了。

图7-4 半人力、半机械的犁地

家庭独立生产之余，人们也普遍进行换工互助。换工是一种具有互惠性质的集体劳动，受到当地社会习俗和道德力量的约束，因此不得随便违反其中的平衡原则。人们也懂得，只有自己为他人卖力劳动，别人才会为自己的事情尽心尽力。一些地方的换工方式极为严格。例如在茨中村，参与换工的双方要对各自付出和得到的劳动进行记录，并且约定在一定时间内进行偿还。记录的方法是双方都各自用一个小本子把换工的种类、日期、姓名写下来，以便日后偿还勾销。根据村民们的讲述，一些换工的偿还可以延续很久，甚至到下一代偿还的都有。

该地区普遍存在的集体劳动习俗，在一定程度上也说明了一些学者在论述农民经济时的错误，他们把农民家庭视为一个个孤立的生产单位，而忽略了农民之间广泛存在的社会联系与合作。在生产工具简单和劳动效率低下的生存环境里，单个家庭的力量往往是很微弱的，不足以应对生产活动中的各种需要。因此，人们需要一定的社会力量去战胜和解决生存中的各种困难。

虽然现在大米和面粉已经进入当地市场，但当地民众依然习惯用苞谷做一些传统的风味美食。最具代表性的有三种。

（1）炸苞谷花。走进当地的农家里，几乎在每户人家的屋子里都会看到火塘。火塘里白天黑夜都有火。烧苞谷花时必须用到大火，把火塘里的炭灰扒在火塘边，扒成一块平平的小场子，从准备好的干透了的苞谷包包上，拨下苞谷子放在小场子里，然后用专制的竹夹不停地搅拌苞谷子。片刻，苞谷颗粒便一颗颗绽开，变成苞谷花。围坐在火塘边的人便用竹夹子拈了来吃。

（2）苞谷稀饭。苞谷脱粒后，洒上适当的水，放到碓窝里轻轻地舂，使它脱壳；去壳后，再用碓把它舂成碎瓣即可。煮时，在锅里把水烧热，把苞谷放进锅里，再加进煮好的白芸豆或四季豆、竹叶菜或干板菜、腊猪脚或腊排骨；如要口味更佳，就下一堆老火腿一起放进锅里，再放上葱蒜等佐料。原始的做法是早上煮，煮一天，到晚上才吃；或是晚上煮，煮一夜，到早上吃。煮一次就是一大锅，一家人可热着吃几次。苞谷稀饭味道可口，鲜香爽滑，富有营养，是当地民族普遍喜爱的一种风味饮食。

（3）苞谷砂泡酥油茶。有一种黑颜色的苞谷，成熟晒干以后，挑一些粒大饱满的，用手脱粒，放入锅中翻炒。炒的时候锅里一次不能放太多。用一根长竹竿，竹竿的一端分成四片，每个竹片上戳入一个脱粒后的苞谷棒，将锅中的苞谷均匀地来回翻炒，炒到一定时候，为了防止苞谷被炒焦，还要在锅里撒上少量的灰。苞谷炒好以后，放入大木臼里面舂打。杵臼虽然是一种比较简单原始的加工工具，但是在当地的用途极为广泛。舂打可以一个人完成，也可以由两个人配合完成，一个人提起木杵的时候，另一个人便紧跟着击下。炒熟的苞谷极为坚硬，舂打需要耗费极大的力气。苞谷被舂得越细越好。舂打完以后，在簸箕里面去皮，将苞谷里面的皮屑进一步弄干净。早上食用的时候，主人家盛一碗苞谷砂放在桌上，抓一把放酥油茶里面，边喝边嚼，实在是一种既简单又实用的食用方法。

迪麻洛村村民主要用荞麦来做粑粑或灌肠。荞麦做成的粑粑口感比较粗糙，而灌肠的味道则比较好。灌肠在当地也叫米肠。杀猪的当天，妇女们就要忙着做灌肠。做灌肠的第一步是洗猪肠，猪肠洗干净以后，将猪血、大米、荞麦面、香料等混合而成的糊状物灌进猪肠里面。香料为当地自产的野生植物，藏语叫作"起毕"。起毕是生长于河边的一种野生植物，叶子细小，呈圆状，采摘时间为每年的11—12月。起毕是做灌肠的主要香料，将它的叶子摘下切碎，混入猪血、米饭、荞麦面当中，一起装入猪的肠子里面，除了加入盐巴之外，不需要再加入其他调味品。

做灌肠需要两名妇女相互配合才能完成，一名妇女将猪肠拿在空中；另一名妇女用一个漏斗似的东西放入猪肠的一端，将盆中的糊状物缓缓灌入。猪肠装满以后，要上下封口，两头都用绳子栓紧，然后放入锅内蒸熟。灌肠的吃法主要是油煎。早晨喝酥油茶的时候，配上刚刚煎熟的米肠，应该是当地人认为最好的美味了。

苞谷等粮食除了食用，还被用来酿酒。迪麻洛现在有怒族、藏族和傈僳族等多个民族，他们都有酿酒的习惯。关于傈僳族和怒族的酿酒习俗，早在明清时就有记载。如余庆远在《维西见闻录》中说："栗粟，近城四山康普、弓笼、奔子栏皆有之。……垦山而种，地瘠则去之，迁徙不常。刈获则多酿为酒，昼夜酕醄，数日尽之，粒食罄，遂执劲弩药矢猎……"

到了民国，酿酒的习俗变得更为普遍。《菖蒲桶志》中记载道："菖属设置二十年，并无颗粒积谷，各种夷人，不知节俭，一经粮熟，则任意煮酒，次年二三月，粮食即尽，由各处借粮充饥，借之不获则忍饥耐饿，形容枯槁，垢面菜色，惨不忍睹。"此处的"各种夷人"即包括怒族、傈僳族、藏族、独龙族等。除了贡山，与其紧邻的福贡县情况也是一样。当时的《纂修云南上帕沿边志》就说："怒傈生活最低……不饮茶，惟嗜酒。每当收获之后，则任意煮酒，合村共饮，不知节省，不知储蓄。"

有老人讲，20世纪50年代以前，饮酒取乐、跳舞、唱调子是他们生活中最快乐的事情。一年到头，日日夜夜，随时都可以见到、听到村子里男的、女的、老的、少的，东一伙西一伙在饮酒、在跳舞，甚至在醉酒后东倒西歪或举起拳头相互殴打、争吵造成纠纷，最后跑到掌事人面前告状。这在过去的村子里是常见的事。在农忙时，人们将酒带到地里，一边种植庄稼一边喝酒，醉了后在地里大吵大闹甚至互相殴打，闹到就地打官司，因而对生产破坏极大。现在有些人说："我们以前不信教，在地里干活，都要将酒瓶背到地里，一边干活一边喝，喝醉就打架告状。这些事就占去大半时间，平均每天只能干半天活。晚上从地里回来，吃完了晚饭，男女老少约在一起饮酒、跳舞、唱调子。有的青年男女要闹到深夜，甚至天明才休息。"

可见，酒在当地普通民众的生产生活中具有重要的地位和意义。尽管过去粮食短缺，人们仍然用其"任意煮酒"，即使饿肚子，也要喝酒。那么，在时间已经过去了大半个世纪之后的今天，当地的情形又如何呢？相信凡是去过这些地方的人都知道，嗜酒习俗在当地依然普遍，酒在某种程度上可以说浓缩着当地民众的文化模式和精神世界。

调查中笔者发现，无论是在农地里还是在村子里，无论是干活还是空闲，无论是节日还是平日里，无论是在公众场合还是在家里面，几乎都离不开一个关键词，那就是酒。去地里干活的时候，人们会带上一桶水酒或几打啤酒，干累了，就坐下来喝酒。极少有人干活的时候会带茶水或其他饮料。当地人干活多采取几个家庭间换工互助的劳动形式，农忙时节，随处可见三五成群的男女村民坐在地里喝酒。除了在地里喝，晚上干完活回家还要喝。平日里，几个人围着火塘聚在一起，更加少不了喝酒。节日里，当地民众喜欢跳锅庄舞，人群围成的圆圈中间摆上一张桌子，摆满了各种酒，可随意拿来喝。走到村民家里面做客，他们不会倒茶水给你，而是习惯性地为你端上酒杯。

当地人喝酒的程度极为夸张。有时候人们喝醉了就直接躺在路边睡觉，这样的情况可谓屡见不鲜。笔者调查期间，有一次，在捧当乡的集市上，炎炎烈日下，一位村民就醉卧在街道旁边酣睡；回来的途中，路旁的草丛里也有一个中年男人躺在那里睡觉，丝毫不顾及来往的行人和车辆。还有一次，在进入从尼村的河边小路上，一位上了年纪的老人喝醉了酒，一头从围栏上栽倒了下去，所幸没有掉到河里去。去牧场的遥远路途上，村民们无论男女，也都是不带水，只背水酒和啤酒，一路上递来递去轮流喝，才到半途的时候，很多人就已经开始摇摇晃晃站立不稳了。有位妇女赶牛下山的时候，喝醉了酒，人不知不觉已经走回来了，牛却不见了踪影，第二天又上山去找……

以上事例在当地可谓不胜枚举，这和民国时期政府在志书中的描述何其一致："无论何家有酒，均合村同饮，醉后不择人家，任意酣眠。即道旁村畔，亦有卧醉者，醒后始归，沿江一带，相沿成习，不以为异。"

只是有一点过去和现在不同，那就是过去粮食比较短缺，客观上限制了人们对酒的酿制；现在的情形则大不一样，道路修通了，市场进入了，商贸往来频繁了，即使本地的粮食生产不足，也可以从外地输入大批粮食来酿酒。还有，酿酒所需的各种设备也可以很容易就在市场上买到了。这些都为酿酒业的顺利进行提供了基本的保障。

酿酒需要大量的粮食，尤其是苞谷。苞谷是迪麻洛的主要粮食产物，它既为村民提供食物，也是喂养牛、猪、鸡等畜禽所不可缺少的饲料。20世纪80年代以后，家庭承包责任制的实行调动了人们从事生产的积极性，粮食的产量大大增加。整体来看，虽然每家都种苞谷，但苞谷在当地还是呈现紧缺的状态。为了缓解苞谷的供给不足，现在人们从县城大量买进苞谷。酿酒的人家每隔一个月左右就要托人从县城等地拉回1000斤或2000斤左右的苞谷。村里现在也有人专门做苞谷生意，他们一般会跑到大理、下关等地拉回一大车苞谷，然后按照订量分给每家每户。

总的来讲，当地群众所酿的酒分两种：一种为白酒，即度数较高的辣酒，当地人也称之为"自熬酒"，藏语叫作"波让"；一种为水酒，藏语叫作"穷"。

白酒的酿制需要一整套设备，包括蒸酒房、铁锅、铝锅、铝桶、桶底、漏勺、缠带等。当地酿酒的家庭现在普遍都建造有一个单独的酿酒场所，里面除了烧火的炉灶，还放置了各种酿酒设备。铁锅一般用来烧水，放置于最底端。铝桶用来装盛苞谷，桶底亦为铝制，中间有很多小圆孔，方便蒸汽和热量的传递。铝锅放置于桶顶，里面加入凉水，用来冷却酒液的蒸汽。漏勺架设于桶身上部的2/3处，底端为圆方形，收集滴落下的酒液，穿过一个小孔通往外面的接酒容器。（见图7–5）

图7–5 蒸酒

据当地人讲,过去虽然也有蒸酒的技术,但由于缺乏粮食和蒸酒的设备,蒸酒的家庭在当地并不普遍。因为蒸酒桶可以用木制的,但是上面起冷却凝结作用的锅一定要是铝制或铜制的,而在过去,本地的铝制品极为鲜见,只有个别人家有铜盆。

白酒的酿制程序一般分为五步。

第一步,发酵。将苞谷整袋倒入一个大水桶里,冲洗干净,捞出,倒入一口大锅里煮熟,然后撒入酒曲。据说过去的酒曲为山上的一种草药做成,现在已经不再使用,而是用一种从丽江等地买回来的工业酒曲。酒曲撒在苞谷上面,搅拌均匀,放置两三天后,倒入一个大塑料桶里,密封,进一步发酵。酒曲发酵的时间一般为1个月左右。

第二步,烧火,架设备。蒸酒房里可以建一个或者两个灶台同时蒸酒。锅和灶台一般在房子里面,烧火口留在外面。往铁锅里加水,然后开始烧火。等火烧到一定程度的时候,就开始架设酿酒用的各种设备。

第三步,蒸酒。将发酵好的苞谷用小桶舀出,装入蒸酒用的铝桶里,然后放入漏勺,在桶顶架好冷却用的铝锅,用一根布带围着铝桶和铝锅的结合处缠上几圈,将缝隙扎紧,再往铝锅里面加满冷水。

第四步,换水。酿酒的过程中,需要随时掌握上面铝锅里的水温,不断地换水。水温太高,酒液的蒸汽不易冷却和凝固,不仅出酒率会变低,而且酒味会变酸。换水有两种方法,最方便的是直接将水管通往蒸酒房中,随换随加,这样不会耽误很多时间。还有一种是用水桶提,这种方法较为费力,效率也不高。

第五步,换酒料。除了控制水温,还要不断地尝蒸出来的酒的味道。当酒味变淡的时候,就要停止蒸酒,将桶里的苞谷倒出,重新加入发酵好的苞谷继续蒸。蒸酒活动往往需要持续一整天,有时候晚上也得继续。按照当地习惯,活必须一天干完,不能拖到第二天再干。

和民国时期相比,现在酿酒的出酒率无疑大为提高,100斤苞谷差不多可以制造20~30斤白酒,这主要是得益于酿酒设备的改善。民国时,熬酒工具极为简陋,将一个圆木挖空做成甑子,在其上端相当于1/4处穿一孔,在孔内插入手掌大的木片,再接上一个竹管,以便将甑内的酒引出来,又在甑顶上盛一锅冷水,当气化的酒接触到锅底后,即凝成液体,顺着竹管流出甑外。由于工具简单,技术落后,因此出酒效率不高,1升粮食可得酒3~5碗。

白酒在当地的用途较多,除了直接饮用,还可以做成药酒、"下拉"。药酒就是用重楼、雪莲花、虫草等中药材泡制而成的酒,据说可以强身健体。在当地,几乎每户村民家里都会自己泡制这样的酒。在某户人家里,笔者甚至还喝过他们用蜂虫泡的酒。"下拉"是当地最流行的一种喝酒方法。"下拉"其实就是白酒煮肉。具体的做法就是先将肉切好，放入锅里用酥油翻炒，然后再加入白酒烧煮，煮酒的时间一般不会太长，差不多等酒烧开了以后就可以舀出来喝了。"下拉"在当地算是一种比较高级的酒种。这种酒多在活干完后的晚上，给前来帮忙的人喝。要么就是家里来了客人，为了表示尊重，也会做来喝。上级政府的公务人员来到村子里，也会受到"下拉"的招待。做"下拉"成本较高，既需要白酒，也需要肉。当地做"下拉"的肉料一般为鸡肉，偶尔也会用猪肝、猪肾。但是猪肾做的"下拉"外地人吃了容易过敏。还有一种比较贵的"下拉"是用蜂虫做成的。喝"下拉"的时候，人们也会连同里面的肉一起嚼着吃。有些妇女一边自己喝酒，一边将里面的肉拿给自己的小孩子吃。

白酒除了自用，现在还有一个更大的用处就是卖钱。白酒的出售范围主要有两个，一个是在本村内，一个是到县城。本村内的白酒消费多在集日，以及婚丧嫁娶等一些重要的社会礼仪活动中。按照市场行情，农户家自己熬制的白酒的价格普遍为每斤10元钱。每到集日，各个小村里面的村民都会集中到村委会所在的中心地赶集，人们除了逛街、买东西，还要三五成群地聚在一起喝酒玩乐，直到太阳下山才收拾好东西、赶着骡马回家。集市上的白酒一般做成药酒或"下拉"来卖。用虫草泡制的药酒最贵，3两左右装的纸杯一杯就要卖到10元钱；"下拉"一杯五六元钱；普通白酒一杯3元钱。

当地居民绝大部分信仰天主教。每到有村民去世的时候，所有天主教徒都会前往主人家念经、祈祷，主人家除了杀猪、杀牛，还要为客人供应大量白酒。一次丧事消耗掉的白酒至少都有200斤，光是白酒一项就要花去2000元。

需要说明的是，在白酒的酿制上，当地内部本身也存在着产量上的差异。就目前的情况来看，山下村民，尤其是村子中心地附近的居民，酿酒的比较多，产量也比较大。而山上的村子，由于交通上的原因，运输苞谷等物资不是很方便，因此只在自己家里的苞谷收获后才酿一部分酒，通过从外界购买苞谷来酿酒的情况不多。所以，山上村子的居民从山下买酒的情况较多。

村民阿洛家是酿酒比较多的一户家庭。阿洛的妻子如万娜只要有空的时候都在家里酿酒。光是在她家的蒸酒房里，发酵的苞谷就有四五个大塑料桶。每次买苞谷，她家都会买上2000斤。按照每月100斤酒的生产量计算，一年到头，阿洛家会有10000多元的收入。

县城里的白酒消费场所主要是一些餐馆。村民自己熬制的白酒，每斤只要10元钱，价格适宜普通人群的消费，而且味道纯正、口感较好，质量也有保证。因此，很多人宁愿选择手工造酒，也不愿去买厂家生产的酒。

水酒是当地的另外一种流行酒。水酒度数不高，但比普通的啤酒劲道要大。相比白酒，水酒的制作简单许多。其主要步骤为：首先，将苞谷磨成面，放入锅里煮熟，捞出晾置；其次，撒酒曲，搅拌均匀，用厚衣服或棉被盖住，放上两三天；再次，发酵。将撒上酒曲的苞谷放入一个塑料桶里，密封，20多天后，就可以拿出来做水酒了；最后，做酒。做水酒的时候，根据需要的量舀出发酵好的苞谷，装入一个细密的口袋里，往上面倒水，下面用一个盆子接住，从口袋里流出来的黄色液体就是水酒了。

水酒的原料既可以是苞谷，也可以是大米。用大米做成的水酒也叫米酒。水酒在当地几乎被当作饮料来喝，村民去地里干活或上山砍柴都会随身携带。除了直接饮用，水酒还可以做成"穷岑"。"穷岑"就是水酒煮鸡蛋，也是一种档次较高的酒类。它的做法也很简单，就是将水酒放在火上煮开，然后往里面打入鸡蛋，搅拌均匀即可。水酒也可以拿到集市上去卖，但是价格较便宜，一纸杯一般只要1元钱。

## 第二节　畜牧养殖

畜牧养殖的对象主要有猪、鸡、牛、马、骡、驴等，它们对于当地民众有重要的生计功能。第一，提供肉、奶和酥油。猪、鸡是常用的肉食来源，遇到丧葬仪式还要杀牛。此外，当地的怒、藏、傈僳等族普遍喜食酥油茶，酥油已经成为人们日常生活中离不开或不可替代的一项特殊食物，而制作酥油当然需要饲养大量的牛。当然，牛也可以用来犁地，这也是它的一项特殊生产功能。第二，运输需要。前面已经提到过迪麻洛峡谷的交通状况，该地的很多村子目前尚未通公路，人们的生活所需仍然要靠人背马驮，因此需要喂养一定数量的骡、马和驴子。第三，经济功能。在实际生活当中，牲畜可以作为人们的一项不动产，当生计遇到困难时，可以将其出售，以换回货币或其他生活所需，因而喂养牲畜也可以应对人们经济上的不时之需。

迪麻洛的畜牧业极为独特，其最大特点是每年不同时节在村子周围、半山腰和高山牧场之间转场放牧。这一特点主要取决于当地特有的垂直生态环境，与平常内地人所熟悉的草原游牧有着很大的不同。影响畜牧业的最主要因素为牲畜的饲料来源，高山峡谷地区的草地资源分布状况决定了人们要在这些不同的地带进行转场放牧，除了草地资源的自然分布上的原因外，畜牧业和农业生产之间的关系也需要人们进行这种特殊的放牧方式，因为每年夏季，如果大量牲畜留在村子里会践踏和破坏地里的庄稼，必须将这些牲畜转移出去，等到秋收季节过后再赶回村子或者村子周围。长期以来，当地人们已经大多以村落为单位形成了自己的村规民约，严格规定着各个农户的放牧行为。

根据牧草资源的分布范围以及人们在不同季节的放牧特点，可以将当地的牧场分为三类，分别是河谷牧场、山腰牧场和高山牧场。河谷地带是人们日常生活的地方，海拔一般在1800～2500米之间，是村子和耕地的主要所在地；山腰牧场位于村子上方，是河谷和高山牧场的过渡地带，海拔一般在2500～3000米，路程大约需要两小时；高山牧场是夏季的主要放牧场所，这里面积较大，牧草丰富，海拔一般在3000～4000米，路程大约需要一天，有些甚至需要两天。对此，当地群众也有着自己的区别和划分，他们将高山牧场称作"rura"，意思为"有雪的草场"，即位于海拔4000米左右的高山草甸地带；山腰牧场称作"rumei"，意思为"中间的草场"，即位于海拔3000米左右的草甸和坡地；河谷牧场称作"rubo"，意为"家附近的草场"，即位于海拔2000米左右、村落周围的山坡地带。这点和澜沧江峡谷的畜牧业类型相同。① 不同的牲畜对于饲草的要求不同。一般来讲，牛对于饲草的要求较高，再加上对气候条件的适应不同，例如牦牛耐寒，夏季不能待在燥热的河谷里，因而，当地的牛类主要在三个牧场之间迁徙放牧；而羊类对于饲草的要求不高，则集中在冬季河谷牧场放牧。下面分别是碧罗雪山东西两麓几个村子的实例。

迪麻洛村村民喂养的牲口主要为牛（包括少量牦牛和犏牛）、绵羊、山羊、猪、马、驴、骡子，其中牛是村民们最珍惜的牲口。牛能提供用来耕种庄稼的积肥，能犁地，提供牛奶和酥油；作为大部分农户价值最大的资产，养牛还能起到一个存钱的作用。当地主要的农作物为苞谷，而每年收成的相当一部分被用作喂牲口的饲料。另外，如果没有牲口来积肥，每年的庄稼收成就不好。许多农户自产的苞谷不足以满足自家牲口的需求，还需要在市场上购买。因而，协调农业和畜牧业之间的关系是当地生计的核心问题。

冬天的几个月里（10月下旬到次年5月），当地村民会在村寨周围的松林和荒山上放牧。村内的村规民约规定了，5月20日种完苞谷以后，村民（除家禽和每年每家养的年猪以外）不能在村寨内放牧并且要等10月份苞谷收完以后，牲口才能回到村子里。4月下旬到5月初村民开始准备种苞谷的时候牲口被迁到村寨上面的半山腰上的牧场（见图7-6），在那里，大部分农户还建有第二所房子。

---

① 参见尹仑、赵之铭、梁烨《迪庆藏族自治州畜牧业变迁调查研究报告》，载《云南省生物多样性与传统知识研究会社区生计研究部报告23》，2006年。该报告对澜沧江峡谷里的果念村、佳碧村和贡坡村的牧场与放牧情况做了详细的调查，以下关于澜沧江峡谷牧场情况的描述也主要参考该报告中的一些内容。

图 7-6 达拉登春秋季牧场

6月到7月之间，牲口就被赶到海拔更高的牧场去，其中部分是原始森林，部分是高山草甸。农户所利用的具体牧场是他们建了牧屋的所在地，但他们也能够互相借用。因此，季节性游动的具体路线因农户而异，并不是全村的集体行为。由于某些牧场离村寨居住区有10多个小时的路，所以一般来讲农户偏向于利用离村寨较近或通过牧路的牧场，这样更方便接送物资。农户在牧场上放牧，一直到9月下旬才将牲口迁移到半山腰牧场，苞谷收完后就回到村子周围的山坡和空闲田地上放牧。每年11月份到次年3月份，村子周围的青草、青饲料很少。

## 一、高山牧场

夏季高山牧场位于海拔3000～4000多米的高山草甸区，碧罗雪山分布着大量的面积不等的高山牧场，例如色洼隆巴牧场、杜洼扎楚牧场、孔雀山牧场等等。有些牧场位于地势比较平坦开阔的山顶，如阿鲁腊卡山上的牧场；有些位于高山上的河谷地带，如色洼隆巴牧场和杜洼扎楚牧场；还有一些位于坡度比较大的斜坡上，主要分布于高山上的垭口两旁。该自然地带里，既有大面积的原始森林，也有河流、草场以及林间草地。每到夏季，冰雪消融，绿草茵茵，蜂蝶飞舞，气候凉爽，非常适宜牛、马等牲畜食草和生长。新中国成立前，由于山路未通、道路崎岖，大量的高山牧场没有被充分利用。新中国成立后，尤其是人民公社时期，畜牧业由原来的家庭饲养变为集体放牧，牲畜数量扩大，政府动员群众修通了大量上山的路，高山上的森林和草地从此变为人们放牧的场所，原来没有高山牧场的村社在这一时期也分到了自己的牧场。到现在，几乎每个村子都有了自己所属范围的高山牧场。

长期以来，人们在使用高山牧场的过程中，已经形成了比较固定的放牧范围。每个村子都有自己比较固定的放牧场所，彼此不得越界。从使用范围上讲，既有整个行政村集体使用的牧场，也有几个村小组共同使用的牧场，此外，还有一些小块的高山牧场，主要归附近的小组使用。除了村规民约的规定和限制外，村民们在牧场的使用上也有着自己的考虑。一般来讲，村民们放牧首先都会选择距离自己村子比较近的牧场，而不愿长途跋涉到远处的牧场。

迪麻洛峡谷东北与碧罗雪山和德钦县的永芝村接壤，南与本乡的闪当和永拉嘎村相连，西与阿鲁腊卡和怒江边的茶拉村毗邻，属于高寒山区。在村子周围的高山上，有着色洼隆巴、新科、穷苦、穷他、楞日等多块高山牧场。其中的色洼隆巴牧场位于碧罗雪山山脉中间的色洼隆巴河谷，东边紧挨德钦县茨中村的杜洼扎楚牧场。该牧场分布于色洼隆巴河的河谷两旁，河水清澈，草甸丰厚，是迪麻洛行政村的公共牧场，村下所属的12个小组的村民都可以来此放牧。色洼隆巴牧场距离村子较远，从村委会所在地的初尼出发，大约需要一天的时间才能到达。新科牧场位于迪麻洛河上游，北靠西藏，东邻德钦县，大部分属于原始森林，它基本上由阿鲁腊卡（在迪麻洛山谷的西面）的补它、龙坡和各科当3个小组的农户使用。

人们在高山牧场上的放牧时间一般为7月中下旬到10月底。在这段时间里，放牧的村民要一直居住和生活在牧场上，为此，人们在牧场上修建了木房屋，专门用来照看牲畜。牧场上所放的牲畜各式各样，不仅有牛、马，还有猪和鸡。每所房子周围都有狗看护，有些是样子极为凶猛的藏獒，陌生人一般不得靠近。房子一般分作两层，上层住人和放东西，下层晚上关养牲畜。（见图7-7）牧场上的生活极为单调，房子里的陈设也极为简陋，基本上都是一张木板床、一副铁三脚。牧民平日里除了照看牲畜，还去山林和草丛里采集菌类、药材和野菜。白天将牲畜赶出去吃草，晚上要给母牛挤奶，还要打酥油。遇到阴雨天气，牧民就躲在木屋里面抽烟、喝酒。

图7-7是笔者在新科牧场上见到的一户牧民的房屋。该房屋由山上的木头搭建而成，屋顶上用不规则的木板块覆盖。房屋里面有床、火塘、酥油桶和一些简单的生活用品，牧民吃住都在里面。房屋底下有一个小空间，用来关小牛，其他的大牛和猪等一般都是放养。

由于牧场上人烟稀少，牧民之间的房屋离得比较远，牧民大多时候是一个人在木屋里面度过。放牧的既有30多岁的小伙子，也有四五十岁的中年人。

图 7-7　新科牧场上的牛群（左）和牧屋陈设（右）

有些有手艺的中年人在放牧的同时，还会上山砍竹子，编织箩筐等篾器。山下的家人要定期为山上的放牧者运送米粮、琵琶肉、盐和酒等，然后再将打好的酥油和奶渣等奶制品以及编织好的竹篾器运回山下，一部分自己食用和使用，一部分拿去集市上出售。因此，放牧的同时也可以进行一些副业生产，例如采集药材和编织篾器，同样可以为家庭增加收入。

并不是所有的家庭都会去高山牧场上放牧。由于山高路远，去牧场上放牧需要家庭派出一个专门的劳动力，而且还要在牧场上建造房屋，因而对于一些牲畜数量比较少的家庭而言极为不划算，于是就出现了代牧和帮放的现象，即将自己的牲畜托付给专门在牧场上放牧的家庭，然后给其一定的报酬。因而，一个放牧者所放养的牲畜，不仅有自家的，也包括了其他村民的。

对于高山牧场的使用，当地并没有成文的管理规定。2000年，我国的生态工程全面展开，实施了天然林保护工程和退耕还林还草工程。随着国家林业政策的实施，山林被划分为三类，村子四周的林地是属于各家农户的自留林和责任林，村寨上方的林地为集体林，再往上则是国有林。从法律上来讲，高山牧场都是位于国有林的保护范围之内，但事实上当地村民仍然在按照传统习惯使用着这些高山牧场。虽然高山牧场为整个村子的公共牧场，所有村民都有权使用，但是在具体的使用规则上仍然保留着一些"地方性知识"。传统上的惯例规定：牧屋周围牧场的使用权属于牧屋主人，但是使用权可自由转让；其他区域自由使用。在高山牧场，各个村社的村民都可以自由上山放牧，只要一个村民在一片牧场上盖了房子，房子周围的牧场便由他家使用，这也就成为他家固定的放牧地点，其他村民不可以再去侵占。如果达成口头协议，也可以由几家一起在一片牧场上放牧。当地少数民族向来都有帮助他人的传统，认为人们彼此之间应该团结互助，如果违反，就会被周围的人歧视。所以，当地很少发生抢夺牧场而争吵打架的事情，人们一般都会自觉地按当地的传统习俗利用牧场，并尊重他人的权利和意愿。

除了村子之外，还存在着不同村子和不同地域之间牧场的利用方式，其中既有和平共处式的，也有发生冲突的。例如，在色洼隆巴河下游位于捧当村委会管辖范围内的林区，在冬季时（10月至次年5月）由一个邻近的迪麻洛村的村民使用，他在那里建了牧屋，而附近就是捧当村村民的苞谷地。据这个牧民说，这片土地是20世纪60年代由迪麻洛村村民在森林中开垦的，这一说法奠定了迪麻洛对于这片土地使用权的"合法性"。这个牧民还和捧当村村民达成协议，即在苞谷下种前，他可以使用这片区域，而从5月起捧当村村民可以在这里种苞谷，该牧民则要迁到其他地方去放牧，等到苞谷收获以后再迁回来。另外一个特殊情况涉及不同地域之间在牧场使用上的问题，即"越界"放牧的问题。碧罗雪山的北端为贡山县和德钦县的分界线，德钦县位于青藏高原南缘滇、川、藏三省（自治区）接合部，西南与维西县、贡山县接壤，流经德钦县的澜沧江峡谷地区，东有云岭山脉，西有碧罗雪山山脉，两座山脉均为南北走向，地势北高南低。山脉和河谷共同形成了德钦县的三种地理环境：高山河谷、山区和高寒山区，境内最高海拔为卡瓦格博峰6740米、最低海拔为澜沧江边1840.5米。德钦县是农业和畜牧业并重的半农半牧区域，农业耕地主要集中于金沙江、澜沧江两岸的河谷地带和山区，畜牧业草场则多分布于云岭、碧罗雪山山脉的坡地和高寒山区，由于德钦县地形多为高山峡谷，平地较少，夏季草场一般在海拔4000米左右的高山草甸，冬季牧场则位于海拔2000～3000米的山坡地带。德钦以藏族群众为主，畜牧业是藏族群众的一大经济传统，人们历来对牧场资源极为重视。

碧罗雪山西边的贡山县和东边的德钦县主要通过两条山路相连，北线大致以孔雀山垭口为界，西边为桶当村，东边为永芝村；南线以蛇拉腊卡垭口为界，西边为迪麻洛村，东边为茨中村。德钦县和贡山县在碧罗雪山之上都有高山牧场的分布。一般而言，县界即两地牧民的分界线，但是在实际中两边经常发生越界放牧的现象。在南线，如果东边的德钦牧民越过蛇拉腊卡垭口放牧，牧民必须向迪麻洛村村委会支付一笔"资源管理费"，这笔费用通常是以双方约定的一定数量的酥油的形式支付。由德钦过来想使用碧罗雪山迪麻洛这边的牧场的牧民，要先去迪麻洛村村委会商议牧场的使用价格。如果迪麻洛的牧民要求使用该牧场的话，迪麻洛村村委会可以取消先前的安排。相反，北线的牧场使用却没有如此和平。2010年，在碧罗雪山北端的孔雀山垭口附近，就发生了一次双方牧民之间的冲突，由于双方都坚持对该地区牧场的使用权而争执不下，最后发生了烧毁木屋和伤牛的事件，双方牧民一度用弩弓对峙，最后在两地政府部门和公安机关的调解下才罢手。有些牧民甚至扬言，要在垭口附近投放毒药，要是对方再敢将牛群赶过山来放牧，后果自负。可见，牧民对于牧场资源的使用是极为珍视的，其权利意识也是极为强烈的。在村民们认可的习惯规范内，大家都是一视同仁、公平使用；但是一旦遇到外地村民的"侵入"，马上就会奋起反抗。

## 二、山腰牧场

山腰牧场是村子通往高山牧场的过渡地带。山腰牧场与村子的距离较近，海拔多在3000米以下，一般步行1~2个小时即可到达。每年5月份，牧民们将牲畜赶出村子以后，并不是直接赶往高山牧场，一是因为高山上的积雪尚未融化，牧草尚未长高；二是因为这些半山腰上同样有大面积的草场和林间草地，可以供牲畜食草。人们一般在山腰牧场停留两个月，等到7月份，山腰牧场上的牧草已经差不多被吃光了，再继续迁移将畜群赶往高山牧场。7月份的高山牧场已是到处野花盛开、绿草茵茵了。等到9—10月，天气转冷，人们又将牲畜从高山牧场赶下来。这时，山腰上的牧场经过了几个月的生长期，又可以继续为牲畜提供饲草，因而，人们又在此放牧一段时间。等到村子里的苞谷等庄稼收割完毕，牲畜就可以赶回村子里过冬了。因而，山腰牧场可以在春、秋两个季节里为牲畜提供饲草，这样就顺利完成了牲畜在一年四季中的转场过渡。

山腰牧场的使用规则不同于高山牧场。高山牧场基本上都是位于国有林的保护范围，在牧场的使用上实行公共放牧，即全村的村民都可以上山放牧。而山腰牧场一般位于每个村小组的上方，在权属上归村社集体所有。也就是说，每个村民小组都拥有自己固定范围里的山腰牧场，其他村小组不能越界使用。在该村小组内，每个家庭都可以在此放牧。如果有其他村子里的村民要前来放牧，需要交一些酥油作为使用草场的"资源费"。

在碧罗雪山西麓山脚下的迪麻洛村，12个村民小组沿着迪麻洛河谷依次分布，由于受到地形影响，每个小组之间的距离非常遥远，这样，每个村子都在河谷上方有自己独立的集体林地和草地。该村的山腰牧场主要有那新当、木楼多木夏、罗马日、多木夏、达拉登、齐坡、彭工、榜王、卡木义恰、永达恰等。村里的村规民约规定了每年5月20日苞谷下种以后，牲畜（为了下一个新年而养膘的猪除外）不能继续留在村里，而且在10月苞谷收获之前不能回来。也有其他一些规定来处理牲畜破坏粮食的事件。这主要是那些没有去高山牧场而在村里四处游荡的猪或者马造成的。规定要求，牲畜所有者对受到破坏的农田根据面积赔偿相应的粮食。每次这样的事件或者是由原告和牲畜所有者通过协商来解决或者由邻居来裁定；如果这样还不能解决争议，就由村民小组组长裁定。苞谷下种的准备工作在4月末5月初就开始了，如果农户在村寨上面位于半山腰的牧场有第二个住所，牲畜就会先被迁移到那里去。那里主要是一片一片的树林，也有大面积的草地和蕨菜林，其中一些地块在20世纪50年代末被清除用来种荞麦，或在60年代和80年代被用来种药材。总之，农户会将他们的牲畜迁移到他们或亲戚有房子的所在地。在一个特定地点拥有住所的事实决定了对某一个特定牧场的使用。大多数情况下，这些半山腰的牧场都和村子位于同一座山岭或者位于村子上方的山岭。这些牧场形式上是集体林，但是仍然按照传统习惯使用。即谁如果在这里建了房子，房子周围的牧场就归房主人所使用，其他人不得轻易越界。

白汉洛村村民小组是迪麻洛村所有的小组中户数最多的一个自然村。由于每个农户的可耕地面积有限，白汉洛的村民倾向于依靠野生植物产品和打工来赚取现金用于购买米和额外的粮食饲料。该自然村的牲口数量较大。白汉洛村村民尤其重视牛生产酥油的价值。每年准备种苞谷时，牲畜要么就从居住区域被迁移到位于村子上方集体林中的第二个住所，要么就去离白汉洛村有一个小时路程的叫作"达拉登"的牧场。牲畜会在那儿待上一段时间，当草越来越少时，牲畜会继续被迁移到海拔更高的高山牧场。在10月苞谷差不多收获时，牲畜再被赶回到达拉登，等到苞谷收完后再回到村子的居住区。

山腰牧场作为河谷和高山牧场之间的过渡牧场，是春秋季节人们放牧的主要场所，在当地的畜牧业中起着极为重要的作用。有些村民不仅在这些山腰牧场上修建了房屋，而且还在房屋周围圈围起了一片土地，用来种植一些蔬菜，以供自己食用。

## 三、河谷牧场

河谷地带海拔较低，气候相对比较温和，是人口和耕地的主要分布地，也是人们的主要生活场所。碧罗雪山西麓的怒江及其分支峡谷的海拔一般在1500～2000米之间，而东麓的澜沧江峡谷的海拔一般在1800～2500米之间。例如，茨中村的海拔为1800多米，是碧罗雪山东麓地势比较低的村子之一，而在上游的其他河谷地区，村子的海拔差不多都在2000米以上。受垂直气候的影响，在该区域里，冬季的高山上异常寒冷，而且几乎都是大雪封山，每年山上的冰雪覆盖期长达5个月左右，因而在这段时间里山上不能放牧，牲畜要全被赶回河谷里的村子里。每年秋收过后，也就是牲畜陆续被赶回村子里的时间。从每年的冬季一直到来年的5月份，牲畜基本上都是在河谷地带放养。

在这段时间里，牲畜被赶往收获后的苞谷地里吃秸秆，河谷旁边的菁沟和村子周围山坡上的杂草和灌木丛等都是牲畜的饲料来源。遇到冰雪天气，牲畜即被赶回家中喂苞谷料以及干草。因而，牲畜在河谷地带的放养时间是比较长的，从每年的11月份到来年的5月份，时间长达半年之久。但不容否认的是，河谷牧场里的草地资源是比较贫乏的，大多数牲畜在冬季里都饲料不足，冬季也是一年之中牲畜掉膘的时间。由于饲料缺乏，奶牛的产奶量也大大下降，很多奶牛所产的奶只能够维持小牛犊的生存，不能再为人们提供牛奶来打酥油。

河谷牧场的使用也是以各个村社为单位，即每个村子只能在自己村子的土地上进行放牧，这些土地包括村子旁边的菁沟、秋收后的田地和村子周围的山坡树林等。当地的土地在秋收以后，很少再用来种植小麦和青稞等小春作物，而是在冬季的时候大量闲置。这和当地的作物生长期有关，也和当地的畜牧业养殖有关，因为在这样的放养状态下，很难保证作物不受到牲畜的践踏。为了解决牲畜在冬季饲料不足的问题，一些村民也尝试着圈围起一块土地，用来种蔓菁和一些牧草。但是，大面积圈围土地的成本是极高的，因而，牲畜在冬季进行放养的方式短时间内仍然难以改变。

迪麻洛峡谷的牧场上，最主要的牲畜种类为牛。牛除了用来犁地，另外一项重要的用途就是产奶打酥油。饮食习惯上，无论是藏族还是当地的怒族或傈僳族等少数民族，早上都普遍喜欢喝酥油茶。对于当地民众来说，如果没有酥油茶，那就不叫吃早餐！记得在做调查的日子里，主人家每天早上叫笔者吃饭的时候，从来没有用过"吃早饭"的说法，而直接叫"喝茶"。这并不是说当地的早餐就只是喝酥油茶，不吃其他东西，而是显示了酥油茶在人们观念中无可取代的重要地位。要喝酥油茶，就少不了打酥油，当地藏语把打酥油叫作"棉如已"。

每年的夏秋季节，牛群要被赶往山上的牧场。牧民早晚给牛群喂苞谷面和盐巴，到了时间牛就会自动跑回来。喂牛的时候，牧民先在苞谷面里混上少量盐巴，装在一个布袋里面，然后轮流走到每头牛跟前，抓出一把来，送入牛的嘴里。喂完牛以后，牧民才开始挤奶。

等挤好的牛奶存积到大半桶的时候，就可以打酥油了。牧场上的放牧工作一般由男性来担任，打酥油的活因此也多由男子来做。打酥油的工具比较简单：一只酥油桶，一个盛有适量水的大盆。打酥油的时候，将鲜奶倒入酥油桶，加入少量热水或温水，然后开始打酥油。打酥油是一件体力活，需要很强的耐力。打酥油时，人们两手握住木柄，用腰、臂以至全身力气，将木柄往下沉压，等到触及桶底的时候，便放松手，任凭浮力将其缓缓托起。如此周而复始，反复近千次，酥油才从奶中分离，浮于表层。打酥油耗时极长。为了分散注意力，缓解持续劳动带来的枯燥和疲劳，人们往往一边劳动，一边跟着搅棍的起伏节奏哼调子；当调子唱完了，酥油也已经打好了。

有一次，笔者跟随几名当地村民去新科牧场，在一户牧民的牧屋里住了一晚上。大约早上5点，牧屋的主人就开始起来打酥油。主人和他的儿子采用轮流工作的方式，前前后后用了3个多小时，到了上午8点多的时候酥油才打好。整一个早上，牧屋里都充满了水花声和低沉的"嗨吆"声。每次搅棍往下压一下，打酥油的人都会"嗨吆"这样喊一声。打酥油确实是一件很苦的活。刚到牧场的当天晚上，笔者就曾自告奋勇地试了一次，结果只打了十几下，便胳膊发酸不能继续，因为牛奶的密度比水大得多，其阻力也大很多。此外，如果掌握不好节奏，桶里的牛奶还会溅溢出来。

酥油分离出来以后，牧民小心谨慎地把酥油捞起来，放入一个盛凉水的盆子里。捞酥油的工具为一个用木头制作的木勺，这个木勺平常也被用来舀水用。酥油捞到盆里以后，牧民用双手反复将其进行捏、攥、揉、搓，直至将酥油团中的杂质除净为止。人们一般习惯将酥油拍成扁圆或方形的块进行存放。酥油的制作方法很多，在西藏的一些地区，牧民们还用绵羊的胃来加工酥油。即先将胃囊吹入空气使其鼓胀，再往里面倒入发酵的鲜奶，扎紧口子，放在大腿上来回滚动，经过成百上千次的滚动和揉搓，酥油才和奶水分离。人们将打好的酥油装入特制的皮口袋里，用针线密密匝匝地缝合好，一年里酥油都不会变质损坏。

前面已经提及，并不是每户村民都会去山上放牧和打酥油。那些家里的牛相对较少的村民，一般会托自己的亲戚或同村村民代其放牧。在当地，托人放牧有两种方法：一是向牧民定期提供食物、饲料和其他物品，由牧民代自己照看牲畜、挤奶和打酥油；一种是不向牧民提供任何东西，但打好的酥油要由两家对半分。每隔一段时间，牧民的家人都会带着苞谷面、盐巴及其他生活用品去一趟牧场，然后将牧民打好的酥油、奶酪等带下山来。

牛奶被打成酥油以后，剩下的就成为奶酪。当地群众非常喜欢食用酸奶酪。吃饭的时候，人们盛上一碗米饭，然后往上面倒入奶酪，就成了"奶酪泡饭"。这种饮食方法非常简单，有些人甚至不用吃菜，直接就用奶酪解决问题。有时候，人们也将奶酪煮沸，过滤，然后再将这些滤出的乳酪晒干，这样便成为奶渣。奶渣坚硬异常，食用的时候，将奶渣放入碗底，倒入酥油茶进行冲泡。这样，人们一边喝酥油茶，一边可以嚼吃泡软的奶渣，别有一番味道。

酥油的用途极多，其中最主要的就是做酥油茶。酥油茶就是酥油、盐、茶汁的混合品。人们在酥油桶中放入凝固的酥油，加入适量的食盐，再将煮沸的茶水倒入其中，像打酥油一样对桶里的茶水进行上下搅动，混合均匀的液体即为酥油茶。酥油茶的装盛也有讲究，不能随便装在一个容器中，而是要装在一个特制的铜壶中。除了做酥油茶，酥油也可以被用来炒菜炖汤。一名年轻妇女告诉笔者，酥油甚至可以被当作"护发剂"来用。洗完头后，将酥油涂抹在发丝上，可以起到滋润和保护头发的作用。

除了自用，酥油的经济价值也日益凸显。迪麻洛是贡山县的重点畜牧村，也是当地的主要酥油生产地和输出地。2000年以后，由于退耕还林和退牧还草等生态保护政策的实施，耕地和可以放牧的草地面积减少了，当地很多地方都相应地减少了牛等牲畜的数量，酥油等奶制品产量也因此出现不足，需要去市场上购买酥油。此外，县城和一些乡镇的街道上，现在都有经营酥油茶等饮食内容的餐馆，所以对酥油的需求很大。目前，酥油的价格已经涨到每斤60元以上，这更加推动了当地牛群数量的增长。

随着牲畜数量的急剧扩大，当地的草地资源在利用的过程中也呈现了一系列问题。人们往往只重视自己家庭的经济利益，盲目地增加牲畜数量，并没有考虑到草地资源的承受能力，很多牧场由于放牧过多而出现草地退化的现象。除了牲畜的过度放牧外，当地还存在着严重的粗放经营方式，人们不仅在草地上放养牛羊，甚至连猪也采取自由放养的方式。但猪对草地的破坏是极大的，猪的嘴尖且牙齿锋利，往往将草皮连同草根拱起，严重破坏了牧草的循环和生长。20世纪90年代以后，菌类和虫草的价格飙升，采集业在当地兴起，人们带上工具、背上粮食，大规模地上山采集各种菌类、挖取虫草，这也给当地的草地资源带来破坏，很多草地出现裸露的现象。

长期以来，人们对草地只知利用，保护意识却不强，牲畜生病和意外死亡后，往往任其在地面腐烂，而不加以掩埋，造成病疫流行。近年来，伴随着草地资源的退化，一种名叫土大黄的物种开始在当地的牧场中蔓延。牲畜并不食用这种植物，不能成为饲料。土大黄的肆虐严重威胁到其他优良牧草的生长。据调查发现，土大黄一般主要分布在牧房附近150米内的地方，更易在放牧强度中等或严重的、坡度小和海拔低的地方出现，这与当地的放牧方式、牲口和牧民的主要活动地点吻合。因此，作为一个外来入侵物种，土大黄的起源、传播和扩张都是由当地传统的放牧方式所造成的。

从当地群众的长远利益考虑，草地资源必须得到保护，传统的粗放畜牧方式也必须得到改变。2000年以来，国家为了保护生态环境，实施了退耕还林和退牧还草的政策，牧草资源变得更为紧张。总的来讲，由于耕地面积减少，苞谷和豆类等粮食产量下降，饲料来源减少，饲料不足迫使人们减少了牲畜数量，尤其是羊和猪等。相比于其他牲畜，羊比较难管理，且容易破坏树苗和庄稼；圈养羊需要修建羊圈，成本较大，而且需要专人照看，所耗劳动力较多。因而，人们在经过权衡后逐渐减少了这类牲畜的饲养。

虽然国家对山林的权属做了规定和划分，但是当地村民仍然在按照自己的传统习惯进行放牧，因为当地的牧场大多位于高山之上的森林之间和河谷空地，人们每年都按照季节在山腰和高山上进行转场放牧。但是，在草场退化的现实问题面前，人们又不能不无动于衷。其实，很多村民自己对牧场出现的变化也是深有体会的。按照他们的说法，以前牧场上的牧草又高又厚，有时甚至高达半米，牧场上的牛马总是能够吃得又饱又肥；而现在牧场上的牧草已经大不如前了，不仅草变薄了，而且牲畜也极易患病，经常发生牲畜病死的现象。

为了解决草场退化的问题，每个地方都在根据自己的实际情况寻求对策。例如，在迪庆州的香格里拉等地，那里的草原和牧场基本上采取了家庭承包的放牧方式。对于国家的草场承包政策，村民们极为理解和支持。有村民说，承包到户以前，牧场是集体的，而牲畜是自家的，家家户户比着养，一家养得比一家多，在这种情况下，牲畜超载、草场退化自然是不可避免的事情，因为谁家都不愿意吃亏。现在，草场承包到户了，牧场资源的保护以及草畜平衡计划的实施也有了动力，因为草场状况的好坏直接关系到自家牲畜的饲料和利益问题，当人们开始为自己家庭的长远利益考虑的时候，草场也就能开始得到有效的保护了。有的村民反映说，以前家里养的牲畜多，但是照看不够，加上冬季的饲料不足，饿死和病死的能达到 1/3，可谓只有数量，没有质量。现在，人们有意识地开始减少牲畜数量，利用有限的草场资源精心养殖一些质量较好的牲畜，发现成活率和生长率都大大提高。有些藏族群众说道，他们的生活离不开酥油茶，因此牛不得不养；但是如果牧场被破坏了，以后的牛也就养不成了，对于他们来说，这是不能接受的现实。

解决草场退化的另一种方法是大力发展人工牧场。人工牧场主要是为了缓解天然草场压力、弥补冬季牲畜饲料不足而实行的。人工牧场的草种植好以后，要用围栏圈围起来，防止牲畜进入吃草，对于擅自赶牲畜进去吃草的村民要进行罚款；等到牧草长到一定高度的时候，利用人工将其收割，在冬季的时候用作牲畜的饲料。为了节省成本，人工草场往往是一大片草地相连，周围再竖以围栏。在草场里面，每家的草场都有界桩来严格界定，每户村民每年两次进草场收割牧草，谁也不得违反这一规定。

针对目前出现的牧场资源退化现象，村民们也在积极寻找应对办法。就村委会及村民们的反映和总结，造成牧场退化和使用不当的现象主要有三种，人们对此也分别想出了不同的办法。

第一种情况是进入牧场的时间过早。新科牧场位于迪麻洛河谷西岸、阿鲁腊卡山东面，它基本上由阿鲁腊卡山东面的 3 个村子的村民所使用，但一些由其他村子过来的村民也在那里放牧，因为较之其他牧场，该牧场更容易到达。近年来，来这个方向放牧的人数增多了，给牧场上的牧草资源带来一定压力。2003 年，阿鲁腊卡的 3 个村民小组组长通过讨论并与村民协商，制定了新的管理规定。这个规定有两个目的：第一，将在新科牧场放牧的时间推后，以确保那里的牧草有足够的生长时间，并防止由于农户抢先去那儿放牧造成的抢草高峰。第二，加强牧场使用者间的合作。为此，村里规定，每年 5 月 10 日前务必要修通去新科牧场的道路，凡在（新科）牧场放牧的农户务必参加修路，通知后未参加修路的农户按民主规定处理，即每天缴 30 元以下 25 元以上的罚款金额。每年5月10日前不允许任何小组的牲口和任何农户的牲口进新科牧场。违者按每天大（小）牲口收25元以下15元以上的金额进行罚款。如果其他小组违反以上规定，按规定处理。

第二种情况是在山腰牧场放牧时间太长，导致牧草供应不足。一般地，山腰牧场只是通往高山牧场的过渡牧场，人们只在春秋两季的很短时间里在上面放牧。但是，一部分村民为了图方便，每年在这些山腰牧场上停留太长时间，而真正去高山牧场上放牧的时间却很短，有时只有两三个月，这样导致了草场资源利用的不平衡。一方面，高山牧场未得到充分利用；另一方面，山腰牧场却被过度利用，出现草地退化的现象。达拉登牧场就是这样的一个例子。达拉登牧场位于白汉洛村上方，是一个面积较大的山腰牧场。2000年起，对达拉登牧场的使用有了一个新的管理规定。村里规定每年的7月1日起牲畜不能继续留在达拉登，直到9月25日后才允许回来。在此期间，在达拉登牧场发现任何一头牲畜都要对其主人以每头每天5元的数额进行罚款。制定这个规定是为了确保达拉登的牧草每年都有足够的生长时间，从而确保秋天的早些时候有充足的牧草供应并且牧草能够结子（即确保牧草继续繁盛）。规定未产生以前，一年到头都有牲畜在那里吃草，但是很多时候并没有牧草，因为牧草在生长的时候就被吃光了。

第三种情况是放牧过多以及大量放养猪，加之死亡牲畜的腐烂，造成土大黄蔓延。色洼隆巴牧场是典型的高山牧场，南北走向，起始于迪麻洛村青马堂社东部千米的一个流域。整个流域从海拔3200米的齐藏栋牧场簇状的牧房开始，一直到接近琼姑牧场北端海拔3850米的最高牧房，长度大约为8000米。流域的底部有河流穿过，叫色洼隆巴河。流域的最高处，夏季有明显的雪覆盖。流域植被以多年生和一年生草本植物为主，伴有片状的樱桃、桦树和栎树林。到色洼隆巴牧场要横穿海拔大约4000米的垭口。2000年以来，该牧场的草地资源退化严重。究其原因，主要是放牧牲畜数量过多以及大量放养猪，还有死亡牲畜的腐烂，造成土大黄的蔓延。为了保护该牧场，村委会最终出台制定了为期两年的禁牧计划。在禁牧期间，任何村民不得擅自在该牧场放牧，当地村民以及政府机构协力铲除牧草中的土大黄，同时通过禁牧来恢复牧草的良好生长。禁牧计划刚开始提出的时候，曾遭到很多村民的反对。但是，经过一系列的反复协商，计划最终得以实施。

如今走在牧场上，随处可见一堆堆牛粪，而这在以前是不可能的。那个时候，村民们都将草场上的牛粪捡回去给自己家里的地施肥，用不完的时候还将其拿来做燃料。但是，牛粪被人们从草场上捡走以后，就破坏了草场上的生态平衡，草场上的草由于没有足够的肥料来补充和滋润，逐渐变得贫瘠和衰弱，最终造成生长力不足而退化的局面。现在，村民们大都已经认识到，草场和农田一样重要，牧草和庄稼一样重要，庄稼地里要施肥，草场上的牧草也需要肥料。因而，人们不再去草场上捡牛粪，或者只是捡拾很少的牛粪，以此来促进牧草的生长以及牧场生长力的恢复。

## 第三节　手工产品及其他

商品是现代世界体系的排头兵。从历史上看，世界上的很多地方往往是资本主义的生产方式还未确立，而资本主义的商品却已经早先到来了。因此，沃勒斯坦才提出了中心和边缘地区的世界分工说。此处先不讨论这一理论模型的正确性，而单讲商品在地方社会的进入程度。换句话讲，就是地方民众在多大程度上接受了外来商品，而抛弃了自己原有物品。笔者在迪麻洛发现，进入人们生活的现代商品尽管丰富，但也的确有限。生活自给的现象仍然占有很大比例。

### 一、食物

#### （一）桃子醋

醋是人们日常生活中一种极为重要的调味品。和一般用粮食酿造醋的办法不同，迪麻洛居民有着一套自己制作和加工醋的办法，它的主要原料是我们几乎很难想到的一种水果——桃子。每年8月份，山上或庭院中的桃子成熟以后，人们将圆润、饱满、香甜的桃子采摘回来，淘洗干净，放置于一个陶罐中密封，存放20天左右即可成醋。另一种方法是将桃子装进一个可以透水的编织袋里面，悬挂于半空中，下面放置一个器皿，等其自然腐烂发酵，生成的醋液便会逐渐渗出，落入下面的器皿里面。桃子醋的颜色和市场上所卖的醋相差无异，但是口味极佳，酸中带着一股香味，用其调制出的各种凉拌菜也别有一番味道。

#### （二）漆树油

漆树很早就开始在怒江地区种植了，漆树不仅可以用来割漆，漆树籽还可以用来榨油食用。《纂修云南上帕沿边志》中曾记载："漆油：帕地怒、傈遍种漆树，多不割漆，结籽后取籽榨油，以碗盛之。凝结后去碗取出，状似牛油。怒、傈生活简单，中等人家使用猪油、胡桃油等，然亦掺杂漆油食用，贫寒之户概食漆油。唯出数甚广，每年除本地食用外，尚余数万斤，运销内地。"① 可见漆树当时在怒江地区的栽种规模之大。在现在的菜籽油和花生油等未传入以前，漆树油是当地少数民族的主要油料来源。漆树油是一种具有地方特点的油料，当地人对其已经完全适应，而一些外地人食用漆树油后会过敏。现在，人们对漆树油经过特别加工和处理，人食用过后不会再产生过敏的现象。漆树油产生自漆树籽，是一种味道不错的食用油。当地群众有一道独特的待客菜叫作漆油鸡。其做法就是用漆油来炒鸡肉，然后再加水炖煮。漆油鸡不仅味道可口，而且营养丰富。村子里的妇女生完孩子以后，漆油鸡通常是最好的补品。如果在漆油鸡中加入些白酒，就成了"下拉"。"下拉"是当地更加著名的一种保健食品，对祛风除湿非常有效果。

（三）核桃油

怒江地区盛产核桃。当地的核桃有两种，一种为"铁核桃"，外壳非常坚硬，需要用石头或铁器用力击打才能破碎；一种为"软核桃"，用手便可将其外壳捏碎。前者较多，后者较少。制作核桃油多用"铁核桃"。其步骤一般如下。

第一，捡核桃。在迪麻洛峡谷的山林中，生长着大量的核桃树。每年的8月底或9月初，核桃就会成熟。当地群众收获核桃有一套很特别的办法，他们并不是在核桃成熟的时候用一根长竿子将核桃从树上敲下来，而是等其自然熟了而落下，然后再背上箩筐去捡。难怪已经到了10月或11月的时候，依然还有人去山上捡核桃。这一现象可能与当地的地理地形有很大关系，一来山坡陡峭，爬到树上比较危险；二来敲打下来的核桃可能会滚得太远，不易找到。

核桃树有自家的，也有集体的。自家的当然只能是主人家才能去捡，而集体的一个村子里的人都可以去捡。虽然如此，也很少发生争抢的现象。因为核桃掉下来并无规律，有时候去了并不一定能捡到多少，这个完全取决于个人的运气。当地民众的自律性极强，有些人去捡了核桃以后，由于多得背不完或者太少不够背，就将捡好的核桃收拢放成一堆，等到有空的时候再去背，别人去捡的时候如果见到这些核桃就不能再去碰了，这个完全遵循了先到先得和尊重别人劳动成果的原则。走在路边，虽然核桃掉得满地都是，但是并不能随便去捡，有些好心人见到会下意识地去把路中间的核桃踢到路边上，因为怕车子过来碾碎了，这也充分体现了"乐于助人者人亦助之"的处世理念和精神。捡到的核桃，有些已经在从树上掉下来时摔掉了外面的青皮，有些的青皮还留在

---

① 《纂修云南上帕沿边志》，见《怒江傈僳族自治州文物志》编纂委员会编《怒江傈僳族自治州文物志》，云南大学出版社2009版，第344页。

上面，需要用手将其一个一个剥下来。核桃皮里面含有一种特殊的物质，能将人的双手变得乌黑。每次捡完核桃以后，手上的颜色需要 1 周左右的时间才能完全褪去。有些被雨水淋湿的核桃皮子已经变黑发烂，像泥一样黏在里面的硬壳上，极难弄干净。

第二，冲洗核桃。核桃捡回来以后，要倒入一个大盆或木槽里面，用水冲泡几天，将外面残留的皮和黑色物质洗干净，最后捞出来晒干。标准的核桃为光泽鲜亮的土黄色，这样的核桃无论是出售或是自家熬制食用油，都是最好的。除了做油，人们也会将多余的核桃出售给外地来的商贩。每年的十一二月，外地的商贩就会陆续前来，住在村子里，寻找村里的中介人前往农户家中收购。2013 年，先后有德钦、香格里拉、保山和福贡等好几批外商前来迪麻洛收购核桃。最早的时候，每斤核桃的出价为 1.50 元，只有很少等待用钱的村民选择出售；后来由于商人增多，形成了竞争，核桃的价格涨到了每斤 1.70～1.80 元，村民们对于这个价格似乎很满意。谈妥之后，紧接着过秤、结账，只要一会工夫，村民们的土产品就变为了现金。数着手中的人民币，人们的脸上荡漾着笑容。和其他收入相比，捡核桃在人们的生计中占的比例并不算大，有些捡得较多的家庭每年卖到 1000 多元，少的则只有几百元。但是，对于一向缺少经济出路的山村居民来说，这也足以令他们感到欣慰和满足了。

第三，为核桃去壳。当地居民制作核桃油有着一套自己的土方法。在过去，核桃去壳都是用手工完成的，将核桃一颗颗丢进一个大木臼里，一个人或两个人轮番用粗大的木杵将其击碎，再把里面的果仁挑出来。因此，这是一项十分繁琐费力的劳动。现在，这项工作已经完全由机器代替。10 年前，村上的一户人家从县城买回来一台铸铁的粉碎机，这台机器可以轻松地将核桃碾碎，核桃从机器上面倒进以后，壳和果仁分别从下面的两边分离。用机器去壳不但简单方便，而且十分干净。当地的核桃品种多为俗称的"铁核桃"，里面的果仁牢牢地固定在壳子里面，即使用杵臼将其击碎，果仁依然很难弄出来，用机器的效果则大不一样。

第四，熬煮核桃。在院子里架一口大锅，倒进核桃仁，加入少量水，水面盖过核桃仁即可，然后烧火开始熬煮。水开以后，再往里面加入少量灶灰，搅拌均匀，过一会儿，油水就会逐渐浮上水面，形成一层清澈的油层，这时用瓢轻轻地伸进油层里面，将其捞出来即可。（见图 7-8）一锅核桃仁一般可以熬煮两次，第一次捞完以后，再加一次水熬煮，直到里面的油分完全分离干净为止。刚从锅里打捞出来的核桃油，还要单独再烧开一次，这才易于储存而不会在自然条件下腐烂变质。

图 7-8　熬煮核桃油

## 二、燃料

迪麻洛村村民现在使用的现代能源和燃料种类比较多，如电力、天然气和太阳能。从环保的角度来讲，电力和天然气无疑是理想的能源，因它们的使用而减少的木材砍伐量也是难以估计的。但是，电力和天然气能否彻底取代柴火？答案也是否定的，因为火塘的存在让人们必须使用木柴。烧火塘是人们沿袭已久的一种生活习惯，只要有火塘的存在，柴火就不能被代替。

柴火是当地最为主要的一种燃料。现在，准备柴火有两种途径，一种是用传统的篮子背运，一种是用车拉。用篮子背柴火是一件很繁琐的劳动，因为每次背回的柴火很少，每隔两三天就要再去背一次。背柴火的时候，来到山上的树林里，收集干枯的树枝，将其枝丫砍削干净，再砍成一截一截，在篮子里装好，然后背下山来。山上有很多砍树后留下的树枝，不愁找不到柴火。

当地的藏族群众也和怒族、傈僳族群众一样，喜欢用头来顶篮子。顶的时候，人先蹲下来，把篮子上的背带挂在前额上，双手从后面扶住篮子，然后用力稳稳地站起；当柴火太沉的时候，最好有一个人从后面帮忙抬起。

柴火还有一种很重要的来源——河流。迪麻洛峡谷里流淌着一条水流量较大的河流，名字叫浪格洛。浪格洛河与怒江只有一山之隔，发源于著名的梅里大雪山，从北向南流下，它的上游有着茂密的原始森林，大量被暴雨和泥石流冲毁的树木顺着河流往下漂。沿着河往上游走，会发现河流两侧的沙石上到处都是整棵或折断的木材。

2008年德贡公路开始修建以后，大量的山体被挖毁，河里被冲下的木材数量大大增加。需要柴火的时候，人们就先去河流旁边将木材收集起来，较大较长的用肩扛，太长的先用斧子砍成几截再用肩扛，短小的则用篮子背（见图7-9），把它们在河边的公路旁堆放好，然后雇一辆卡车拉回家。去河边捡柴火也是一项非常辛苦的劳动，从砍、扛、背、装车到运回家中，几个人大概需要一天的时间。

图7-9 背柴火

木材运回家中以后，要变成可以烧火用的柴火，还需要再加工，即用斧子将其劈开。捡回来的柴火主要为松木，还有一种质地非常坚硬的木头，当地人也不知道它的名字。松木易燃，是烧火的天然材质，但是不耐烧；那种质地坚硬的木头虽然难劈，但是非常耐燃。还有一种栗木，晒干后变得极轻，当地人主要用其来铺屋顶，类似于汉族地区的瓦块。这种木料也极易燃烧。烧火的时候，通常是几种不同材质的柴火搭配在一起使用。过去人们劈柴主要用斧子，现在有了靠机油运作的锯子，劈柴火也变得容易许多。

走在山上，会时不时发现路旁有些松树下部被砍掉一半，当地人告诉笔者这是"明子"。明子也就是松明，长于松树里面，油质很大，一点即着，当地人找到以后，砍一大块拿回家中，每天早上生火的时候，从上面砍下一小块，点燃以后,再架上其他柴火,火就很容易燃烧起来了。

在当地,无论富裕或贫贱,无论是藏族还是怒族或傈僳族,家家都有火塘。火塘是人们日常生活中不可缺少的一样东西。火塘的形状一般为正方形,边长约为1米、高度约为10厘米。当地的房屋多由木材搭建,火塘从里到外共有三个部分,最里面为凹陷部分(是烧火的地方),中间部分由坚固的泥土做成,外围四周用木板固定,这样的设计可以防止发生火灾。(见图7-10)

图7-10 屋子中的火塘

火塘上少不了的一个设备就是铁三脚架。三脚架一般高20～30厘米,底下有三个支撑点,上面有一个圆圈,带有三根宽铁条,中间下陷。火塘上的三脚架可以用来烧水做饭,最常用来煮猪食。

按照当地藏族群众的习惯,早上起来第一件事就是生火烧开水,这个也是藏族群众教育孩子的一种方式。当地的老年人讲,在过去,如果早上父母还未起床,孩子就要早早起来做这件事情,然后把火塘旁边打扫干净。藏族群众的生活极为简单。清早起来,他们一边准备酥油茶、煮猪食;一边坐在火塘旁边烧土豆,烤苞谷棒子,或者炸苞谷花吃。

火塘不仅是烧水做饭的地方,也是一个休息和消遣的好去处。冬季寒冷的时候，人们可以围在火塘边烤火、喝酒、聊天，因此也是家人和朋友聚集的好地方。此外，当地群众也喜欢吃烧烤。以前，人们将火塘里燃烧正旺的炭火刨在一边，将肉块直接放在上面烤来吃。这种烤法极易将肉烤焦，而且肉上面还会沾有大量的灰。现在，人们从市场买来用铁丝编成的一种网状的工具，将其架在炭火上面，用其烤出的肉口感就很好了。

人们选择烧柴火还有一个重要的经济原因就是柴火取之于山上，付出的只是劳动，而不需要额外的花费。山里的人们赚取每一分钱都不容易，虽然每度电只要4角多钱，但是累加起来，每月几十块，每年也得几百块，人们还是挺心疼的。相比之下，山上的柴火却完全是大自然的恩赐，完全可以无偿使用。

另外，当地电的供应并不稳定。经常性的滑坡、泥石流以及冬季的大雪，都会导致停电现象的发生。据村民们讲，有时候冬天下雪的时候，停电期长达月余。在这样的状况下，柴火显得更为可靠。

### 三、住所

建筑技术是人类生存的一大发明。人们常说，衣食住行。除了吃饭和穿衣外，人类还要遮风挡雨、驱寒就暖，躲避野兽的袭击，保护自己。房屋的样式和种类，由于环境和文化上的差异，各地有着很大的不同。另外，由于文明和技术程度的不同，城市和乡村地区的建筑也有着很大区别。在草原上，人们住在可以移动的帐篷里；在北方的黄土高原地区，人们住在窑洞里；等等。在经济和技术比较简单的社会里，人们基本上是充分利用和依赖所处的物质环境来满足自身的需要的。

怒江地区最为流行的民居当属一种三层结构的木板房或木楞房。虽然现在一些居民已经开始使用空心砖建造房屋，但是这仅限于经济条件较好的家庭。一位本地的建筑师告诉笔者，建造一座60平方米的砖房，需要空心砖、钢筋、水泥、玻璃，再加上人工费用，共18000元左右。

建造房屋的人力有两种。一种是帮忙者，主要限于主人家的邻居和亲戚；一种是雇工，他们负责房屋的设计和建造，需要花钱雇请。按照当地的工价，每名工人的费用大约150元一天。帮忙者不领工钱，但是主人家要提供食物；工人则不在主人家吃饭，食宿自己解决。工人一般都是本地的，吃住回家即可。房屋的建造大致需要以下几个步骤：

第一步，准备木料。木料的准备是整个房屋建造中花费时间最长的一个环节。砍伐树木需要得到当地政府的批准，因此需要先申请。主人家要先写一份书面的申请材料，拿到村委会盖章，再到县里的林业主管部门盖章。

准备的木料既可以是木板，也可以是树干，根据主人家的喜好和房屋设计而定。木料的准备费时费力，找树、砍树直到运回家中，往往需要一个多月的时间。如果是盖木板房,需要砍伐粗大的树木,在山上就将其锯成板子,然后拉回家中。如果是木楞房,则选择粗细相等的圆木,砍掉枝丫,剥皮刨光,把表面收拾干净。一座60平方米的木板房或木楞房,需要砍伐几十棵树木。

木料的砍伐和运输可以由主人家自己来完成。每次去山上,带够食物,往往待上10多天。木料拉回家以后需要做进一步加工,这一步的工作需要请本地的木匠来做。无论是木板房还是木楞房,当地都流行一种嵌合式的建造方式。每根木料的两端,砍挖成剑把式的凹槽状,然后相互嵌套,嵌套的时候沿着逆时针方向,一个接一个套成一个正方形的四面体。每根木料除了两端要砍挖成凹槽状,横的一侧也要做类似的处理,即每根垫底的木料的上部要砍削成稍微凸起的脊梁状,套在上面那块木料的下部则砍挖成凹槽状。这样,两块木料上下嵌套的时候,就不会留下缝隙,起到防风防雨的效果。建造这种房子的最大特点是几乎不用铁钉,完全采用一种自然的办法。虽然如此,建造的房屋依然坚固无比。

第二步,试建。木料加工好以后,并不能急着开始盖房子,而是需要先在房屋的选址附近找一块空地,试着先盖一次,看加工的木料的凹凸砍挖得是否合理,如果有不匹配或衔接不上的地方,则要重新加工,因为等到正式建造房屋的时候,要想再拿下来加工修理,那将是十分费时费力的事情。试验好以后,将木料拆下,再挪移到房屋的选址上。拆除的时候,要做好标记,即在房屋一面的木料上从下到上标记顺序和方位,如东1、东2、东3……这样,在正式建造房屋的时候,人们只要按照标记好的顺序,一块一块地拼接上去,就不至于发生混乱,工作就会容易很多了。

第三步,正式建造。正式建造的时候,如果房屋的选址是在斜坡上,则要用石块或木头搭建几根柱子来做支撑,先搭建起一个正方形的平面,再在这个平面上搭建房屋。房屋的搭建速度很快,当地讲究一天时间完成,其实有了前面的试验,正式建造的时候只需要把拆下来的木料按照标记好的顺序重新安装上去即可。因此,这个环节是比较容易的。房屋搭建好以后,紧接着要搭建顶棚。顶棚一般为"人"字形,中间一道横梁,两面呈斜坡状。(见图7-11)顶棚的构架完成以后,上面要铺盖瓦块。当地的瓦块多种多样,以前人们主要使用木板。这是一种质地很轻的栗木,这种材料的瓦块目前仍大量存在于高山牧场的木屋上。还有一种是石板瓦,从河边或山上采来。怒江地区有一种很特别的层状岩石,如书本一般,用办法将其一层一层地取下来,即可作为覆盖屋顶的瓦块。石板瓦一般为正方形,宽1~2厘米,覆盖的时候要讲究技巧,因为板身呈平面,不像普通的瓦块那样有凹槽。现在,市场上的石棉瓦已经成为当地群众非常喜爱的一种建房用品。石棉瓦块较大,质地较轻,一片就可以覆盖一块很大的面积,而且耐日晒雨淋。顶棚完成以后,接着铺底板,建火塘。

底板可以是质地结实的薄木板，也可以是较细的圆木。木板的好处是不留缝隙，可以阻挡来自房屋底部的气味。圆木由于粗细不均，容易留下缝隙，天热的时候，能闻到房屋下面散发出来的牲畜的粪便味道。

图 7-11　搭建房屋

调查期间，笔者间歇性地参与了一家人的建房活动。嘎真是一个年近30岁的小伙子，父亲很早去世，家中只有他一个儿子，一直和母亲居住在一起。父亲死后，母亲又先后找了两任丈夫。近两年，嘎真与母亲的关系一直不和，时常发生争吵，母亲扬言要将嘎真赶出自己的房子。为此，嘎真决定建造一所自己的房子。嘎真是补它组人，但是居住在迪麻洛村中心的从尼地界。他家的自留山和责任山在峡谷深处的新科牧场附近。为了找木料，他请了两个亲戚前去帮忙。嘎真要建造的房屋是一座木板房。取得林木的砍伐证以后，他和他的亲戚在新科牧场的原始森林里砍伐了十来棵粗大的冷杉，在山上将它们锯成厚约10厘米的板子，然后拉回家中。为了准备木料，嘎真先后3次去往山上，每次在山上待的时间都超过10天。第一次去的时候，家里杀了一头猪，作为在山上的食物，然后带上大米、香油、盐巴、蔬菜等。牧场上有熟人的牧屋，他们借用来吃住。木板房上同样需要一些柱子和横梁，这些材料是嘎真向从尼一个朋友那里借来的，从尼朋友的自留山就在嘎真家的附近。取得主人家同意以后，他们一起来到山上，砍倒了十来棵松树。树木砍倒以后，要将木料运送下山。

当地人运送木料并不是很多人一起抬的，而是用一种叫"梭"的方法，即将木料抬到一个地势陡峭、植被稀少的沟壑边上，让木料一根根顺着沟渠滑下。"梭"木料的时候，要将树干表面砍削光滑，并且在树头部分保留少量枝叶，这样可以起到减速和掌控方向的效果。那些滑落到半途停下的木料，还要再跑下去助推一次，直到所有木料滑到山下面为止。"梭"木料其实是一件非常危险的工作。从尼的自留山下面就是正在修建的德贡公路，路上时不时有行人、车辆和牲畜经过，为了保证安全，嘎真让妻子站在山下留守，随时报告路上的情况。当有人或车辆经过的时候，她便在山下大喊，叫嘎真暂停。虽然处处小心，但嘎真为了"梭"木料还是和附近的一户村民发生了争吵。因为木料下山时要经过一户人家的林地，里面栽种了很多核桃树，虽然此次"梭"木料没有伤到该户人家的核桃树，但是由于木料滑下时的巨大冲力带下了大量石块。当地的山体比较疏松，该户人家嫌嘎真破坏了自家的自留山，因此就站在旁边进行谩骂和责备。嘎真自觉理亏，默默不语，为了建造房屋，只得受些委屈了。木料拉回家中以后，嘎真请了村上的4个木匠开始进行设计和加工处理；等到所有准备工作完成以后，又请了附近的邻居前来帮忙。木匠加上邻居，前前后后有十几个人一起工作。一个半月左右的时间，嘎真的新房子就建起来了。和别人家不同，嘎真此次在县城里买回了很多块长方形的蓝色薄铁皮，用来覆盖屋顶。

通往房屋上下的工具为梯子。当地的梯子由一根单独的木头制成，将木头的一面凿挖成梯形，搭靠在房屋上，人踩踏着就可以上上下下了。这种梯子极不稳当，初次登上去的时候，左右摇晃，感觉很不踏实。但是，对于当地人来说，这显然是不成问题的。

当地群众之所以普遍喜欢这种三层结构的房屋，是因为其非常适合当地农牧生计结合的特点。无论是平底还是斜坡，都要在房屋下面留出一个空间，用来圈养猪、鸡、牛等家畜和家禽。中间一层住人。最上面的顶棚则用来存放粮食、农具或其他杂物。每年苞谷成熟的时候，人们把背回的苞谷棒子堆放在屋子的顶棚上面。

## 四、工具

过去，迪麻洛每个村子都有自己的水磨坊，现在由于电力磨面机的出现，很多水磨坊都被废弃了。目前，人们正常使用的还有5个，其中3个在普拉和桶当村的交界处，另外2个在从尼。在使用权限上，自己村的人可以用，其他村子的人也可以用。从尼目前还准备再修复一座废弃的水磨坊，因为每年冬季遇到雨雪天气，村里都会停电，而这个时候正是村民们磨面的高峰期。可见，机器也并非万能的，传统的技艺和工具仍然有存在的一席之地。

关于滇西北地区的水磨，尹绍亭等人已经有了很多调查、记载和相关说明。水磨，其原理系借助水流的强大冲击力，带动磨盘快速转动，从而将粮食颗粒磨成碎粒和面粉状，以供人们食用和使用。

水磨坊一般修建在水流量较大的溪流河水旁边。这些溪流有的为高山雪融水，有的为山间泉涌水，清澈干净，既可以为水磨运转提供动力来源，也为人们提供生活用水，还可以灌溉稻田，其重要性不言而喻。磨坊的选址一般考虑两个因素。第一，安全。即要考虑磨坊离溪流或河水的距离，不能太近，也不能太远。如果太近，一旦到汛期，洪水就会将磨坊冲垮；如果太远，则引水又不方便。第二，动力的大小。动力的大小取决于河水的流量和落差，由于磨盘一般比较笨重，如果水流量太小，则无法带动磨盘转动，或者转动的速率不大；同样地，落差太小也会降低水流的冲击力。所以，水磨坊应选址在适当远离河流的地方，根据上下游的落差因势而建。

总体来看，水磨坊的构成包括上下两大部分。上部为封闭的木楞房，里面用来安装磨盘等器物；下部腾空，为外露的木轴和叶轮部分。（见图7-12）其具体组件包括引水槽、磨盘、磨围、木齿轮、操纵杆、挂箩等部分。

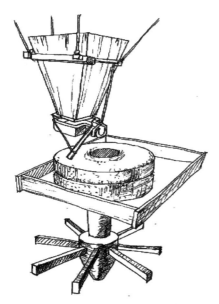

图7-12 水磨结构与实物底部

水磨有一个优点，就是在磨面的时候可以对其进行操控。即：如果想要磨出来的面粗糙一点，就可以利用操纵杆将叶轮底下的支撑点压低一点，这样磨盘间的间距就会宽一点；如果想要磨出的面精细一点，则运用相反的办法，利用操纵杆将叶轮底下的支撑点抬高,这样磨盘间的间距就会变得小一点。这些都是人们在长期的生产实践当中摸索出来的。

在当地,打苞谷要用棍棒或手工脱粒。一天,一位朋友带笔者去看打苞谷。原本以为,打苞谷只是一件稀松平常的事情,没觉得有什么特别的。但是到了山上,却真的大吃一惊。苞谷脱粒,既可以用手,也可以用棍子来敲。在笔者生长的甘肃农村,人们把苞谷装进一个大口袋里面,扎紧口子,然后用棍子奋力敲打,等到差不多的时候将口袋里的苞谷倒出来,没有打下来的再用手将其弄下来,效率极慢。迪麻洛的村民则为苞谷脱粒想出了一种绝佳的办法。他们建造了一个两层的小木屋,底下空着,四周用几根柱子支撑,上面为一个小房子,留有一个小门。苞谷成熟以后,先是将其放在房子里,让其干燥。木屋四周留有缝隙,可以通风。屋子的地板用细竹竿铺垫而成,竹竿之间留有手指宽的缝隙。这样,击打苞谷棒子的时候,苞谷粒就会顺着竹竿间的缝隙掉下;木屋下面的空地上铺垫一大块厚实的塑料纸,等到苞谷打完的时候,苞谷颗粒也就在下面自动堆积起来。这样打苞谷还有一个好处,就是苞谷颗粒掉下的时候,皮屑和尘土在空中被风吹到一边,苞谷颗粒也会变得干净很多。打苞谷需要请别人来帮忙,这项劳动一般由妇女来完成。几个妇女围成一圈坐在撂满的苞谷堆上,用拿掉铁尖的木锄用力敲打;苞谷颗粒四处飞溅,尘土和苞谷的皮屑弥漫进嘴和鼻腔里,人很难睁开眼睛。

在当地人的世界里,这样的劳动是快乐的,尤其是几个人一起干活的时候,她们累了就停下来喝口水酒,相互开几句玩笑,聊着一些有意思的事情,似乎劳动只是一种消遣。苞谷的储藏也很特别,内地群众多用枝条编制的囤,而这里的少数民族群众则用木柜。这样的小木屋一般建在空旷的山边上,这主要也考虑了风力的因素。此次经历让笔者对当地人的看法改变不少。原本以为,当地农业技术相比内地发展较迟,因而也要落后很多;但是事实情况并非如此,他们远比想象中要聪明。

在迪麻洛,几乎每个村民家中都有一个或两个以上的杵臼。当地的臼有两种,一种是木臼,一种是石臼。木臼由一根大圆木做成,从远处看去,像是一个大木桶(见图7-13);石臼的样子和构造与木臼相似,只不过石臼的体积较小。臼,顾名思义,就是凹陷的意思,人们将圆木或石头里面的上半部分掏空,放入要脱粒和粉碎的东西,用一根特制的木棍进行舂打,进而达到目的。

舂打东西的木棍叫作杵。木杵的做法也有讲究,即选用一根较粗大的坚硬木棍,将中间的部分砍细或削细,打磨光滑,以方便人用手来握,这样做成的杵就成为一根两头粗大、中间细小的特殊木棍。杵臼是当地少数民族使用比较普遍的一种产品加工工具。据尹绍亭在《云南物质文化》一书中的调查发现,目前云南使用杵臼的民族有独龙族、怒族、傈僳族、景颇族、德昂族、佤族、拉祜族、哈尼族、布朗族、基诺族、苗族、瑶族、白族、傣族等，足见其使用范围之广。

除了分布范围广泛，杵臼还是一种功能多样的工具。它不仅可以用来给粮食脱粒，还可以粉碎硬物。苞谷棒脱粒不能用连枷来击打，用杵臼就显得方便很多；稻谷和麦穗也可以放入木臼中来舂打。当地民众习惯于随吃随舂打粮食的习惯。人们多根据家庭里的实际情况，一次舂打准备两三天的食物，等到吃完以后再舂打。因而，舂打粮食也是人们日常生活中的一项基本劳动。碧罗雪山地区主产苞谷。苞谷稀饭等食物是人们的经常性食物之一，人们可以根据自己的喜好来将苞谷粒舂打成粗大或者细小的颗粒。

图 7-13　木杵与木臼

用杵臼来粉碎苞谷，既省事又方便，因而深受人们的喜爱。舂打粮食并不只是一个人的劳动，当地的木臼体积较大，通常外围部分高达 1 米，里面的臼深达半米左右，因而一次可以容纳很多东西。为了加快速度或者减轻劳动量，两三个人可以同时围在木臼旁边舂打粮食。除了舂打苞谷等粮食，人们还用木臼来粉碎核桃等硬物。

### 五、骡马运输

1997 年以后，随着公路的修建，迪麻洛的很多地方都通了车，骡马在运输中的作用开始下降。尤其是国家的退耕还林政策实施以后，骡马的数量更是下降得厉害。退耕还林和退牧还草政策实施以前，人们利用陡峭的山坡地来种植苞谷、高粱和一些豆类作物，这些作物和杂粮都是喂养骡马所不可缺少的精饲料。退耕还林和退牧还草政策实施以后，这些山坡地不能再用来种植杂粮作物，骡马的饲料要从集市和外地买进，骡马的养殖成本大大提高，从而导致了很多家庭最终卖掉骡马，放弃对这些大牲畜的饲养。

虽然如此，骡马在怒江的高山峡谷地区仍然存在使用空间。（见图 7-14）因为村里的公路不能修通到山区的每个角落，而人们居住和生活的地方又是如此分散的。以迪麻洛为例，峡谷里的 12 个自然村目前真正通公路的才 4 个，还有 8 个处于未通公路和半通公路的状态，运输货物仍然要靠人背马驮。

图 7-14　骡马驮运

即使村子里的公路将来全都修通了，人们也还要去牧场。牧场的海拔高、路途远，而且需要定期往上面运送粮食、饲料等东西，如果只靠人力背运肯定是不行的。

保留骡马的同时，人们开始注重对驴子的饲养。驴子的驮运能力虽然不及骡马，但是也有着自己的优势。在这些地形复杂的山区，有时候驴子的使用反而显得更加方便和实用。首先，驴子体小身轻，食量较小，饲料成分也比较简单，相比于骡马，饲养的成本低很多；其次，驴子体质结实，平常生活中可以帮助人们驮运烧火做饭的木柴，运送粮食、工具等小型和轻型物品，从而大大减少了人们的劳动，方便人们的生活；最后，在崎岖不平的山区，驴子通常走得更稳。在迪麻洛的集市上，经常有村民赶着骡马和驴子下山来卖东西或购置生活用品。

除骡马之外，箩筐和背篓也是山区人们运输物品离不开的用具。由于道路崎岖不平，生活中的大量物品都要靠箩筐来背运。每年春耕秋播季节，人们要用箩筐将家里积攒的农家肥背到远处的地里。在山林中，使用背篓和箩筐也极为方便。箩筐背在背上，可以使人腾出双手。在山路上行走总会磕磕绊绊，人们可以一边用砍刀来开路，一边用手来扶住树木保持平衡。采集的野菜和药材，可以直接丢进后面的背篓里，既提高了劳动效率，也省去了很多麻烦。和木头等其他材料相比，竹篾为比较轻巧的物品，用它制作的箩筐和背篓本身也比较轻巧，这就可以大大减轻人们的负重和体力，从而降低人们的辛苦程度。无论是从实用还是从经济的角度来讲，编织篾器都是山区人们的一项有效劳动，它既能解决人们生活中的一些实际困难，也能为人们带来一些金钱上的收入，因而是一项值得付出的劳动。

## 六、传统手工业

费孝通先生曾说："农家不但因为求生活的自给多少都做一些工业活动，而且他们所不自给的消费品，也大都是从别的农家中买来的。都市工业的不发达，使我们种种用品，好像衣着、陶器、木器等等都在乡村中生产。凡是有特殊原料的乡村总是附带着有制造该种原料的乡村工业。靠河边有竹林的地方，有造纸和织篾器的工业。有陶土的地方，就有瓷器的工业。宜于植桑养蚕的地方，就有缫丝、织绸的工业。这种地域性专门工业的发展，并不一定引起工业和农业的分离，这类工业依旧分散在多数的农家。在家庭经济上，农业和工业互相依赖的程度反而更加密切。中国的传统工业，就是这样分散在乡村中。"①

然而，费孝通先生所描述的只是20世纪40年代中国农村手工业的一般情况，而且其中还有一个很重要的前提就是"都市工业的不发达"。现在的事实却是，中国正处在一个工业化高速增长和发展的阶段，我们也正生活在一个工业文明早已泛滥的社会。那么，在这样一种新的背景和情况下，传统的农村手工业的命运又如何呢？是全面衰落，还是延续活力？

通过调查，我们发现，答案其实并非如此简单。尽管现代的工业文明已经将其触角延伸到了世界的每一个角落，但地方文化自身生命力的顽强性也不容忽视。这样，我们就在同一个地方内部看到了现代文明与传统文化两种力量的较量和博弈。这样的叙述显然不是什么新鲜事，笔者在这里所要说明的只是地方文化在卷入世界体系的时候会同时出现多种可能性，如被取代、并存或重焕活力，因此并不能一概而论。

就迪麻洛村村民的手工业变迁现状，可以分为三种不同的类型，即衰落型技艺、延续性技艺和扩大发展型技艺。

（1）衰落型技艺最为突出的当属纺织。明清时期，当地民众就已经从事纺织活动，并且会生产一种颇为著名的"红纹麻布"，吸引远在千里之外的纳西族群众前去购买。民国时期，内地的棉线和土布开始进入当地，到了中华人民共

---

① 费孝通、张之毅：《云南三村》，天津人民出版社1990年版，第212页。

和国成立以后，工业布料的供应更多，人们逐渐放弃了这一传统的手工劳动。

迪麻洛村阿洛家，是当地目前仍然从事纺织活动的少数几户家庭之一。纺织原料已不是麻线，而全为市场上买来的五颜六色的漂亮棉线。织布的工具也不再是木制的，而是一个用铁管焊接成的长方形架子。

纺织的原理虽然很简单，但是对于一个刚接触的人来说，要弄明白其中的原理，非得经过一番细致的观察才行。

纺织架一头的横杆上并排系上棉线，架子的中间吊有两个用尼龙绳做成的类似筐子的东西，筐子下面分别和两个踏板相连。棉线一条条相隔着从筐子中间穿过，一半在上，一半在下，这些线可以被看作竖着的经线。

织布者将纬线从经线中穿过，穿过一次纬线，便踩动脚下面的一个踏板，这时，经线上下交错，并且被纬线固定，织布者要马上用一块光滑结实的半圆形木板将其往里压紧；再穿过一条纬线，踩动另外一边的踏板，经线再一次交错，再用木板压紧。（见图7-15）

图 7-15 织"怒毯"

这样，一次一次，不断重复，直至棉布毯子织成。用这种方法进行纺织，效率极低，织就一块几米长的布毯，差不多要花上月余时间。

（2）延续型的技艺主要为各类竹、木用品的制作。中华人民共和国成立前，怒江地区的木器手工产品种类极多。民国时期的李生庄记载到："……器具之属于木器者，有木甑、木盆、木盌、木箱、木桶、木槽之类；属于石器者极少；属于竹器者有竹筒、竹箕、竹筐、竹盒之类。"①

在高山峡谷地区，人们最常用的竹篾器具当为背篓和箩筐。走进村民的院落里，随处可见大大小小、形状各异的背篓。走在村子里的道路上，随时可见妇女或小孩们背着背篓出去割猪草。人们去地里劳动的时候，身上也不忘背一个背篓，遇到有用的东西随时可以将其捡起背回家中。背篓和箩筐的编织技术简单，几乎每家男子都会此种手工艺。什么篾器要用哪种材料，材料要多少，在他们心目中都有个准数。笔者问他们："这些技术哪里学来的？"他们回答："不用学，看看人家做就会了。"

编制竹篾器一般多在牧场上进行。牧民们平日里照看牲畜之余有很多空闲时间，因此常会去山上砍一些竹子回来进行编制；山下的家人上山来送粮食等生活用品的时候，会将这些篾器带到山下的集市上出售。

编制篾器从底部开始，要先将底筐编制好，正如盖房子时要先将地基打好一样。底筐四周用宽厚结实的篾片编织，以确保底部结实牢固。底部固定后，将底部四周延展出的竹篾向上折起作为竖着的龙骨，再用细小的篾条横向在这些龙骨中间穿插交错。有的篾片和篾条要用火灸过后才绕得过来，有的要浸在水里，经过相当长的时间才能编织。编织时要用力将篾条向下压紧，使其充分紧密、严实，如果力道不够，编织出来的背篓和箩筐将会松松垮垮，不堪使用。编至顶部时要进行封边。封边也是编织篾器的关键环节，先在顶端沿筐圈穿插两条竹篾以起到固定边框的作用，再将延伸在外的竹篾依次侧边穿插，至此，编制篾器的工作就大体完成。（见图 7-16）背篓和箩筐编制好以后，按照习惯，人们还要为其系上两条专门的背带。这样，一个精致的背篓或者箩筐就完成了。

  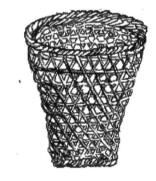

图 7-16　编制竹篾器

---

① 李生庄：《云南第一殖边区域内之人种调查》，见《云南边地问题研究》，云南省立昆华民众教育馆民国二十二年（1933 年），第 143 页。

篾器的用途极为广泛，其种类更是多种多样。按照用途来讲，篾器可以分为三类。第一类是粮食加工用具，代表性的如簸箕、筛子等，簸箕和筛子主要用来分离粮食和糠秕，是农户加工粮食必不可少的工具；第二类是装盛和搬运用具，小的如背篓、箩筐和竹篮，大的如囤箩等；第三类是生活用品，如扫把和席子等。囤箩为椭圆柱形，其规格由箩的直径和高度决定，用于装粮食。背箩上口宽、下窄，封底。一般用竹篾编成柱形，箩身并不是密封的，而是相隔有小孔的，主要用来背柴火、猪草和一些采集之物。簸箕有大有小，里端为方形、较窄，外端平而开阔，使用时通过上下颠簸，将糠、秕、土等杂物清除出去。筛子根据网眼大小可以分为粗筛和细筛。粗筛主要用来晒苞谷，苞谷舂过头道以后，将其放在筛子里过滤，细小的苞谷面、颗粒便从网眼落下，可以做稀饭和干饭吃；粗大的仍然留在筛子里，可以继续舂打，或拿去喂牲畜、家禽。细筛一般用来过滤荞面、大麦、小麦和燕麦面。

编织篾器不需要很大的资本投入。一般来讲，只需要一把砍刀和相应的竹料就行。一把砍刀值不了多少钱，而且可以用上几年也不坏。竹料既可以上山去砍，也可以自己种植，即使要向人买也花不了几个钱。几天之内就可以把篾器织好，卖出去。所以，其主要成本是时间和劳动。时至今日，在当地的集市上，我们仍然可以看到人们编织的各种竹篾器。

木器的制作，根据不同的用途，需要选用合适的木料。青冈木质细且坚硬，适合于制作木犁铧、弩柄和案板等；杨木质细而轻，用来做纺织机的各种部件和挖制碗、勺等；黄杨木的根可以用来制作烟斗；桃木也适合于制作各种硬木具；松木轻软，有油质，可制作用量大而有防水性能的房板、地板；桦木质硬，砍出刀痕后易弹回，适合做案具；等等。砍伐下来的木材都不立即剥皮，制作器物时，有的木料需要绝对干燥，有的就无所谓。

木器的变迁情况较为复杂。其中，既有延续，也有取代。延续方面如杵臼、半木结构的锄、犁等；被外来产品替代的如木桶。木桶的制作不仅需要很多工序，花费时间长，而且笨重，远不如塑料桶轻便。因此，人们也放弃了对它的制作和使用。

（3）扩大发展型技艺最主要的例子为酿酒。在外来酒类商品的冲击下，当地的自酿酒不仅没有被冲垮与取代，反而是继续生产，并且呈现出扩大的趋势。出现这一现象的主要原因为：一是人们现在可以从市场上更加方便地购买到铁锅、酒曲、玉米等酿酒工具和原料，酿酒效率不仅比以前提高，产量的提升也有了客观的条件基础；二是村民家庭的自酿酒价格适中，而且有质量保证，被人们普遍作为待客、仪式场合之用。总之，自酿酒在质量上比外界市场输入的廉价酒和劣质酒更好，在价格上又比质量较好的工业成品酒便宜。这两方面的优势使得自酿酒在当地更受欢迎。

## 第四节　劣质品的禁售与危险品的处理

　　村民公约的第二项内容是直接针对市场的。改革开放以后，外界的各种现代商品陆续进入迪麻洛村村民的生活当中，在满足人们的消费需要时，也带来了很多负面的影响，产生了严重的不利后果。概括来讲，一是劣质商品对村民身体健康的残害，典型性的如各种劣质白酒；二是对牲畜的毒害，最突出的如塑料和玻璃的丢弃品。

　　迪麻洛的怒族、藏族、傈僳族等普遍喜欢喝酒，人们对酒的依赖也非常强。除了桶当村信仰基督教的部分村民外，迪麻洛的其他村民几乎家家都喝酒。当地的酒类分为两种，一种为家庭的自酿酒，一种为市场上的售卖酒。市场上的酒类进入迪麻洛以后，对当地的本土酒产生了不小的冲击和影响。

　　白酒方面，当地村民普遍自己熬酒，除了自己日常饮用，也偶尔出售给本地村民或县城的餐馆。目前，1斤家庭手工制作的自酿酒的价格为10元钱而市场上的白酒进入以后，有些每瓶才只要几元钱，尤其是一种叫"苞谷酒"的瓶装白酒一瓶才卖3元钱，更早的时候甚至才卖2.50元。对于那些白酒缺乏的家庭，购买市场上的便宜酒就成为他们的首选。

　　可以想象，一瓶2～3元钱的白酒的质量会好到哪里去！那些白酒大多是昆明以及怒江的其他地方生产的，扣除生产上的成本以及运费，可以估算出瓶子里的酒的真正价值其实少得可怜。这些酒类，其实大多是酒精兑水而成的，和纯粮酿造的酒有着质的区别。自从购买和饮用这些劣质白酒后，当地出现了很多"废人"。他们把身体喝坏了，力气也衰减了，重活干不了，脑子也变得迟钝，精神涣散，劳动能力逐渐丧失，只能坐等吃食。更为严重的是，过去若干年里，当地发生了很多猝死的事件，都是前一天晚上喝完酒，半夜或第二天便突然死亡。人们说，家里的自酿酒肯定不会这样的，喝得再多，至多是醉，绝不可能会死人。

　　有一次，笔者跟随一家人去河边捡柴火，路上遇到一个醉酒的年轻人，胡搅蛮缠，差点活也干不了了。一个人告诉笔者，别看那个人现在很疯，以前身体非常好、力气非常大，打篮球的时候甚至可以扣篮；但是，后来喝多了劣质的"苞谷酒"，他的身体渐渐地就"废"掉了。这样的例子还有很多。

　　白酒之外，啤酒的消费量更大。在山上的村子里，现在几乎每家村民的房屋旁都可以见到堆满的啤酒瓶。（见图7-17）

图 7-17 房屋旁堆满的酒瓶

很多村民喝完酒后，直接将瓶子丢在路上或田地旁边，到处都是破碎的玻璃片，对行人、车辆或牲畜的安全造成了很大威胁。另外，部分村民喝醉酒后，还用啤酒瓶打架，十分危险。

2013 年 7 月，迪麻洛村村委会出台了一项公告，禁止外来商贩以及班底店铺在村里出售劣质白酒、瓶装啤酒以及其他不合格产品其具体内容如下：

公 告

经我迪麻洛村"两委"及村民代表大会通过，从 2013 年 7 月 18 日起禁止批发和出售以下物品：

一、为本村村民身心健康及生产生活的发展，经村民代表大会商议决定禁止个体工商户引进一切瓶装类酒（包括苞谷酒、瓶装啤酒、塑料装白酒、各种外来批发零散酒）。

二、为本村少年儿童健康着想，村委会商量决定各种劣质零食禁止在本村批发及出售。

三、个体工商户、批发商、零售商要保证食品安全。不销售过期劣质的饮食品，村委会不定期进行检查，如发现以上问题，依法上报工商局及食品、药品监督管理局处理。

四、凡外来人员进驻本村的，必须服从本村管理，尽到应尽义务和遵守村规民约。

五、此公告从2013年7月18日起生效并执行。

捧当乡迪麻洛村村委会<br>2013年7月18日

除酒类外，塑料是另外一项对当地危害比较大的物品。塑料的种类包括塑料包装袋、塑料酒瓶、地膜等等。有村民回忆，20世纪80年代，迪麻洛还没有塑料袋；到了90年代初就开始有了，但是那时候的塑料袋不免费，要花钱才能买到的，每个家庭都在重复循环使用；到了90年代末期，塑料袋就不用拿钱来买了，随便去商店里或集市上买一样东西，卖家就自动送你一个。也就是从那个时候起，塑料袋以及其他废弃品就一天比一天多起来了，一直到现在。

塑料的危害主要集中在牛等牲畜的身上。牛吃了塑料物以后，最多能活一年，因为胃消化不了，有些严重的几个月内就死掉了。村民们说，养牲畜不容易，一头牛从牛犊养大，需要几年的时间，而且需要付出劳力、饲料等各方面的成本。而一块小小的塑料就能轻易地将其害死，真是令人气愤。

为此，村里组织村民开展了废弃商品的回收和处理活动。其中，桶当和普拉两个小组酒瓶乱丢的问题特别严重，此外，庄稼地里和村子周围随处可见各种各样的垃圾。村民说，这些垃圾在这个村子出现已有10多年，在离村子最近的核桃树底下到处都是玻璃碎片，现在那些核桃林人都不敢走，只有牲口走那里，每年受伤的人畜也不少。

从2007年开始，迪麻洛村各个村子做了塑料等废弃品的处理活动，施行得比较好的有桶当村、普拉村、白汉洛村、从尼村以及阿鲁腊卡的3个村等。其中，从尼村还用玻璃瓶做围墙，修建了一个公用厕所，还建了9个垃圾筐、一口垃圾焚烧池。白汉洛村安装了6个装垃圾的篮筐、一口焚烧池。农户的主要任务是把收集到垃圾筐里的垃圾运到焚烧池焚烧。

# 第八章　国家力量的帮扶与依赖

本书导论中已经指出，一个正在经历变迁的地方社区的生存与发展，往往是内部的生产自给、外部的经济交往以及国家的权力这三个方面共同作用的结果。不同的历史时期，三者各自的地位、作用和影响程度会存在差别，从而也导致地方社区整体的生存境况发生变化。前面我们已经分别讲述了市场、地方自给在当地民众当下生存境况中的地位和作用，本章我们将分析国家因素在其中的影响。

从迪麻洛以及整个怒江边远地区卷入世界体系的过程可以看出，国家在其中作用的突出和明显。不同的历史时期，国家的政治和经济能力也表现出很大差异，因而在激发地方生产潜力以及"润滑"地方与外界交往上的程度也存在差别。总的来讲，从明清到民国，再到中华人民共和国成立，国家在地方社会发展进程中的作用经历了一个不断增强的过程。现阶段，国家权力的作用变得更为复杂，在延续以前的"润滑"与推动作用的同时，也增加了许多新功能，这些都在不同程度上影响着地方和外部世界的联系。

边远的山区居民卷入内地和世界市场以后，最大的困境就是贫困问题。面对大量涌入的外界商品，摆在村民面前的首要问题就是购买力不足，这样，就产生了农户和外界市场间的交换逆差。从历史和现实来看，国家在解决这一问题时主要采取了三种办法：①"造血"，即提高地方民众的自生能力；②"输血"，通过直接的财力支持，弥补地方民众的困窘；③加强对民众的技能培训和教育引导，实现劳动力的转移和就业，从而增加现金收入。

## 第一节　基础建设与公共服务的提供

从前面几章的内容可以看出，国家权力对迪麻洛以及整个贡山地区的作用经历了一个缓慢发展的历史过程。明清时期，封建的政府对边远、封闭的怒江地区鞭长莫及，只能委托土司头目来进行统治；土司头目为了方便，又将其委托给地方头目进行管理。土司头目为了征收和运送贡赋的方便，当时只在碧罗雪山开辟了一条毛路，以连接怒江和澜沧江的维西等地。清末时期，阿墩子弹压委员夏瑚巡视怒江期间，曾整修了德钦的庸支（即现在的永芝）到迪麻洛峡谷的一条步道。这也是资料所能显示的当时统治者在贡山地区仅有的公共服务活动。

民国时期，政府为了开发边疆，极为重视交通建设。在当时的菖蒲桶（即贡山）行政委员公署的努力下，首先疏通了怒江沿岸的主干道。后来，行政委员公署改为设置局，下面增设了一个建设科，专门负责贡山的交通。1935年，在贡山和维西两县的共同协作下，从澜沧江边的岩瓦到怒江边的腊早这条人马驿道修通。这条驿道从此成为连接怒江和内地的重要通道。相比于明清时期，此时贡山的对外交通和货物运输条件有了很大改善。

中华人民共和国成立后的很长一段时间，贡山仍然利用民国时期修建的人马驿道进行物资运输。直到1973年瓦窑到贡山的公路修通，从此贡山和内地的联系再也不需要走人马驿道、翻越碧罗雪山了。瓦贡公路的建成，彻底串起了整个怒江峡谷的交通，从此贡山和内地的联系也大大增强。更为重要的是，公路的疏通为汽车货运创造了条件。瓦贡公路建成当年，贡山就成立了汽车运输队，从而摆脱了过去只能依赖马帮运输的穷迫局面。

1991年4月，贡山县城茨开至丙中洛的公路修通。这条公路可谓是瓦窑至贡山线的进一步延伸。该段公路途经茨开、芒孜、达拉底、马西当、托肯、昌娃、格咱、捧当、比毕里、双拉、打拉、丙中洛，全长44.62公里。整个工程于1985年10月1日动工，1991年4月20日竣工，历时将近6年。贡丙公路的修建，使得迪麻洛峡谷和贡山以及其他地方的距离又近了一步。贡丙公路的中间点为迪麻洛所在的捧当乡，从迪麻洛峡谷出来，经过一座人马吊桥即到捧当。从这里乘车，既可以下县城，也可以北上丙中洛甚至西藏的察瓦龙。

1997年，是值得迪麻洛人永远铭记的一年。那一年，迪麻洛村村委会至乡政府所在地捧当的公路修通，全长约8公里。这条公路的接口处就是贡丙公路，虽然只是一条简单的土石公路，但对于当地的普通村民来说，其影响却是史无前例的。当时，在政府有限的支持下，为了修建这条公路，村民们采取投工投劳的办法，每个村社分段承包，炸山背石，整个工期长达近2年，难度和艰辛可想而知。

这条公路的修建不仅方便了人们的出行，也激活了村子和外部的商贸联系，迪麻洛的集市也是在这条公路修通以后才逐渐兴盛起来的。现在，从捧当乡进入迪麻洛，乘车只需要半个小时的时间。进入村子的货物，再也不需要翻山越岭、人背马驮。但是，几个分布于山上的村子，至今仍没有通公路，村民们上山下山依然要靠自己的双腿；如果他们要去县城或乡里，只能先步行到村子中心的公路处,然后再乘车。现在,从迪麻洛驾车,可以一直开到首都或沿海地区;而在以前,这简直是不能想象的。

除了公路,还有桥梁。迪麻洛位于怒江东岸,而贡丙公路则位于怒江西岸,人们走出峡谷后面临的第一个问题就是渡江。1985 年,横跨怒江的捧当人马吊桥建成,在此之前,人们渡江还要乘坐极为简陋的猪槽船。吊桥修建以后,不仅人马可以通行,摩托车和小型机动车辆也可以往来其上。

当然,国家的公共服务不止局限于交通方面。随着经济的发展,综合国力的增强,公共服务的内容也在增加。20 世纪 90 年代以后,电力设施也开始进入迪麻洛峡谷。电力事业的发展,为迪麻洛峡谷卷入世界体系注入了新的动力。在现代的商品构成中,电器占了很大的比例,大到电视、冰箱、洗衣机,小到灯泡、手机、剃须刀。如果没有稳定的电力供应做保证,即使村民家中有了钱,或者有了这方面的需求,那也是空中楼阁、无济于事的。

迪麻洛峡谷通电是 1997 年之后的事情。据村里人回忆,在此之前,村里曾有一户人家买回来一台柴油发电机,并且从县里的文化部门租了电影放映机,拿回家中播放电影给村民观看,通过收取门票来赚取一点小钱。那是迪麻洛的村民第一次接触到电这种神奇的东西。

公路修通以后,政府开始为村里修建电力设施。由于地形所限,每个村子的通电时间也表现出很大差异,即先到峡谷中央的村委会附近,再逐渐通往山上的村子里。在当地,竖栽电杆、架设电线并不是一件容易的事。由于很多村子居住的地势陡峭、无路可通,电力设备很难到达。但是,村民们不畏艰难,为了尽快通上电,他们依然采取投工投劳的办法,依靠集体协作,最终将一根根笨重的水泥电杆搬到了一眼望不到尽头的山顶上。

其实,第一次看到山体上的电线杆的时候,笔者就在想,如此陡峭的地势,它们是如何被竖立上去的?电线又是如何被架设上去的呢?一名参与过此项劳动的藏族青年告诉笔者,当时他们为了抬电杆,10 个人分成一组,大家一起踩着同样的步伐,嘴里喊着同样的节奏,谁也不敢放慢脚步和掉队,凭着韧劲和毅力,最终完成了工作。

在国家投资和村民出力的情况下,迪麻洛峡谷的 12 个村子现在都已通上了电。但是,并不是所有的家庭都用上了电。据乡里和村里的统计,截至 2012 年年底,迪麻洛通电的家庭才 356 户,只占全村总户数的 57%,还有接近一半的家庭没有通电。其原因主要有三个:一是有些村子的人口分布太过分散,村民的居住位置太过偏僻,出于成本的考虑,政府只是将电力设施架设在了村子里的一个中心地带,无法覆盖到其余家庭。二是有些经济情况不好的人家,他们的家里根本没什么电器,用电反而会增加他们的生活成本。三是有些村民根本就没这方面的需求,他们过惯了没有电的生活,因此通不通电对于他们来说都无所谓。此外，那些牧场上的村民也根本用不到电，或者只能用电池。无论如何，通电为村民们消费电器产品提供了一个最为基本的条件。如果没有电力设施做保障，地方民众参与市场的程度在量的方面肯定会大打折扣。

近些年，通信产业在中国的发展可谓迅速至极。即使再偏远的乡村，现在也差不多能接收到移动电话信号。在迪麻洛，目前也已经竖立起了两座信号塔，一个在王其王的贡卡村，一个在白汉洛，信号范围可以覆盖到峡谷中的12个村子，它直接推动了当地村民对手机这一新鲜事物的消费。

试想，如果没有历史上的殖边开发、新中国成立以来的各种基础建设以及当前相对稳定的社会环境，该地区无论是在自身经济能力的增长上，还是在与世界经济的关联交往上，都势必会是另外一个面貌。可以说，国家在很大程度上推动了地方卷入世界体系，并通过强大的政治权利为其提供各种环境保障。

# 第二节 "造血"与内生力提高

## 一、农牧业生产力的提升

清末时期，夏瑚就提出了改变当地民众穷困面貌的建议。民国以后，政府也是为此做了诸多努力。那时候，贡山地区的少数民族普遍每年只种一季大春作物，而鲜有小春作物的种植。为了改善民生，发展当地的农业生产，政府积极地从内地引进各种作物种子，并且用行政命令的方式强制百姓种植。从这一时期开始，土豆、大麦等作物才在当地开始种植起来。

新中国成立后，国家和政府为改善当地各民族的生计，做了更多的努力。除了基本的农牧业生产，还有就业引导、人工种植药材的技术培训等等。

20世纪50年代以前，贡山的耕地不固定，很多地方还在从事刀耕火种农业，今年砍这山，明年烧那坡，年年开荒，年年丢荒。新中国成立初期，全县仅有固定耕地2万多亩。针对这一情况，政府采取为当地群众大量发放铁制农具、固定耕地的办法。在政府的号召下，各族民众利用每年的冬季农闲，在居处周围或附近的平缓坡地、河滩上捡石累埂，平整土地，积极施肥，中耕除草，用犁深耕，逐渐使土地变得固定下来。仅在1957年，全县耕地面积就比1952年增加了73%。

人民公社和"农业学大寨"时期，土地改造的热潮达到最高点。迪麻洛峡谷最大的一块平地"沙坝"也是在那个时候开发出来的。未开发以前的沙坝，石头满布，河水漫灌。为了利用这块土地，从尼、补它和白汉洛三个社队采取了填土的办法，每个社队轮流干，组织社员用箩筐背土填地，总共花了10年时间，才将上百亩的土地填完。1979年，迪麻洛发生了泥石流，这块土地被冲毁，以后有很长一段时间未加利用。

2005年，在国家的支持下，"贡山县捧当乡灾毁土地复垦整理项目"实施完成，国土资源部投资130万元的补助资金重新复垦了沙坝及其周围的农田，这次河边的堤坝全部用水泥修成。但是，填土的效果并不理想，负责项目实施的推土机只在石块上面铺盖了薄薄的一层10厘米厚的土壤。而在以前，村民们自己填土的厚度则深达20～30厘米。

小春作物的推广。现在，迪麻洛峡谷里的小春作物主要包括土豆、小麦、杂豆、油菜和蔬菜等。需要说明的是，由于生产习惯等方面的原因，当地的小春作物种植仍然要靠政府的督促，村民们主动种植小春作物的意识不强，积极性不高。表8-1是2012年乡里向迪麻洛村各小组下达的小春作物生产任务（播种面积分解）。

表8-1 迪麻洛村2012年各小组小春农作物播种面积分解

| 村小组 | 土豆（亩） | 小麦（亩） | 杂豆（亩） | 油菜（亩） | 蔬菜（亩） | 其他（亩） | 合计（亩） |
|---|---|---|---|---|---|---|---|
| 桶当 | 100 | — | 15 | — | 25 | 5 | 145 |
| 普拉 | 125 | — | 12 | — | 25 | 4 | 166 |
| 龙坡 | 90 | — | 20 | — | 29 | 5 | 144 |
| 各科当 | 200 | — | 50 | — | 32 | 5 | 287 |
| 财当 | 300 | 100 | 55 | — | 32 | 14 | 501 |
| 白汉洛 | 420 | — | 55 | — | 33 | 13 | 521 |
| 施永功 | 90 | — | 40 | — | 25.5 | 5 | 150 |
| 木楼 | 120 | — | 10 | — | 12 | 5 | 147 |
| 王其王 | 90 | — | 20 | — | 15 | 5 | 169 |
| 青马塘 | 40 | — | 25 | 30 | 20 | 4 | 119 |
| 从尼 | 90 | — | 40 | 40 | 45 | 7 | 222 |
| 补它 | 95 | — | 12 | 30 | 45 | 8 | 190 |
| 合计 | 1760 | 100 | 354 | 100 | 328 | 80 | 2622 |

从表 8-1 中可以看出，迪麻洛的小春作物播种面积中，土豆所占比例最大，总量达 1760 亩，杂豆和蔬菜紧随其次，这三种作物几乎每个小组都有种植。

土豆之所以种植如此广泛，主要是因为它也是当地人的一项主要食物。当地村民喜欢早餐的时候在火塘边烧土豆吃。种土豆的时间为 12 月底或 1 月。在腾空的地里面，相隔半米左右挖一条渠，每隔 30 厘米左右放一个准备好的土豆种子。放种子的时候，要将出芽的一面朝上，当地人将其称作土豆的"眼睛"。种子放好以后，接着往上面撒肥料，肥料有烧木柴后的灰和化肥；肥料撒完以后，往上面铺一层苞谷秸秆；最后是掩埋，将土沟两侧的土用锄头重新盖在铺放的秸秆上面，最后形成一条条圆堆形状的土垄。往土豆种子上面铺盖苞谷的秸秆，完全是当地村民在长期生产实践中摸索出来的一条行之有效的土办法。当地的土地多石块，土质较差，苞谷秸秆被土壤掩埋后腐烂变成肥料，起到循环再利用的效果。这一事例充分体现了乡土知识在人们生活实践中的重要性，它比任何科学办法都更加适合当地的情形。

怒江栽种洋芋的时间不长。《菖蒲桶志》中记载："菖属洋芋分洋、中两种。洋种由法国传教士运来，先发与教友栽种，发育极易，形大味淡。中种形小味浓，每年可种两季，可以入菜蔬。"而天主教传入贡山的时间为 19 世纪末期。洋芋是从澜沧江峡谷的维西地区传入，当时的商人翻越碧罗雪山来到怒江峡谷，人们用一个鸡蛋换取一个洋芋。

蔬菜有白菜和蔓菁等。蔓菁耐寒，属蔬菜类，主要种在山坡地里，一般为撒种，产量较高，通常种一小片便够全家食用。其皮色鲜艳，类似萝卜圆润，根细无筋，辛辣味浓，质地脆嫩，口嚼无渣。吃不完的蔓菁可以储藏在地窖，也可以切成片、丝晒干后保存，随吃随取。蔓菁一般在冬季种植，除了供人们食用外，还可以作为牲畜的饲料。

蔬菜除了供人食用，在当地还有一个重要的用途——做猪食。种菜的时候，人们刻意将菜地的密度增大，等到蔬菜长出来以后，再挑稠密的地方拔出来做猪草。在蔬菜地逐渐变得稀疏的时候，再开始采摘蔬菜底部变枯黄的叶子。因此，人们对自家的菜地格外重视，菜地的选址一般都在庭院附近，离家稍远的则要修建围栏看护。阿洛家的院子里有一块接近 1 亩大的地，这块地也是阿洛家最大的一块粮食生产地。每年的 5 月到 9 月，地里主要种植苞谷；10 月以后，则全部种成萝卜、白菜、蒜苗等，远处看去，绿汪汪一片，长得非常好。为了增加菜地的产量，阿洛还采用了颇为先进的喷灌技术给菜地浇水。

豆类的种植既有食物上的原因，也有饲料上的原因。当地群众喜欢吃苞谷稀饭，而苞谷稀饭里面少不了大芸豆。此外，迪麻洛是一个半通公路的地方，很多山上的村子运送货物至今仍要靠人背马驮，因此喂养有大量骡马，骡马的主要饲料就是杂豆。人们喂骡马的时候，先给骡马套一个布袋做的笼嘴，里面装上几把豆子，骡马就可以随时嚼吃。

　　油菜和小麦是迪麻洛村村民种植最少的两种小春作物。油菜种植少的原因主要在气候。迪麻洛峡谷的气候本不适宜种植油菜，但受当地政府的督促，人们现在每年还是有一定面积的种植。村里人讲，他们种的油菜根本结不了籽，更榨不了油，长出来的一尺高的青苗权当给牲畜提供饲料。因此，村民对种油菜极不重视，这点从人们的种植方法就可以体现出来。笔者调查期间曾帮助一家人种油菜。犁完地以后，在满是石头或杂草的地里先撒上一道肥料，再撒播一道油菜种子，然后用当地的尖嘴锄头将种子简单掩埋住，便算了事。至于种子撒播得均匀与否，掩埋得深浅与否，根本不加重视，全凭其自生自长。

　　不喜欢种小麦则主要是出于生活习惯上的原因。小麦作为食物，从播种、收割、磨成面粉，再到做成食物，需要一套系统的技术。尤其是将面粉制作成馒头、面条等食物，对于当地群众来说确实有难度，当地的妇女很少能掌握这一技术。因此，人们对小麦的种植并不重视。

　　除了以上所讲的原因外，当地群众种植小春作物积极性不高的原因还有一个，就是农牧矛盾问题。迪麻洛是整个贡山的畜牧业重点村，几乎每家都喂养牛、马等牲畜。在放牧方式上，当地主要是实行一种游移性的季节放牧，即在不同季节将牲畜赶到海拔不同的牧场上。夏天，牲畜全被赶往高山牧场，对农作物的危害不大。但是到了冬季，牲畜为了过冬就要被赶回村子里。牲畜被赶回村子以后，并不是被圈养起来，而是任其四处寻草觅食，或吃苞谷地里剩下的秸秆。猪、鸡这时候也被村民们放出来在村子里四处乱跑。在这样一种状况下，可以想象地里如何再种庄稼。田野中到处都是畜禽，即使种了庄稼也会被践踏殆尽。鉴于此，村民们才选择让冬季里的地闲着。所以当地人不重视小春作物并不完全是由于懒惰，而是有着很多现实因素的考虑。

　　种植农作物的过程难免遇到灾害，因此政府也颇为重视农作物受灾补偿。从作物播种到成熟收获之间，要经过除草、补充肥料和浇水灌溉等一系列的田间管理工作。除此之外，对于碧罗雪山地区的农民来说，还有一项极为重要的任务，就是各种灾害的防治。当地的农作物灾害主要有两种，一种是自然灾害，一种是野生动物灾害。

　　自然灾害通常有滑坡、水灾、旱灾、霜冻、低温冷害、虫灾、风灾、雪灾。冬春季节的干旱少雨会影响到小麦、蚕豆等小春作物的生长；春天的寒潮和降雪会严重摧残作物的生长，有时会导致小麦颗粒无收；风灾则直接会导致苞谷出现倒伏，严重影响收成。

　　夏秋之际的洪涝和泥石流灾害也时有发生，将田地冲毁。每年雨季来临，峡谷两旁的山坡都会发生严重的滑坡和塌方，尤其是怒江峡谷里的福贡到贡山段。滑坡、塌方和泥石流不但会阻断交通，而且会冲毁农田、房屋，甚至危害到人的生命。

根据村民阿洛的讲述，发生在 1979 年 10 月的那次山体滑坡和泥石流，造成死亡的人数不止 18 人，实际有 24 人，此外还重伤 2 人、轻伤 1 人。遇难者中就有他的二叔，名叫肖文高，当时才刚刚成家两年左右，其存活下来的一个儿子现在已经 30 岁左右。当时灾难发生后，政府动用部队为迪麻洛输送了大量物资，恢复和安置当地民众的生活。

畜牧养殖方面，政府主要采取为农户发放药品、疫苗以及防疫补助金的办法。2009 年 4 月 2 日，在迪麻洛牦牛及其种间杂种的饲养技术培训扶持下，云南农业大学的两位教授在迪麻洛村举行了牦牛及其种间杂种的饲养技术培训，参与的山区村民有 300 余人。迪麻洛牧民有史以来第一次接受科技改良与饲养培训。

## 二、技能培训与教育

技能培训与教育主要包括两项内容，分别为就业技能和药材种植技能。采集活动本身由于具有很大的随机性和不确定性，它只能是人们在正常的农牧业生产之余的一种副业，而不能成为人们完全依赖的生计来源。很多药材和菌类产品的采集季节多为春夏之交，但是这个时候也正是村民们犁地和种苞谷的时间，由于每次外出挖药材需要很多天，因而会耽误正常的农业生产；而山区的农业劳动需要的劳动力较多，人们一般没有多余的劳动力专门去从事采集活动，如果由于采集药材而耽误了农业生产，那是得不偿失的，事实上，也甚少有村民是这样做的。如何将药材采集发展为药材种植，从而构成当地村民一项稳定的收入来源？成为当地政府的一项主要工作。

2011 年 11 月 17 日，贡山县农业局在迪麻洛村村委会举行了"阳光工程贡山县劳动力转移培训"会议。这样的培训出发点是很好的，但是培训的时间太短了，应该需要三四天。来接受培训的村民有很多，将近上千人，只是可惜实际培训内容没有传达出去，大部分时间花在人员登记上了。而所有当天前来参加培训的迪麻洛村村民每人都享受到了阳光工程培训午餐补贴 20 元。参加培训的人员都是年龄在 16 岁以上 50 岁以下的迪麻洛村村民。

2012 年 2 月 28 日，贡山县在迪麻洛召开了以经济发展为主题的座谈会。本次座谈会的主办单位是中共贡山县捧当乡委员会和乡人民政府，协作单位是迪麻洛村村民委员会。与会主要领导来自云南省怒江州驻昆办事处、贡山县委以及贡山县委组织部、贡山县人大、贡山县民委、贡山县民政局、贡山县财政局、贡山县林业局、贡山县交通局、贡山县教育局、贡山县人民医院、贡山县茨开镇等。参加会议的还有迪麻洛 12 个小组的组长。会议基于"十一五"规划，贡山全县除了迪麻洛村都做了项目，每个安排工程项目的单位都有自己的工程队，要求村里一定要接受贡山县政府的安排项目。

2013年10月，云南省林业厅和县里的相关单位来到迪麻洛，对村民们进行了重楼种植的宣传和培训。此次培训工作前后共进行了5天，其中，前4天授课，第五天观摩实践。为了郑重其事，培训人员还特意为参加培训的村民每人发放了讲授重楼种植技术的小册子、笔记本和圆珠笔。但是，对于绝大多数不识字和普通话不好的村民来说，这样的培训只不过是流于形式罢了。

其实，药材的采集不仅关乎普通家庭的生计，还关乎那些依赖野生药材做生产原料的企业，以及以依赖这些制药企业做经济支撑的地方政府。制药产业目前是云南省的一项重要的经济支撑。制药企业要获得持续性发展，必须依赖充足而稳定的野生药材原料做保障。对于制药企业来讲，其和农户只是一种间接的商业关系，而政府则可以运用权力和政策导向来引导农户栽种人工药材，以此来缓解企业原料供应紧张的问题。以下以重楼为例。

重楼原名蚤休，始载于《神龙草本经》，谓："蚤休味苦微寒，主惊痫，摇头弄舌，热气在腹中，癫疾、痈疮、下三虫，去蛇毒，一名蚩休，生山谷。"《嘉祐本草图景》载："蚤休，即紫河车也，俗称重楼金钱。……苗叶似王孙、鬼臼等，作二、三层，六月开黄紫花，蕊赤黄色，上有金色垂下，秋结红子，根似肥姜，皮赤肉白，四月五月采根，晒干用。"目前，重楼属植物全世界有24种，主要分布在欧亚大陆的热带及温带地区；我国有19种，主要分布在西南各省区。其中，滇重楼和七叶一枝花被《中华人民共和国药典》（2005版）收载。迄今为止，中药重楼仍主要来自野生，尚无大规模人工种植。

随着目前中医药产业的快速发展，以重楼为原料的生产企业用药量大幅度增加，代表性的如云南白药等知名品牌。长期掠夺性采挖使野生重楼越来越少。重楼从种植到收获需要8～10年的时间，制药企业为抢夺原料，大幅提高重楼收购价格。现在重楼的收购价格已达到每千克100元以上，是5年前的5～6倍。药材价格的大幅上涨极大地刺激了人们进山采挖的积极性，采挖速度远远超过了药材的自然生长速度，导致重楼资源已呈稀缺状态。据资料显示，分布于我国境内的野生重楼80%已被开发利用。我国每年消耗重楼1000吨以上，且全部为野生重楼，现有资源5年内即有可能采挖枯竭。重楼资源的稀缺可能成为制约云南相关产业长期性发展的瓶颈。因此，依靠野生资源已远远不能满足市场的需求，人工种植成为解决重楼紧缺的必然选择。

为了吸引村民，尤其是那些住在山上的村民前来听讲、学习，村委会和培训人员还特地提前告知村民，村里在每天的培训课程结束后会免费为大家提供一顿饭吃。即使想出了这样的办法，前来参加培训的村民也不多，每天只有三四十人，而且很多人来完全是为了凑热闹，或者简单地说就是为了吃顿免费的饭。培训人员在讲课的时候，一些村民却在讲话或睡觉。

不难想象，这样的培训能取得什么好的效果。再将其和前面所述的1959年政府在迪麻洛开创药材基地时的情形比较一番，我们会看到两者之间的天壤之别。1959年，县里委派的工作人员为了指导和培训村民们种植药材，不惜吃土豆、住茅屋，自己携带食物、被子，并且亲自下地劳动，和普通村民同甘共苦，而且在山上一待就是两三年，他们是用自己所取得的实效来带动村民们栽种药材的积极性。再来看看现在的某些培训，工作人员穿着光鲜亮丽的衣服，受到村委会的热情款待，除了口头空谈，脚都不肯伸进地里一步。从时间上来讲，整个培训才短短5天，就连村民们种植重楼的技术是否学会和掌握了都不知道，更不用说刺激和调动村民们种植的欲望和积极性了。

发展人工种植虽然是解决目前野生药材逐年减少的一种可替代办法，但是这种办法在实践中面临着很多困难，其中最大的难点在于药材的成长期一般较长。例如，重楼从种植到采收需要经过8～10年的时间，假如有村民真的对未来的市场预期充满信心，决定腾出农地种植重楼，就意味着这块地在接下来的10年左右的时间内不会有任何收益，反而要花去很多劳动和成本。这么长的时间，人们显然是不愿意去等的。

## 第三节 "输血"与资金补助

和全国其他地方一样，国家为迪麻洛村村民提供最低生活保障，同时还有各种类别的资金补助，这些都构成当地民众现金来源的重要组成部分。

### 一、直接补助

#### （一）低保

国家为农村居民发放最低生活保障是最近几年才出现的事情。低保金的领取和发放需要一套繁琐的程序。首先，村民要向村小组提出申请，村小组再上报给村委会。按照上级政府的要求，村委会要组织人员进入农户家庭进行实际摸底，调查申请者的家庭经济状况（见表8-2）。其次，村委会认为申请者的条件符合后再上报到乡级政府，再由乡里统一上报给县里，获县级政府批准后，即按期将低保金发放给农户。

表8-2 贡山县农村低保家庭情况入户调查表

户主姓名： ＿＿＿乡（镇）＿＿＿村＿＿＿组

| 收入计算一：工资性收入（即所有数据为一整年的数据） 合计： 元 | | | 家庭人口： 人（以户口本为准） | |
|---|---|---|---|---|
| 姓名 | 与户主关系 | 身份证号 | 人员类别 | 工资性收入（月收入×12） |
|  |  |  | 因病无劳力 |  |
|  |  |  | 因残无劳力 |  |
|  |  |  | 因年迈无劳力 |  |
|  |  |  | 在校生 |  |
|  |  |  | 本县务工人员 |  |
|  |  |  | 外县务工人员 |  |

| 收入计算二：家庭经营性收入（经营性收入+种植收入情况+家庭养殖业收入）合计： 元 | | | | |
|---|---|---|---|---|
| 经营经济实体 个 | | 拥有机动车辆 辆 | 车型 | |
| 经营性纯收入 元 | | 营运性纯收入 元 | 车牌号 | |
| 种植业 | | | 养殖业 | |
| 类别 | 面积 | 收入金额 | 类别 | 数量（面积） | 收入金额（只数×价格） |
| 稻谷 |  |  | 鸡 |  |  |
| 苞谷 |  |  | 鸭 |  |  |
| 小麦 |  |  | 鹅 |  |  |
| 小春种植 |  |  | 牛 |  |  |
| 承包山及经济林果 |  |  | 马 |  |  |
|  |  |  | 羊 |  |  |
|  |  |  | 鱼塘 |  |  |
|  |  |  | 生猪 |  |  |
|  |  |  | 仔猪 |  |  |

续表 8-2

| 收入计算三：财产性收入 | 合计： | 元 |
|---|---|---|
| 收入计算四：转移性收入 | 合计： | 元 |
| 收入计算五：应计入的其他收入 | 合计： | 元 |
| 家庭年收入总和计（一＋二＋三＋四＋五） | 合计： | 元 |
| 家庭年人均纯收入 | 合计： | 元 |
| 备注： | | |

被调查人员签字：（章）　　　　　调查组人员签字：（章）

根据家庭的经济情况和保障的针对性，当地的低保划分为三个档次。例如，2013 年迪麻洛村享受国家最低生活保障情况数据统计为：长期保障户每人每月 118 元，重点保障户每人每月 108 元，一般保障户每人每月 98 元。据全村合计数据，长期保障户共 99 户、172 人，重点保障户 280 户、594 人，一般保障户 172 户、332 人。领取国家最低生活保障的总户数为 551 户，总人口 1098 人。（见表 8-3）

表 8-3　2013 年迪麻洛村领取国家低保的户数与人数

| 村小组 | 长期保障户户数 | 长期保障户受照顾人数 | 重点保障户户数 | 重点保障户受照顾人数 | 一般保障户户数 | 一般保障户受照顾人数 |
|---|---|---|---|---|---|---|
| 各科当 | 6 | 11 | 17 | 50 | 18 | 36 |
| 普拉 | 10 | 13 | 28 | 45 | 15 | 31 |
| 补它 | 7 | 13 | 20 | 38 | 11 | 19 |
| 桶当 | 8 | 12 | 18 | 41 | 12 | 25 |
| 从尼 | 0 | 0 | 5 | 13 | 12 | 29 |
| 王其王 | 8 | 13 | 25 | 44 | 10 | 24 |
| 龙坡 | 9 | 12 | 16 | 38 | 9 | 22 |
| 木楼 | 6 | 10 | 17 | 38 | 7 | 18 |
| 青马塘 | 3 | 11 | 12 | 34 | 3 | 8 |
| 白汉洛 | 17 | 26 | 38 | 93 | 30 | 52 |
| 财当 | 12 | 26 | 50 | 89 | 26 | 39 |
| 施永功 | 8 | 12 | 19 | 42 | 19 | 29 |
| 合计 | 99 | 172 | 280 | 594 | 172 | 332 |

迪麻洛村总户数为 624 户，其中低保家庭 551 户，约占全村总户数的 88%。2159 人的总人口中，领取低保的人数为 1098 人，约占总人口的 51%。

当地的低保发放方式为每季度一次，除了三个档次的固定金额外，每季度支付的同时还额外统一补偿给每人 36 元。

2013 年国家财政向迪麻洛村的低保转移支付金额为：

（1）每季度长期保障户的总支付金额为 118 × 3 × 172 + 36 × 172 = 67080（元），年支付金额为 67080 × 4 = 268320（元）。

（2）每季度重点保障户的总支付金额为 108 × 3 × 594 + 36 × 594 = 213840（元），年支付金额为 213840 × 4 = 855360（元）。

（3）每季度一般保障户的总支付金额为 98 × 3 × 332 + 36 × 332 = 109560（元），年支付金额为 109560 × 4 = 438240（元）。

（4）年总支付金额为 268320 + 855360 + 438240 = 1561920（元）。

根据捧当乡政府的数据统计，2012 年迪麻洛全村经济总收入 507.7 万元。其中，种植业收入 146 万元，畜牧业收入 59 万元（其中，年出栏肉猪 1376 头，肉牛 164 头），林业收入 47 万元，第二、第三产业收入 76 万元，工资性收入 9.2 万元。全村外出务工收入 170.5 万元。农民人均纯收入 1848 元。而低保收入一项就相当于全村总收入的 31%，它的份额甚至超过了种植业、畜牧业以及第二、第三产业的收入，接近全村年外出务工收入。

低保对于当地民众的生计到底有多重要？我们可以从以下事例中得出结论。为了增强民众的自生能力，减少人们对粮油的市场依赖，政府决定在当地推广小春作物的种植。然而，在迪麻洛这种农牧结合的地区，推广小春作物不可避免地面临着农牧生产之间的矛盾。当地的牧场分为秋冬河谷牧场、春季半山腰牧场以及夏季的高山牧场，村民们按照季节气候每年进行游移性的转场放牧。每到秋冬季节，牛群等牲畜被从山上赶下来，在村子周围的田地里四处觅食；甚至猪、鸡也被放了出来，在田野里乱跑。在这样的一种情形下，很难想象会有谁愿意去地里种庄稼。

为了解决这一矛盾，当地政府决定为村民们修建围栏。围栏的修建办法主要是政府投资铁丝网，提供资金和技术的支持；村民们则投工投劳，自己动工施建。现在，迪麻洛的白汉洛、阿鲁腊卡、青马塘等地都修建了人工围栏。然而，修建靠国家，具体的管理则要依靠村民自己。

笔者调查了从尼组和补它组的围栏修建情况。从尼组和补它组两村的关系比较和睦，两个村子共同拥有河边的一块土地，村民之间的田地彼此交错，因此，修建围栏需要两村的合作才能进行。第一次修建围栏是在 2012 年，当时项目完成以后，从尼组与补它组共同制定了一项小春种植管理制度。经两组全体村民协商同意后，签订了一份协议书。其内容如下：

为了从尼保护沙坝农地中林苗及农作物，经召开从尼小组、补它小组村民大会，协定以下协议。

1. 从今天起，大小牲畜各农户严格管理，如管理不当，每次小牲口按头收取 25 元管理费，大牲畜按头收取 50 元管理费，同时赔偿所损失的 1～5 倍。
2. 如护送三次以上仍然不好好管理者，小牲畜一次性处理，大牲畜继续护送，大牲畜加收所损失的 5～10 倍以上。
3. 此协议一式三份，迪麻洛村村委会、从尼小组、补它小组各留一份，从尼小组农户、补它小组农户各留一份。
4. 此协议最终解释权归迪麻洛村村委会、从尼小组和补它小组。

尽管两村村民如此郑重其事地制定了管理制度，还签订了协议书，但是当年的实际效果并不理想。究其原因主要是：第一，围栏没有修好，很多地方的木桩栽得根本不牢固，牛、猪拱一下就倒了。第二，两村村民很多都是亲戚朋友关系，即使谁家的牲畜侵犯了主人的农田，也不好意思去认真追究。但村民们并未就此放弃。2013 年 11 月，两村村民又从县城买回来质量更好的铁丝网，并且重新栽好木桩，围着沙坝上的田地架起了围栏，并且在原来协议的基础上进一步加强管理和约束，所有家庭的户主都要在同意的基础上摁上自己的手印。以下是笔者在从尼组村村民手中要到的一份协议书，上面写道：

1. 本组牲口第一次进入围栏中的田地严重警告牲口户主。
2. 本组牲口第二次进入田地按牲口头（只）数罚款。
3. 本组牲口第三次进入田地一次性消除（即取消）享受国家低保。

以上三项制度由本组每家每户决定并同意，从尼组签名（略）。组长：熊利全。副组长：熊玉峰。小组委员：梁新强、郭若瑟、郭菊英、郭玉花。妇女主任：梁新梅、郭菊英（副）。

相比于 2012 年的协议规定，这次的管理和处罚措施更为严厉。前次的处罚只有警告和小部分的现金罚款；而 2013 年的规定在延续前一次内容的基础上，又增加了一项新内容，即"一次性消除（即取消）享受国家低保"。村民之间碍于情面，即使真的违反了协议书中的规定，也可能不好意思追究。但是国家低保则不然，它的申请和报送都掌握在村委会手中，如果有村民违反规定，则不再给予其领取低保的资格，这一处罚措施的严厉程度无疑是明显的。从这一实例中也可以看出，村民公约是如何借助国家因素来完成对地方秩序的调节的。

## (二) 农作物灾害补偿

迪麻洛峡谷山林面积广阔，野生动物的种类和数量极多，给农作物带来很大危害；尤其是远离村落和人烟的高山地区，受灾情况更为严重。每年的播种和作物成熟时节，各种鸟雀和不时出没的熊、猴子等动物，就会成群闯入农田，给庄稼造成很大损害。

人们除了亲自到田间地头去捕打、驱赶鸟雀外，还和内地的农民一样，采用稻草人进行惊吓的方式来使其不敢接近。稻草人的形状极具地方特色，怒族和傈僳族聚居区大多为手持弩弓的草人；而藏族聚居区的稻草人则身绕五颜六色的长布条，远处看去，随风招展，如果再配上一顶毡帽，俨然一副活人的样子。

对苞谷损害最严重的是山上的熊，当地人一般称作"老熊"。熊的体积庞大，所过之处，被撞断和踩倒的苞谷往往一大片；而且熊吃苞谷，专挑大个的，往往是掰下一个，嚼一口便丢掉，继而又去掰另一个。因此，一旦熊进入一片苞谷地，就会破坏掉一大半苞谷，严重影响收成。由于熊对庄稼的损害如此之大，人们也想尽各种办法来对付之。以前，人们用毒箭和机关等方法来捕杀熊；人民公社时期，为了保证生产，生产队曾组织群众携带弩弓、猎枪等武器集体上山打熊。20 世纪 80 年代以后，禁猎的法令陆续颁布，熊等动物开始受到保护，政府没收了人们的猎枪，不准他们随便上山打猎，打死熊也会被追究责任。因此，人们又开始想办法来吓唬熊，使其不敢靠近苞谷地。

除熊之外，对农作物损害较为严重的还有猴群。藏族小伙子嘎真家的苞谷地就位于迪麻洛河西岸的一块陡坡上，为了照看苞谷，他每天都会站在家里的一块堆着石头的高地上，不时地用望远镜向对面的地里观望，看苞谷是否有遭破坏的现象。此外，他还专门去苞谷地旁的树林里下了铁夹，定期去看一次，但也没有什么收获。2013 年国庆节期间，村民们正在进行篮球比赛，篮球场对面山坡的苞谷地里突然窜出几十只猴子，一眨眼的工夫，嘎真家地里的苞谷就被"洗劫"一空了，苞谷秆及上面的叶子被破坏得七零八落；猴群摘取苞谷以后，便一哄而散，消失在树林之中，不见了踪影。

猴群不怕人。据村里人讲，如果在山上碰到猴群，要赶紧躲避，不能轻易招惹，猴子除了会抓挠之外，还会抓起石块向人投掷，因而十分危险。对付猴子，人们也想出了各种离奇的办法。村里的河西向笔者讲述了捉猴子的四种办法：一是挖洞法，即在一个猴子常去的地方挖一个小洞，洞口的大小刚好能伸进猴子的手，洞里放进苞谷等猴子喜欢吃的东西，猴子发现后，便会伸手进去拿洞里的食物。猴子有一个特点，就是一旦抓住了食物，便不会松手，即使人来了也是如此。由于洞口窄小，猴子抓到东西以后很难将手抽出来，这时候人们就可以趁机将其擒获。二是盖房子法，即在田地旁边或树上搭建一个小房子，故意在房子的上方留出一个窗口，做好机关，里面挂上苞谷等，等猴群进入房子以后，迅速盖上窗口的盖子，这样，猴子就被关在房子里面了。三是醉酒法。方法和第二种相似，在屋子里故意放下一桶水酒，猴子嘴馋，闻到酒味后便会前来偷食，有些直接醉倒，有些打成一团以致受伤不得动弹，最后很容易就被擒获了。第四种方法更为有趣，为了吓唬猴群，人们常常捉住一只猴子，紧紧地给它缝上一件红布衣，或者给猴子的脖子上拴上一个铃铛，再将其放回猴群，吓得其他猴子四处逃窜。

由于人类长期以来的围捕和惊吓，现在的动物一般都是在夜间出来活动。因此，很多人白天劳动完晚上还要上山去地里看护苞谷。虽然现在平日里已经很难再发现熊等野生动物的身影，但是它们糟蹋村民庄稼的事情仍然时有发生。

当地政府为了保护群众的利益，现在也实施了很多补偿措施来弥补村民的损失。具体操作程序是：当灾害发生以后，先上报村委会，村委会找证人核实，盖章后再报到乡里；乡里通过后再上报到县里的野生办，由野生办再派专人前来核实和评估受灾庄稼面积和产量，根据核实的标准对受害农户进行经济补偿。

在2013年贡山县的野生动物肇事公示表中，迪麻洛村农作物遭受损害的共有5家（见表8-4）。

表8-4 2013年迪麻洛村农作物遭受野生动物损害补偿情况

| 姓　　名 | 住　　址 | 肇事动物 | 农作物（公斤） | 损失金额（元） | 实际补偿金额（元） |
| --- | --- | --- | --- | --- | --- |
| 熊春光 | 补它组 | 猴 | 400 | 1360 | 147 |
| 李向东 | 木楼组 | 熊 | 740 | 2516 | 273 |
| 彭玉英 | 从尼组 | 猴 | 140 | 476 | 52 |
| 吴秀英 | 木楼组 | 熊 | 230 | 782 | 85 |
| 熊文才 | 王其王组 | 猴 | 600 | 2040 | 221 |

从表8-4可见，政府对农户每公斤苞谷的补偿金额还不到0.40元，与苞谷的市场价格相差太多，但毕竟也算是一笔小的资金收入。

据贡山县自然保护局统计，2014年贡山独龙族怒族自治县的三乡两镇，共发生野生动物肇事财产损失案例659起，损失金额合计1236486元，实际兑付补偿达 1213187.40 元。就总量来看，国家对农作的灾害补偿还是一笔不小的数目。

### （三）其他补助

除低保和农作物受灾补偿外，政府还对当地少数民族群众提供了多种形式的补助。

边民生活补助，每户每年能获得 1000 元。

农牧业生产补助。如农资综合补贴每亩 120 元，良种补贴，苞谷、小麦、青稞作物每亩 10 元，能繁母猪补贴，每头 100 元。

草原生态奖补。2000 年以来，国家为了保护生态环境，实施了退耕还林和退牧还草的政策。退牧还草的具体实施方法分为禁牧和草畜平衡两类。为了调动村民的积极性，国家也通过财政补贴来给予村民一定补偿。2011 年，草原生态保护补助奖励政策开始在云南省实行，按照该项规定，实施禁牧政策的草场每亩补助 6 元，实施草畜平衡计划的草场每亩补助 1.50 元。据统计，2013 年，迪麻洛峡谷的禁牧面积为 29960 亩，草畜平衡面积达到 118405 亩。而在整个怒江傈僳族自治州，2015 年全州共落实草原生态奖补政策的草原承包面积 455.77 万亩，落实草原承包合同户 32495 户，中央和省级下达的补助资金达到 1108.84 万元。

国家的各项资金补助在很大程度上弥补了当地普通家庭的收入不足。据个别村民自己的估算，国家补助部分可以占家庭全年收入的 50% 以上，这一比例不可谓不高，从中也可以看出当地民众在生活消费中对国家力量依赖的程度之深。

## 二、间接补助

### （一）医疗补助

村民现在看病一般分为两种情况：一种是在村子里的卫生室进行简单就诊，一种是去县城以及省内的其他城市进行大病诊治和住院治疗。

迪麻洛目前共有两名医生，在村里的两个卫生室工作。村里的第一家卫生室创立于 1999 年，医生名叫孔学华。孔医生为补它组村民，父亲为一名老中医。孔医生回忆说，自己小时候就经常跟随父亲上山去采药，耳濡目染，逐渐热爱上了医生这一职业。初中毕业后，他去了昆明的一所中专学医，毕业后就回到村子开办起了卫生室。卫生室的地点位于村子的中心地，位置就在吴老师家的商店后面。

孔医生年近 40 岁，由于妻子已经去世，因此和姐姐一家人一起过。孔医生行医已经有15个年头,既行中医,也卖西药。由于现在实行了新型农村合作医疗(简称"新农合"),孔医生一边要为村民看病,一边要计算每次所卖药品的报销数额,因此较为忙碌。除了自己的诊病和卖药所得,县里的卫生部门还每月为其发放400元的补贴。新农合的实行其实在很大程度上刺激了看病和买药人数的增长,因为村民们都觉得买药比以前便宜了,所以来诊所的次数也增多了,孔医生的业务和收入自然也增长了。

孔医生的卫生室共有三间房子,除了药房,还设有病床室,主要为重病患者或路途遥远的村民提供方便。打吊针的时候,附近村民扎好针就拿着吊瓶回家去吊,而山上的村民则只能坐在医生家里吊。这一点和村里的另一家卫生室有着很大区别。

村里的另一家卫生室位于村委会旁边,医生为一名女性,名叫虎文花,也是村委会副主任。虎医生的卫生室开办时间比孔医生要晚很多,大约只有5年。该卫生室只有一间房子,主要以卖西药为主,或专为小孩子打针,规模也要比孔医生家的小。虎医生的丈夫在县城做事,她自己平常也要忙村委会和家里的事情,因此卫生室的门并不常开,看病和卖药主要是在集日里。而孔医生的卫生室则是平日里都开,做医生是他的职业。

村民阿洛家有四口人,包括阿洛、妻子如万娜、儿子肖温冬朗和女儿肖德兰。2012年的时候,全家人都参加了国家组织的新型农村合作医疗,每人每年缴纳20元的基本费用。阿洛在2012年共有四次就诊经历,三次在村里,一次在县城。其中,村里的医疗报销平均达到60%,而县城的报销仅为40%左右。(见表8-5)

表8-5 村民阿洛普通就诊费用与报销比例

| 患者姓名 | 就诊日期 | 医疗机构名称 | 门诊医疗费(元) | 实际补偿(元) | 经办人 |
|---|---|---|---|---|---|
| 阿洛 | 2012.1.24 | 迪麻洛卫生室(二) | 38.80 | 24.40 | 虎文花 |
| | 2012.3.27 | 县医院 | 217.76 | 83.66 | 和美英 |
| | 2012.5.23 | 迪麻洛卫生室(二) | 37.80 | 23.80 | 虎文花 |
| | 2012.9.19 | 迪麻洛卫生室(二) | 39 | 24.50 | 虎文花 |

其实,对于村民们来说,最重要的是大病诊治和住院治疗。现在的医疗费用昂贵和看病难是众所周知的事情。表8-6是笔者于2012年调查期间在乡医院拿到的一些大病报销数据,从中我们可以看到报销比例的高低。

表 8-6 捧当乡 2012 年度合作医疗住院人员补偿名单（部分）

| 序号 | 姓名 | 合作医疗证号 | 总费用（元） | 总补偿（元） | 自付金额（元） | 家庭住址 |
|---|---|---|---|---|---|---|
| 1 | 阿噶达 | 2022040165 | 5339.88 | 3128.89 | 2210.99 | 迪麻洛 |
| 2 | 祝卫兵 | 2022030263 | 7459.61 | 4566.65 | 2892.96 | 永拉嘎 |
| 3 | 若利娜 | 2022040615 | 1373.25 | 1124.76 | 248.49 | 迪麻洛 |
| 4 | 丰玉秀 | 2022030241 | 18631.32 | 8114.09 | 10517.23 | 永拉嘎 |
| 5 | 袁光辉 | 2022030154 | 1558.68 | 500 | 1058.68 | 永拉嘎 |
| 6 | 孔雪莲 | 2022040114 | 4841.57 | 2695.02 | 2146.55 | 迪麻洛 |
| 7 | 李树花 | 2022010393 | 3941.46 | 1503.70 | 2437.76 | 迪麻洛 |
| 8 | 丰小英 | 2022040097 | 8971.69 | 4037.26 | 4934.43 | 迪麻洛 |
| 9 | 余友英 | 2022030047 | 9437.18 | 4246.70 | 5190.48 | 永拉嘎 |
| 10 | 虎学英 | 2022040330 | 5712.08 | 3550.40 | 2161.68 | 迪麻洛 |
| 11 | 杨荣 | 2022040579 | 10794.73 | 6390.49 | 4404.24 | 迪麻洛 |
| 12 | 李旭东 | 2022030084 | 15353.13 | 9797.53 | 5555.60 | 永拉嘎 |
| 13 | 褚玉花 | 2022030405 | 4845.07 | 2986.46 | 1858.61 | 永拉嘎 |
| 14 | 丰春英 | 2022010481 | 1858.54 | 550 | 1308.54 | 闪当 |
| 15 | 丰春英之女 | 2022010481 | 2792.28 | 1178.66 | 1613.62 | 闪当 |

其中，看病总费用最高者为序号 4 的永拉嘎村村民丰玉秀，共 18631.32 元，自付费用 10517.23 元，国家补偿 8114.09 元，报销比例为 43.6%。如果没有国家的这部分补偿，靠村民自己全部承担这笔费用，压力显然是很大的。然而，我们应该看到的是，即使有了国家的补偿，看病费用对于普通村民尤其是对于偏远的贫困山区的村民来说依然显得太多。

### （二）产品下乡与价格补贴

国家推动下的产品下乡是近些年来出现的事情。其中最为突出的一个例子就是太阳能热水器。迪麻洛以及贡山的很多地方，村民家里都普遍烧木柴。为了节约森林资源，保护生态，政府想出了向当地群众推广太阳能热水器的办法。以下是笔者于 2013 年调查期间在迪麻洛村村委会发现的一则通告，上面详细讲述了群众购买太阳能热水器的补贴及安装和使用细节。

贡山县林业局2013年度太阳能热水器项目建设实施方案

根据《云南省农村能源太阳能热水器项目实施方案》、《怒江州财政局关于下达2013年省级农村能源专项资金的通知》（怒财农〔2013〕35号）及《怒江州财政局、怒江州林业局关于下达2013年退耕还林资金的通知》（怒财农〔2013〕32号），现将2013年度农村能源太阳能热水器项目建设实施方案公示如下：

一、建设目标：2013年我县共安排建设太阳能热水器项目650台，每台由省级补助资金1000.00元，补助资金共计650000.00元，其中省级太阳能热水器项目300台，巩固退耕还林成果太阳能热水器项目350台。

二、建设内容：2013年度我局实施的太阳能热水器项目建设方案安装方指定为贡山县佳胜电器（店铺位于原贡山县粮食局大门口），品牌为太标太阳能，价格定为2800.00元，其包含太阳能集热主机（保温箱、支架、真空管等）、冷水储水塔和相关配件（管道、阀门等）、喷头、水管及安装费，其中太阳能集热主机的价格为2100.00元，冷水储水塔及其支架550.00元，喷头150.00元。

三、产品规格（略）

四、产品运输：由安装方将所需产品免费送达离安装地点最近的公路边，需二次搬运的由建设农户自行承担，安装全部免费。

五、售后服务：主机保修期为三年（主机包括太阳能热水器保温水箱、整体架、真空集热管），在保修期内，设备出现质量问题由安装方负责免费维修或更换。

六、补助对象：林业能源农村太阳能热水器项目补助对象为贡山籍农村户口人员。

七、补助方式：项目经我单位检查验收合格后，补助资金由我单位代建设农户直接支付给建设方。

八、报名方式：建设农户带上户口簿复印件自行到贡山县佳胜电器处报名，报名时一次性交清项目余款即2800.00元－1000.00元＝1800.00元，安装方开具收款收据，建设农户在农村能源太阳能热水器项目建设补助资金花名册上签字画押。

九、报名时间：2013年9月25日至2013年11月30日，报名后建设农户应及时建好卫生间。

十、太阳能安装所需配套卫生间由建设农户自建或争取其他部门扶持，农户可根据自身需要自行增加真空管数量、冷水储水塔容量及喷头配置,价格自行商议购买。

贡山独龙族怒族自治县林业局<br>2013 年 9 月 25 日

从上则通告可知,这次的科技产品下乡活动由省里主导安排,怒江州财政提供资金支持,贡山县林业局负责具体实施。按照计划目标,2013 年贡山县共安排太阳能热水器项目 650 台,每台标价 2800 元,政府补助 1000 元,群众自付 1800 元。而且,限定补助对象只为贡山户口的农村居民。购买上,农户需要到政府指定的公司办理手续。

产品下乡活动其实是政府、企业和农户三个主体共同参与的活动。在这里面,政府显然直接充当了农户和市场之间的中介。政府通过资料介绍和资金补助等活动,将一种原本对于山区居民来说比较陌生的新鲜事物引介至他们的家中,这一方式所具有的效果是企业自己所达不到的。

总体来看,从清末以来,国家力量在怒江地区的影响呈现了一个逐渐增强的过程。在该地区向现代世界体系的融入方面,也发挥了积极的助推和"润滑"的作用。进入新时期,伴随着国家整体财力的增强,社会保障的二次分配功能也日益受到重视。对于迪麻洛这样的贫困山村来讲,国家财力的帮扶成为其在市场参与能力不足、经济发展边缘徘徊的一项重要依靠。

# 第九章　游离于现代世界体系边缘的迪麻洛峡谷

当下的迪麻洛峡谷，显然已经成为现代世界体系的一部分。然而，它并不是完全卷入其中的，而只是涉及地方整个生计体系中的一部分。在参与现代世界体系分工交换的同时，迪麻洛民众也稳定地从事着传统的农牧业生产活动。事实上，作为地方社会的迪麻洛，想要融入现代世界体系当中，面临着一系列的困难和制约因素，人们只是在可控范围内实现着参与以及对自身利益的追求。当资源充沛、工作机会方便时，卷入的趋势和程度便会加强；反之，人们便会退回到生产自给的低下生存状态当中。

## 第一节　现代世界体系中的边缘区

在沃勒斯坦看来，现代世界经济或世界体系是一个统一的市场，各地都在为追求最大利润而生产，但随着资本积累、技术水平和国家强弱的不同而形成了不同的劳动分工，从而构成了核心区、边缘区和半边缘区三种地带，这三个组成部分彼此依赖，形成一个不可分割的结构整体。三个不同的组成区域各自分担着不同的经济角色：中心区利用边缘区的原材料（包括用于铸币和饰物的贵金属）和廉价劳动力，生产加工制品向边远地区谋利，并控制世界体系中金融和贸易市场的运转。边缘区除了向中心区提供原材料、初级产品和廉价劳动力，还提供销售市场。半边缘区介于两者之间，对中心区部分地充当边缘区的角色，对边缘区部分地充当中心区的角色。……三种角色中缺掉任何一种，资本主义世界经济体系就不可能存在。①

本书中的迪麻洛峡谷显然已经构成这个统一市场中的边缘地区的一部分。一方面，当地民众在物质生存方面，已经越来越依赖于现代工业品的输入和消

---

① 参见［美］伊曼纽尔·沃勒斯坦《现代世界体系》（第1卷），罗荣渠等译，高等教育出版社1998年版，中文版"序"，第4～5页。

费（参见本书第四章），从而沦为经济中心地区的商品销售市场。另一方面，为了交换和获得工业制成品，当地民众最大可能地输出中心区所需的各种自然资源。

迪麻洛村村民目前向外界市场输出的产品主要为一些珍稀的野生药材和林木。无论是虫草等野生药材，还是红豆杉科的林木，人们都是从自然界获取后就直接出售，并不进行产品的深加工，因此，只能算作是原料和初级产品的出售，从中获取的利益自然是最浅层次的。此外，人们对外界市场的行情并不了解，千辛万苦获得的野生产品一般也是直接出售给地方市场上的中间商或初级收购者，然后再逐级销售到更高层次的中心市场，因此，在商品的销售环节链条中，当地民众也是处于最底端。这样，我们可以看到，在地方产品的输出和销售上，人们的经济利益就存在两方面的剥夺和榨取，一种是产品加工上的，一种是商业销售环节上的。

和工业品的生产相比，地方产品的获取表现了很大的不稳定状态。工业品的生产和制造由机器完成，可以大批量生产。而地方民众赖以输出的野生产品却是受着自然生长规律的约束和限制，它的获得和输出量的多少，完全取决于自然界的已有存量和野生产品当年的生长量，人们对它的发现和获取也主要凭借运气。因此，这两者之间存在质的差别。

除了原料和初级产品，人们能为市场提供交换的还有劳动力。虽然由于各种主客观因素的限制，像迪麻洛这样偏远闭塞的民族地区的劳动力输出现象还不十分普遍，但毕竟已经有所发展。据捧当乡政府的统计，2012年，村里常年外出务工人数已经有115人，其中有十几名年轻村民甚至到内地的大城市和东南沿海地区务工，整个外出务工总收入达到170.5万元。在1230人的劳动力人口中，外出务工人数约占9%。可见，当地民众已经部分地被卷入现代劳动力市场当中了。随着未来各种状态的改善，劳力输出的趋势肯定会越来越明显。无论是本地务工，还是外出务工，当地村民从事的基本都是一些建筑、修路等简单而又廉价的工种，在劳动分工中也是处于最底端。

这样，迪麻洛村村民就在商品和劳动力上都卷入了现代世界体系的统一市场当中。而输出和交换内容低端化，又决定了迪麻洛峡谷在现代世界体系当中的边缘地位。

需要指出的是，地方社会和现代世界体系产生关联，离不开国家这一权力实体的作用。对于国家在现代世界体系中的角色扮演，沃勒斯坦说，资本主义一开始就不是在单个国家内孤立出现的，而是作为世界性的体系出现的。他认为："除了一个资本主义世界体系外，并不存在各种各样的资本主义国家，并且，为了成为资本主义世界体系的一部分，就必须加入世界体系的生产网络或商品交换的链条当中（哪怕是最低限度的），并置身于一个加入国际体系的国家内，而国际体系则成为资本主义世界经济体的上层政治建筑。但是，国家在这个过程中应该起到一定的约束作用，因为如果跨越边界的商品、货币和人的正常流动，不能有一定的保证，整体性劳动分工就不可能顺利地运作。世界经济体中的政治结构趋向于通过空间定位使文化联系起来。一个强有力的国家机器的创立，总是伴随着一种民族文化，这种现象一般被称为一体化，既可以作为保护在世界体系内已出现的差别情况的机制，又可以为维护这些悬殊的差别情况做一种观念形态上的掩饰和辩护。"① 从现存国际体系的角度来看，一个处于融入过程的地区，其融入的理想状态是它的国家结构既不要太强大，也不要太脆弱。如果它们太强大，就可能不顾及世界经济体资本积累的最大化利益，而是根据自身考虑，阻止必要的跨境流动。如果它们太脆弱，就没有能力阻止其他人在他们的领域对流动进行干扰。在融入过程的末期，人们希望看到这样的国家，它对内有足够强大的官僚机器，能运用某些手段直接影响生产过程；对外能够与国际社会的外交规范和货币网络相联系。②

　　传统时期，迪麻洛及其所在的怒江地区受土司管辖。内部生产方面，当地还处于采集狩猎和刀耕火种农业并存的阶段，人们主要通过对生态条件的简单适应以及地方社会群体间的相互依赖来维持生存；与外界市场的联系方面，由于交通、国内经济大环境等客观因素的制约，该地区在这一时期与世界体系的距离还很遥远，最多也只是和周边邻近民族发生少量生存品的交换。

　　民国时期以来，政府为怒江地区的开发做出了一些努力，最主要的如修建驿道、改善交通，引进良种、提高生产。与此同时，一些内地的商人开始进入怒江地区做生意，逐渐带活了当地的商业交换。进入 20 世纪三四十年代以后，国外商品逐渐在当地市场上出现，具有代表性的如洋纱和各类百货等。也正是从这一时期起，该地区和国内外市场取得了真正的联系。但总体来看，交换规模并不是太大，人们的商业意识和经济能力均未得到太大提高，因而只是向世界体系初步接近和靠拢。

　　计划经济时期的中国虽然和资本主义世界往来甚少，但在同一个社会主义阵营内部，国家间还是保持着紧密的联系，因此构成另外一个独特的"世界体系"。如果单看这段历史，会认为其和资本主义世界体系没有什么关联，但将其和接下来的改革开放联系起来看，笔者以为两者之间有着间接的联系。第一，新中国成立后的大规模山区生产改造，提高了当地的生产水平，为以后的

---

　　① ［美］伊曼纽尔·沃勒斯坦：《现代世界体系》（第 1 卷），罗荣渠等译，高等教育出版社 1998 年版，第 463 页。

　　② 参见［美］伊曼纽尔·沃勒斯坦《现代世界体系》（第 3 卷），庞卓恒等译，高等教育出版社 2000 年版，第 219 页。

继续生产奠定了基础。第二，交通等基础条件得到进一步改善，为以后的市场化提供了便利。第三，统购统销下的城乡交换很大程度上加强了人们对工业品的惯性依赖，从而为以后的继续消费做好了观念上的准备。

改革开放以后，市场经济的地位逐渐得到确立，自由交换得到了制度上的保障。不仅国外市场陆续进入，由于工业化进程的加速，国内市场也开始大规模向乡村地区扩张。这一时期的迪麻洛峡谷，外界商品大量充斥，人们通过受雇劳动和资本主义生产方式产生了链接，各类谋利活动也急剧滋生。总之，当地和世界体系的关系在这一时期变得紧密了。

沃勒斯坦认为，融入资本主义世界经济体，绝不是由于被融入地区的主动而开始的。这一过程是由于世界经济体扩展其边界的需要而发生的，那种需要是世界经济体自身内部压力的结果所致。而且像融入世界经济体这样重大和大规模的过程，也不是一个突然发生的现象。这些过程是在持续不断的活动潮流中出现的。① 通过这一过程，曾经属于世界经济体外部领域的一个地区，后来变成了同一个经济体的边缘区。他把这个过渡看作一个中间时期，并把它称为融入时期。在融入的过程中，一个地区将依次经历外部领域、被融入、被边缘化这样三个阶段。

从资本扩张的角度来讲，沃勒斯坦的这一说法是正确的。但是，一旦地方社会被卷入现代世界体系的统一市场的汪洋大海之后，就不再只是扮演被动的角色。人们会积极利用一切可以利用的手段去实现自身经济利益的最大化。在迪麻洛，我们看到人们风餐露宿、不辞辛苦地上山去找虫草、挖药材，冒着牢狱风险去盗卖木材，抛下家的温暖去到矿山、工地上拼命干活……

卷入现代世界体系并不意味着对传统生产方式的抛弃。沃勒斯坦所说的"现代世界体系"主要指的是资本主义经济的世界体系。资本主义世界经济体系和资本主义生产方式不同，资本主义生产方式注重于生产关系，而资本主义世界经济体系则主要侧重于不同地区之间的贸易和交换，两者虽然都存在不平等关系，但前者是以占有生产资料的资本家直接剥削工人劳动所产生的剩余价值为基础的，而后者主要是以"中心区"对"边缘区"的贸易及其他经济上的优势地位为基础的。因而，世界经济体系并不必然是指资本主义的生产方式，在它内部，还包括其他多种非资本主义的生产方式，后者往往主动或被动地卷入前者当中。世界经济体系是一个物质经济实体，它的自足是以广泛的劳动分工为基础的，而且在体系之内包含多种文化。

这也符合迪麻洛峡谷目前的实际状况。在为市场而生产的同时，人们也保

---

① 参见 [美] 伊曼纽尔·沃勒斯坦《现代世界体系》（第3卷），庞卓恒等译，高等教育出版社2000年版，第181页。

留着一定程度的自给自足经济。在劳力出卖的同时,人们依然从事着传统的农牧业生产活动。这是人们理性选择的结果。在市场面前,或进入,或退出,人们总会根据现实状况,规避风险,选择最有利于自己的生产经营活动。

## 第二节 局部卷入与融入之困

总体来看,迪麻洛峡谷目前只是部分程度地卷入现代世界体系之中。人们在进行自然资源和劳动力的市场输出的同时,也顽强地保留着家庭的农牧业生产经营活动。虽然当地民众现阶段对世界体系的参与是以自身的边缘地位为代价的,但即使这种边缘角色的扮演,也面临着种种现实因素的制约。换言之,人们想要融入现代世界体系的统一市场当中,也是困难重重的。

### 一、地方自身对世界体系"贡献"程度有限

地方卷入世界体系和世界体系吸纳地方,其实是同一事实过程中的两种不同表现。现代世界体系归根到底是资本主义生产方式的世界扩张,为了倾销大宗商品而不得不寻找一切可能的销售市场,为了再生产的继续和扩大再生产不得不寻找一切可能的原料、初级产品和劳动力。理论虽是如此,然而具体到特定的地方社会,就不得不考虑到其自身能力的问题。也就是说,地方社会在多大程度上能够满足世界体系的需要。

首先来看销售市场。资本主义寻求销售市场,并不是将其所生产的工业品无偿赠送,而是需要地方民众通过购买来消费。这样,就牵扯到地方社会实际的经济能力。而在迪麻洛,有80%以上的村民目前靠领取国家的最低生活保障金来维持生活,有些家庭甚至全家人都是如此。在这样一种"尴尬"的境况下,可以想象它能为市场提供多大的消费量。

发展中的地方为什么会出现大面积的贫穷现象?德国学者安德烈·冈德·弗兰克将其归咎于地方与资本主义世界市场之间所形成的依附性生产关系,认为正是这种依附关系和不平等交换造成了地方社会的不发达。[①] 笔者以为,这一套解释体系对于历史上的殖民地社会可能有用,但却不能解释今天的现实。

以怒江峡谷为例。历史上该地区的少数民族长期处于采集、狩猎和刀耕火种农业阶段,可谓过着食不果腹、茹毛饮血的生活,尽管萨林斯将其美化为

---

① 参见[德]安德烈·冈德·弗兰克《依附性积累与不发达》,高铦、高戈译,译林出版社1999年版。

"原始的丰裕社会"①，但生产力的低下和物质资料的匮乏却是显而易见的。那时候，当地民众就已经开始采挖黄连和周边邻近地区进行物品上的交换。后来随着生产力的提升以及市场范围的扩大，人们对外界商品的依赖也逐渐增强。

在这一过程中，当地民众始终处于主动选择的地位，人们会自主地分辨什么对自己有利、什么对自己不利。为了获取收入、提升消费、彰显财富，人们几乎已经在自己的认知范围内采取了一切必要的尝试。从相反的角度讲，假如人们不参与同外界市场的交换，继续过着为使用而生产的自足生活，那么，是否就可以摆脱贫穷与不发达的困境？

笔者认为，地方社会的贫困应该主要从地方内部来寻找原因。如马克思、恩格斯所阐明："各民族之间的相互关系取决于每一个民族的生产力、分工和内部交往的发展程度。这个原理是公认的。然而不仅一个民族与其他民族的关系，而且这个民族本身的整个内部结构都取决于自己的生产及其内部和外部的交往的发展程度。一个民族生产力发展的水平，最明显地表现在该民族分工的发展程度上。"②

因此，任何一个地方，首先是它自身的生产力、分工以及内部交往的发展程度决定着它能以怎样的角色和地位参与和其他地方的相互联系，也就是参与到世界体系之中。一个地方的发展当然受到外部条件的制约，但外部条件的制约并不必然起决定性作用。

再来看原料和初级产品的交换。迪麻洛村村民能为外界市场提供的生产原料，一是各类野生药材和森林小产品，二是珍稀林木。从性质来说，这两类野生资源都属于有限生产的产品。由于长期的过度采伐和利用，野生药材和珍稀林木的数量已经大为减少，面临日益枯竭的窘境。以虫草为例，现在每年依然会有大批村民上山去寻找，但"剃光头"的现象也普遍存在，一些村民在辛苦了一两个月后，甚至会空手而归。以椴木说，不仅数量急剧减少，而且现在受到国家法律的重点保护和看管，想要依靠对它的盗卖来赚钱，也变得不大可能。总之，原本作为迪麻洛村村民和外界市场交换的主要依赖品现在已经陷入不能持续生产的危机当中。

最后再说劳动力的提供。据乡政府 2012 年的数据统计，迪麻洛 12 个村共有 2149 人，外出务工的仅有 115 人，只占总人口的 5% 左右。这和内地很多已经"空巢化"的农村相比，差别无疑是显著的。

---

① 参见［美］马歇尔·萨林斯《石器时代的经济学》，张经纬、郑少雄、张帆译，生活·读书·新知三联书店 2009 年版。

② 《马克思恩格斯选集》（第 1 卷），人民出版社 1995 年版，第 68 页。

## 二、世界体系对地方吸纳能力有限

世界体系论者高估了资本主义经济的扩张能力。如有的学者所指出："遥远的社区，哪怕是个小村庄都有独特的历史与结构……"① 正是地方独特的历史与结构，抵制着世界体系的进入。这一抵制，既是文化惯性使然，也是人们理智考量的结果。就迪麻洛峡谷来说，当地对世界体系的抵制主要体现在物质和生产方式两个层面。

物质层面的抵制源于生活自给品的大量存在。迪麻洛村村民除了购买市场上的外来商品，自己也生产、加工各类生活用品及用具，如食物、房屋、竹篾器、木器、燃料等。粮食的加工工具方面，仍然保留着传统的杵臼、水磨等。运输方面，还有很多村民使用骡马。手工技艺方面传统的东西保留得更多，如打酥油、熬制核桃油、煮酒、编制等。

以上文化要素之所以能够持续存在，一方面可以解释为人们长久以来的生活习俗所形成的惯性依赖；另一方面可以采用马林诺夫斯基的功能理论解释，即这些文化要素在当地民众整体的生活体系中发挥着特定的功能和价值，它们是和当地文化相适应的，因此才被人们使用和保留。

地方文化归根结底为一种特殊性的存在，而用机器生产的工业品则在很大程度上表现为一种同一性，要将这些同一性的商品推向充满差异和特殊性的地方社会，势必会遭遇到很多筛选与淘汰。

生产方式层面的抵制表现为受雇劳动的稀少以及对传统生计的重视。迪麻洛村村民之所以外出务工的人数比较少，一方面固然是人们观念保守的原因，但另一方面也是外界社会经济因素制约的结果。

观念保守从人们务工的地域范围选择上就可以看出来。前文的一则数据提到，迪麻洛外出务工的 115 人中，仅有 12 人出省务工，绝大多数打工者都集中于本地附近。对于这些留在本地务工的村民来说，虽然离开了村子，但是毕竟还是在同一个"文化区"之内，感觉上自然要适应许多。当然，村民们不愿去省外务工，确实也有文化不适的客观困难，对于一个习惯了山村自由生活的、有着自己民族习惯的人，去到文化差异显著的陌生地区，在融入方面也是一个问题。

外界的制约因素主要体现于市场的风险和就业机会的缺乏。当地村民说，干完活拿不到工资是常有的事。迪麻洛村村民外出务工大都以搞建筑、修路为

---

① 参见［美］谢丽·奥特纳《20 世纪下半叶的欧美人类学理论》，何国强译，载《青海民族研究》2010 年第 2 期。

主,现在的工程普遍采用层层下包的方式,大老板下面还有很多小老板,一旦出现施工不顺或亏损,往往相互推诿,工人们不知道该找谁要钱。

大量的本地务工现象导致的结果就是竞争和工作机会缺乏,尤其是政府安排的那些安全可靠、工资有保障的工程项目。村民们想要参与和竞争这一类工作,必须依赖社会关系才行。通过熟人引介已经成为当地比较普遍的一种务工方式,即使工作种类不属于政府部门的项目,有了熟人的这一层信任,心里也会踏实许多,因此愿意去劳动,例如去缅甸伐木。

相比于外出打工,村民们更愿意留在村子里从事传统的农牧业生产。对于当地村民来说,农牧业才是他们的主营性事业。人们对于农牧业的重视,其实也可以从另外一个侧面反映出来,即当几种生计活动面临时间上的冲突时,人们更多的是选择农牧业,而不是其他。

例如,每年的4月份是采集天麻的最佳时间,而这个时候也正是苞谷下种的时间,只有家里有剩余劳力的才去采。5月份以后,能采集的东西更多,如虫草、重楼等,而这时又到了放牧的季节。虽说一部分药材可以边放牧边采集,但很多还是要靠专门去找才行。因此,也只有那些牲畜不多和劳动力充裕的家庭才去从事采集药材的工作。

### 三、国家中介作用有限

从迪麻洛峡谷及其所在的怒江地区卷入世界体系的进程来看,国家权力在其中起到了至关重要的作用。概括来讲,国家权力在地方社会向世界体系的卷入中所起到的作用,可以分作正反两个方面来看待。正面如制度保障、公共服务的提供、生产改造和逆差弥补等,反面如资源控制和对地方民众的行为约束等。

制度保障是一切生产和经营活动的基本前提。政治方面,良好社会秩序的提供不仅有利于地方内部的生产和经济运行,也为地区间的商贸往来提供安全可靠的环境保证。封建时期的怒江地区在土司头目的统治下,受到政治和经济的双重压榨,可谓民不聊生。民国以后,虽然社会秩序得到一定程度的稳定,但仍然是匪患不断,给沿途周边的商贸联系造成威胁。直到中华人民共和国成立,当地的社会秩序才从根本上稳定下来。经济方面,自由、开放的经济政策直接关乎一个国家和世界统一市场的接轨,党的十一届三中全会至今日的中国社会现实充分地说明了这一点。

公共服务的提供可以比喻为地方和外界市场间的"润滑剂"。当国家对地方的公共服务提供比较及时和到位时,则其和外界市场间的联系会变得通畅和便利;相反,如果公共服务的提供比较迟缓和滞后,则会在很大程度上阻碍地方和外界市场间的联系。

公共服务的内容包括交通、电力、通信等。相比于沿海和内地，怒江峡谷地区的基础设施建设要迟缓和滞后许多，对于身处群山包裹的迪麻洛峡谷，情况尤甚。1997年，迪麻洛峡谷才通公路，而且当时的路只修到村委会所在地，山上村民的出行状况依然如旧。2000年左右，部分村子才开始通电；到了2006年，还有3个村子的村民没有用上电；2012年，所有村子才都通电，但所有用到电的家庭加起来只有356户，即使算上后面的增长，到现在为止也不过400来户，这主要是当地村民居住地太过分散的结果。通信方面也是如此，当地村民每年有近一半时间在牧场度过，靠近村子的半山腰牧场还可以使用电话，而一旦到了偏僻、遥远的高山牧场上，电话就失去了作用，因为通信信号覆盖不到这里。

生产改造是国家提升地方自生能力的主要表现。早在清末，兼管怒江和独龙江地区事宜的夏瑚就提出了改变当地民贫积弱现象的建议。民国以后，政府才真正做出了一些具有实效性的努力，如引进和推广良种，提高生产。中华人民共和国成立以后，生产改造的规模进一步扩大，强度也进一步提高，在引进良种、铁制农具的基础上，还开垦荒地、建造梯田、推广小春种植；此外，还通过开办养殖场和药材生产基地，教会人们各种先进技术。时至今日，政府依然扮演着指导生产的角色，如下达小春播种任务、帮助修建农田里的隔护栏等等。

然而，应当看到的是，地方生产的改造和提高并不可能无限扩大，生产强化到了一定程度，产出的增长也就逐渐接近于临界点，并且会带来一些消极结果。土地的过度开垦导致的是水土流失，在山高坡陡的峡谷地带，极易发生滑坡、泥石流等自然灾害，1979年在迪麻洛发生的特大泥石流就是一个典型的例子。土地是如此，草场更是如此。为了多产酥油，人们大量增加牛的数量，结果造成牧草资源的急剧退化，反而影响到以后的可持续生产。鉴于此种状况，国家又通过退耕还林、退牧还草等政策进行调节。

国家对地方经济的逆差弥补主要体现于现阶段，这与国家综合国力的增强有着直接关系。客观上讲，对于发展滞后、竞争力较弱的地区和人群，国家的帮助和扶持是必要的。但从实际效果看，其作用其实非常有限。以低保为例，每位村民每月最多领取的金额为118元，按照现在的市场价格，还不够买一袋质量稍好的大米。这在客观上还造成了人们对低水平生活的习惯性维持以及对国家的过度依赖，出现了"等、靠、要"的思想。

市场化兴起以后，人们为了谋取利益，甚至不惜采取一些非常手段，如迪麻洛村村民的盗卖木料现象。从公众利益的角度来讲，国家需要加强对生态资源,尤其是一些珍稀性资源的管理和控制。但从地方民众的利益来讲,资源的强制性保护政策在一定程度上反而断了他们的"财路"。迪麻洛村村民盗取的榧木等珍贵林木并不是供自己使用,而主要是供应给国内外市场。因此,如果套用世界体系理论的分析路径,那么国家对地方民众盗卖木料行为的约束和控制,算是部分地割断了地方和外界市场间的交换关系。

## 第三节 文化资本与边缘地位的改变:一个旅游创业者家庭的实例分析

地方在卷入世界体系的过程中,并不是作为一个统一的整体出现的,而是在同一个背景下,一部分人抓住机遇获得了成功,而另一部分人则受自身条件的限制沦为边缘的位置。

在迪麻洛现在的600多户居民中,真正抓住了市场机遇获得成功的其实只有极少数人。例如,最早开办商店的姓吴的退休教师,从事山村旅游业的阿洛,以及几个违法盗木者。其余绝大多数的村民,只能靠采挖药材、打工和领取国家的低保来勉强维持生计。

那么,该如何解释这一地方性的社会分化现象呢?笔者在这里主要引入布尔迪厄的文化资本概念来进行分析。布尔迪厄将原来单纯经济学解释中的资本概念引入到更为广阔的社会世界当中,从而扩大了资本概念的应用范围。布尔迪厄认为,资本可以表现为三种基本的形态:一是经济资本,这种资本可以立即并且直接转换成金钱,它是以财产权的形式被制度化的;二是文化资本,这种资本在某些条件下能转化成经济资本,它是以教育资格的形式被制度化的;三是社会资本,它是由社会义务(联系)组成的,这种资本在一定条件下也可以转换成经济资本,它是以某种高贵头衔的方式被制度化的。

文化资本可以以三种形式存在:一是具体的状态,以精神和身体的持久"性情"的形式存在,包括文化、教育和修养等;二是客观的状态,以文化商品的形式如图片、书籍、词典、工具、机器等存在,这些商品是理论留下的痕迹或理论的具体显现,或是对这些理论问题的批判,等等;三是体制的状态,以一种客观化的形式存在,这一形式必须被区别对待,因为这种形式赋予文化资本一种完全是原始性的财产,而文化资本正是受到了这笔财产的庇护。

文化资本的概念最早的时候只是被作为一种假定,来解释出身于不同阶级的孩子取得不同的学术成就的原因,即出身于不同阶级的小团体在学术市场中所能获得的特殊利润是如何对应于阶级与阶级小团体之间的文化分布状况的。任何特定的文化能力，都能从它在文化资本的分布中所占据的地位，获得一种"物以稀为贵"的价值。资本是积累了的劳动产品的一种体现手段，这种积累了的劳动则处于特定行动者所能支配的客观状态之中，资本的真正功效依赖于某种呈现手段的分布形式，即对积累的和客观存在的资源的呈现手段；行动者与客观存在的资本之间存在的呈现关系，以及由这一关系所产生的利润，都受到在行动者与资本的其他占有者之间的（客观的/主观的）竞争关系的调整，这种竞争是由于生产的商品的雷同产生的。因此，在这些商品中，物以稀为贵的特性（通过它的社会价值）就产生了出来。①

在客观化状态中，文化资本会呈现出一些特征，这些特征只能放在具体化形式的文化资本中。在物质和媒体中被客观化的文化资本，诸如文学、绘画、纪念碑、工具等等，在其物质性方面是可以传递的。文化商品既可以呈现出物质性的一面，又可以呈现出象征性的一面。在物质方面，文化商品预先假定了经济资本；而在象征性方面，文化商品则预先假定了文化资本。文化资本是作为斗争中的一种武器或某种利害关系而受到关注或被用来关注和投资的，而这些斗争在文化产品场（艺术场和科学场等）和社会阶级场中一直绵延不绝。行动者正是在这些斗争中施展他们的力量、获取他们的利润的，而行动者力量的大小、获取利润的多少，是与他们所掌握的客观化的资本以及具体化的资本的多少成比例的。②

笔者以为，迪麻洛的那些少数成功者，正是充分开发和利用了各自所拥有的不同资本，才使得他们与普通村民区别开来。然而，在这些成功者中，真正值得效仿和做出贡献的其实只有旅游创业。

开店铺虽然也能致富，但它改变的只是店主一家人的经济命运。而且，它的盈利来自当地其他村民的"贡献"，充其量只是地方内部财富的再分配，对于地方整体财富的增加并无贡献和改观。

盗卖木料的成功致富者，背后也有强有力的社会资本和政治资本支持。一般的村民，由于缺乏"保护伞"，要么被抓，要么在法律威胁面前主动退出。另外，从资源有限的角度来讲，林木的盗卖和输出毕竟不是长久之计。

相比于以上各项经济活动，发展山村旅游业应该是迪麻洛居民未来适应市场化局势的一项新希望。发展旅游业有两个显著的好处：一是可以赚取外界社

---

① 参见［法］布尔迪厄《文化资本与社会炼金术：布尔迪厄访谈录》，包亚明译，上海人民出版社1997年版，第197页。

② 参见［法］布尔迪厄《文化资本与社会炼金术：布尔迪厄访谈录》，包亚明译，上海人民出版社1997年版，第200页。

会的资金,增加地方的收入;二是旅游资源可以持续利用。

　　在这方面,英国人类学家克里斯托夫·冯·菲尤勒－海门道夫通过对尼泊尔的舍尔巴人的研究,为我们提供了一个很好的例证。舍尔巴人在我国西藏地区也有少量分布,被称作夏尔巴。在尼泊尔境内的珠穆朗玛峰地区附近与西藏接壤的昆布－索卢地区,有一支大约3000人的舍尔巴人居住在中尼交界的囊巴山口南坡的要道上。这些人在历史上同西藏地区的夏尔巴和藏族群众有着频繁的贸易往来,促进了当地社会的繁荣。但是在新中国成立后,这一地区的国际政治形势发生了变化,边界的封锁导致舍尔巴人不能再从事以前的传统贸易活动,只能依靠农牧业来维持生存。但是,在环境恶劣的高山峡谷里,生产所得极为有限,人们的生存面临严峻危机。

　　但是事有凑巧,20世纪50年代以后,攀登珠穆朗玛峰的运动兴起,舍尔巴人由于长期居住和生活于高山峡谷当中,具有善于攀爬的能力,这一特点很快受到外来登山者的青睐,为登山队做导游和背夫很快成为当地居民的一项新的谋生手段。到了70年代,尼泊尔的山区进一步向世界开放,随之而来的旅游业和日益频繁的登山活动给当地经济注入了前所未有的活力,也为更多的人提供了赚钱的机会。这一变化带来两个结果,一方面挽救了由于贸易中断而引起的经济衰退,另一方面却冲击着整个传统的社会结构。大量青年人,无论男女,都逐渐脱离了农牧业生产,同世界各国的登山者和旅游者亲密接触,这一现象正在动摇着舍尔巴人原有的生产方式、社会结构、宗教信仰和婚姻制度等方面。"一个民族在特定的条件下,同另外一些民族的接触,其影响竟能在如此短促的时间内产生如此深刻的社会变化,在民族学上也是值得注意的,也是一种宝贵的研究资料。"①

　　迪麻洛峡谷的旅游事业是在近年来滇西北地区旅游热的大环境中逐渐滋长起来的。在滇西北,雪山、峡谷的自然风光以及丰富多彩的民族文化资源每年都吸引着国内外的大批游客前去游览观光。碧罗雪山高耸于怒江和澜沧江之间,地理位置极为突出:其东,为迪庆州通往西藏的要道,沿途有香格里拉、德钦的飞来寺等旅游胜地;其西,为怒江通往西藏的必经之路,沿途有石月亮、丙中洛的奇石和田园风光;北段还有著名的梅里雪山。因而碧罗雪山也是一个旅游的热点地区。在其两麓的峡谷中,很多村子现在都有私人家庭开办的小旅馆,专为游客提供食宿服务。有些村民则直接受雇于前来登山的游客,为其充当向导、背夫,从中获得酬劳。可以说,提供旅游服务已经成为当地少数

---

①　[英]克里斯托夫·冯·菲尤勒－海门道夫:《尼泊尔舍尔巴的经济生活》(《喜马拉雅山区的贸易者》一至四章),吴泽霖译,中国社会科学院民族研究所1979年油印本。

民族群众的一种新的生计方式。

在迪麻洛峡谷，在旅游开发方面做出带头作用和贡献的当属村民阿洛。阿洛的旅游事业主要包括两个方面：一是开办家庭旅馆和青年旅社，为外来游客提供食宿服务；二是做导游，带领外来的旅游团队徒步旅行。

做导游需要具备很强的语言能力，开客栈需要一定的经济能力，吸引游客和扩展业务需要具备很广的社会资源。村民阿洛自学普通话和英语，建造家庭客栈得到外界朋友的成功资助。随着认识和接触的游客越来越多，他的业务也不断扩展，个人的导游能力也在不断增强。从这些方面来讲，其他村民都是不能匹及的。

## 一、阿洛的个人史

追溯个人史可以有两方面的发现，一是反衬个人生活经历背后的社会政治变迁，二是个人的性格、机遇如何导致其在同一个社会文化环境中逐渐变得与众不同，甚或有些"另类"。这里从阿洛的故事讲起。

阿洛不仅是整个迪麻洛峡谷的名人，也是附近四面八方的名人。他通过一些显著的特点将自己和同村的村民区别开来：第一，生计方式。和普通的农牧民不同，阿洛开客栈，做导游，在当地显得独具一格。第二，经济收入。阿洛家年收入约为15万元，虽然不是当地最富有的，但也算是出类拔萃的了。第三，社会交往。阿洛的社会交往对象除了同村居民，还有大量的外地人，甚至外国人。第四，文化观念与生活态度。阿洛喜欢学习，积极接触各种外界的新鲜事物。阿洛小时候只读过两年书，文化程度并不高，但是现在不仅会讲一口流利的汉语，还会基本的英语交流，并且熟知国内外的热点问题，这一切都源自于他平日里自觉学习的努力。此外，他还热心于环保等公益活动，关注村民的前途未来，这点是和所有村民最大的不同。

阿洛为藏族群众，生于1972年，为迪麻洛村补它小组居民，精力旺盛，活力充沛。其家中有妻子、一个上高中的儿子和一个上初中的女儿。阿洛没有上过很多学，小时候只读过两年书，后来便辍学在家。阿洛的家原本在迪麻洛的财当组，后来他娶了对面阿鲁腊卡山上补它组的如万娜做妻子。如万娜的父母在迪麻洛村中心附近有一块地，16年前，夫妻两人在山下的地里建了房子，从此就在那里居住了。

据阿洛回忆，小时候家里很穷，穷得现在回想起来都觉得不可思议。阿洛是在1978年9月入学。当时在村子里的财当小学，教员只有一名代课老师，名字叫杨舒曾，她是阿洛的一年级老师。二年级的时候来了一个独龙族的老师，名叫迪子宗。1980年11月，阿洛从财当小学退了学。原因是当时有很多学生欺负他,他自己也觉得没有人关心他、支持他。

当时,阿洛的父亲在合作社里放羊,由于阿洛的二叔在1979年迪麻洛的泥石流中丧生,他的父亲便接替了他二叔的工作。但是,刚过一年,改革开放的号角也在当地吹响了,合作社随即解散,阿洛家从社里分得3只羊。这时阿洛恰好退学回家,无事可做,于是接替父亲放起了羊。这一放就是10多年,阿洛家的羊数也从最初的3只发展到了70多只。在此期间,家里还陆续增加了牛、马、驴、猪、牦牛等其他牲畜。直到1991年,阿洛的牧场生活才告一段落。

从1989年开始,阿洛开始到各地寻找学习汉语的机会。至于为何会萌生这一动机,阿洛现在自己也讲不清了,可能牧场上的单调生活与他向外闯荡的天性相差太远了吧。2003—2006年,阿洛参加了云南省生物多样性和传统知识研究会(CBIK)的滇西北农牧业生机改良项目,做怒江项目的协调员。2007年,他又参加了保护国际(CI)的《乡村之眼》自然与文化影像纪录片培训班。此外,他还感兴趣于人类学,为此还在云南大学有过两年的学习经历,并且参加了2008年在昆明举办的世界人类学民族学大会,他的报告内容是迪麻洛环保问题的一段影视记录。阿洛极为重视环保问题,从1999年开始一直在做村子里的生态环境保护宣传工作,并且动员村民处理社区中的生活垃圾。政治方面,2000—2012年,他担任迪麻洛村补它小组的村组长;2013年村委会换届的时候,阿洛没能再当选组长,其中原因比较复杂,但他仍是村委会的委员之一,而且是乡里的人大代表、县科学技术协会的成员等等。

陈述以上事实只是为了说明主人公的外向型性格和积极参与公共活动的进取精神,而这一点是从事旅游事业所必须具备的。除此之外,还有机遇到来前的准备,如语言上的学习等。当这些条件都已经具备,再到机遇偶然降临的时候,后面发生的一切似乎就变得顺理成章了。

1999年的一天,是阿洛生命中非常重要的一天,用他自己的话说,就是改变命运的一天。那一年夏天,他由于身体不适在家中养病。一天,村中突然来了一位外地的年轻姑娘,身着短裙,打扮时尚,坐在村中的街子那里,由于语言和文化差异的关系,没有村民愿意主动去和这位姑娘打招呼。有亲戚来阿洛家说起这件事情,由于阿洛懂一些普通话,让他去看看。阿洛随之去了街子上,打过招呼之后,将这位姑娘带回了自己家中。闲聊之后,才获悉这位姑娘是美国哈佛大学的中国留学生,想从贡山徒步翻山到香格里拉去。从地图上得知,迪麻洛是翻山的必经起点,因此来到这里。这位姑娘让阿洛帮忙为其找向导,阿洛告诉她,这边的人和德钦那边一直保持着很好的关系,雪山两边甚至还有很多嫁娶形成的姻亲关系,两边的人由于商业和社会关系因素也经常往来，因此，对沿途的情况非常熟悉，翻山不成问题。经过多次询问，村民竟无人愿意带这位姑娘翻山。后来实在没办法，阿洛决定亲自带她翻山。决定好出发的日期以后，阿洛准备好衣服、食物以及其他路上所需的各种器物，带上自家的一匹马，就出发了。10多天后，他们便成功到达了目的地。以上这次经历非同寻常，当时阿洛回来后村中流传起不少闲话，幸亏有阿洛妻子的支持，否则肯定会引起很大的家庭矛盾。

2000年，这位姑娘再次来到迪麻洛。这次，她为阿洛带来了更大的惊喜。她向阿洛下了一个9万美元的旅游订单，要求是帮助她完成一次从贡山到香格里拉的徒步旅行结婚。阿洛之前从没有做过类似的事情，起初颇感为难，后来终于找到了香格里拉的一家旅行社帮忙策划组织，整件事情从开始到结束总共花了1个月的时间。阿洛当时一心想着要将这件事情做好，没有给自己留下多少好处，等到婚礼完成的时候，他自己只剩下6000元左右。但无论如何，这也算是他人生的第一桶金了。

这次事情以后，阿洛从带游客旅行中尝到了好处，从此开始将自己的注意力转移到旅游事业上来。2004年，阿洛开始建家庭客栈。直到现在为止，他的家庭客栈仍一直是整个迪麻洛村唯一的一个正式客栈。随后的几年里，他先后带过几批来当地做科研考察的队伍翻山。后来，外国游客开始进入迪麻洛峡谷，并且数量越来越多。语言和沟通问题又成为摆在阿洛面前的一道难题。为了留住游客，扩大客源，阿洛随即开始自学英语。由于没有一点基础，其起初的困难是可想而知的。为了学习英语，阿洛从外面买回来大量的培训教材和光碟，边记单词，边练口语。有一次，阿洛给笔者看了他以前学习英语的一册练习本，上面的内容既让人觉得匪夷所思，更让人感动。如"morning"他就在该英语单词后面画上一只公鸡，"noon"他就画上一个太阳，"night"，他就画上一个月亮，非常形象生动。

经过几年的坚持，如今阿洛已经可以用英语和外国游客进行基本的交流，无论是电话交流还是现实中的面对面交流。第一次领教阿洛的英语是在一次晚餐上，当时他家来了几个法国人，一个人夹起一根竹笋问阿洛这是什么，阿洛略加思索，说了一句"dry bamboo"。真的很让人佩服。要知道，阿洛的这种现象在教育状况落后的迪麻洛甚至周围更大范围的地区都是超前和罕见的，就连在自己家中正在上初中的女儿和上高中的儿子都不能说出口的情况下，阿洛却自然、大方地用英语和外国游客交谈，实为难得。

目前来迪麻洛旅游的人群当中，外国游客几乎占到了一半。如果没有这项基本的语言技能做资本，很难想象阿洛家的旅游事业能够顺利地做大。迪麻洛的旅游和其他地方的旅游相比有一个突出的特点，就是游客们基本上不是直接冒昧前来的，而是来之前先打听询问相关的行程安排，觉得适合和满意以后才约定好时间过来。因为迪麻洛毕竟只是一个名不见经传的小山村，它不像国内那些著名旅游景点，游客们一旦想去就直接去了。来这里的游客大多是一些热爱徒步旅行的登山者，他们不是直接和景点取得联系，而是要先找到可以信赖的向导。因此，前期的电话等通信联系就显得极为重要。那么，语言的重要性就可想而知了。

2010年左右，阿洛参加了怒江州旅游局的导游培训，学习到了更多的专业旅游知识，并顺利考取了导游证，正式成为一名职业导游，从而和村里带游客翻山的普通向导区别开来。导游证是阿洛获取的另外一项文化资本，他因此也开始将自己的导游业务扩展到迪麻洛峡谷之外。

## 二、做导游

线路的开辟。碧罗雪山自然风光秀丽，除了茂密的原始森林、雪山，还有绿草如茵的牧场、河流，是徒步旅行的绝佳去处。碧罗雪山横亘于迪庆藏族自治州和怒江傈僳族自治州之间，既是两块行政地域间的自然边界线，也是澜沧江和怒江的分水岭。目前，尚未有公路可以直通两地。从德钦到贡山，乘车需要经香格里拉到大理、下关再到六库、福贡，最后才到贡山，或者经维西、兰坪再到六库、福贡和贡山，路程需要2～3天的时间。新中国成立以前甚至之后的一段时间，进入怒江的公路尚未修通，外界进入贡山的途径主要是翻越碧罗雪山。

翻越碧罗雪山主要有两条路径，一条是从维西县的岩瓦到贡山县的腊早，一条是从德钦县云岭乡的永芝村或燕门乡的茨中村到贡山县捧当乡的迪麻洛村。迪麻洛是从贡山县徒步到德钦县的必经之地。

历史上，迪麻洛的村民就和德钦县保持着紧密的联系。占迪麻洛村村民总人口将近一半的藏族群众就是从四川西部的康定经德钦迁来。至今，这里的藏族群众的语言和甘孜、阿坝、德钦那边的基本相通。他们喜欢看康巴卫视，听同样的音乐，跳同样的舞蹈。时至今日，迪麻洛的一部分藏族群众仍然和德钦那边保持着亲属关系。除了亲属关系，两地之间还存在着频繁的商业关系。据一位老人讲，民国时期，经常有德钦那边的商人携带金银首饰前来换取当地的牛马等，大概20世纪40年代，德钦那边的一伙土匪还曾翻山来到迪麻洛烧杀抢夺了当地的大量牲畜，并且强迫村民为他们运回德钦的据点。正因如此，两地村民对山上的路途了如指掌。

从迪麻洛翻越到德钦有两条线路，分别为北线和南线。北线是指从迪麻洛峡谷一直往里走，经过9个小时到达海拔2670米的新科牧场，在此休息一晚后;第二天上山,走 5～6 个小时,到达海拔 3870 米的孔雀山垭口;再经过大约 2 个小时的时间到达海拔 3400 多米的德钦牧场,休息一晚;第三天从牧场出发,6～7 个小时到达永芝村。

南线是指从迪麻洛村底下直接登山,2 小时后到达白汉洛,再往上走 2 个小时到达达拉登牧场,再走 4 个小时到达第一个垭口(巴拉贡,海拔 3970 米),下山约走 3 个小时,到达色洼隆巴牧场;在牧民的牧屋里过一晚后,第二天接着出发,跋涉 3 个半小时左右后,到达第二个垭口(蛇拉腊卡,海拔近 4300 米),然后下山;4 个小时后,到达杜洼扎楚牧场;再走 3 个小时,到达澜沧江边的茨中村。

两条路线相比较,走南线的游客数量多一些,这源自于茨中村的魅力。茨中村位于碧罗雪山东麓的澜沧江边上,是一个由藏族、纳西族和傈僳族等民族混居构成的村落。这里有著名的茨中天主教堂,该教堂建于清末,是一个能吸引很多游客的地方。茨中村除了作为翻越碧罗雪山后的一个接应点,也是自东往西翻山的一个主要出发点。

除了翻越碧罗雪山,阿洛还开拓了另外一条徒步线路,即从迪麻洛翻越阿鲁腊卡山,到达丙中洛。

丙中洛也是滇西北旅游的一个重要去处。丙中洛身处怒江大峡谷的北端,其西边为险峻的高黎贡山,东边即为碧罗雪山,自然风光极为秀丽,著名的景点有"怒江第一湾"、石门关等。该乡是一个多民族的混居地,其中包括怒族、傈僳族、藏族和独龙族等,文化特点极为多样,最具代表性的当属该地的宗教信仰习俗。这里不仅有藏传佛教,还有天主教和基督教,三种教派在这块狭小的地方传播并存,和谐相处。此外,丙中洛还是通往西藏察隅的一条重要交通线,这里也保存着茶马古道的很多遗址。总之,生态、民族文化和交通线这三种因素的共同叠加给当地旅游业的发展提供了充足的资源保障。

阿洛显然巧妙地利用了丙中洛的旅游资源优势。从地理位置上讲,进入迪麻洛峡谷的入口刚好在贡山到丙中洛公路的中间,去丙中洛必然要经过迪麻洛入口。阿洛利用这一地理位置上的特点,先将游客引至迪麻洛,再将其引至丙中洛。这样,不仅自家的客栈有了生意,也增加了村子里的向导、背夫和牵马人的生意,可谓一举多得。

从迪麻洛去往丙中洛的路线大致为:从阿洛家的客栈出发,过迪麻洛河,沿着峡谷的西侧往上走 2～3 个小时可到阿鲁腊卡山顶,从山顶往下走 4～5 个小时。到达丙中洛的双拉村,穿过一座人马吊桥走到对面的公路,可以坐车到达丙中洛(见图 9-1)。

图 9-1 迪麻洛徒步路线

现在，阿洛已经不再满足于在迪麻洛峡谷当向导了，他将自己的导游业务扩展到了迪麻洛之外。其中，既有自己的私人业务，也有承接来自昆明、大理等地旅行社的业务。此外，怒江州旅游局和贡山县的一些政府部门也会下派一些接待和带队任务。由阿洛自己开辟的徒步路线如下：

一条路线是香格里拉—茨中—西藏察隅县。此路线行程大约需要10天时间。具体为：第一天，从茨中村走到杜洼扎楚牧场。第二天，翻越蛇拉腊卡垭口到达色洼隆巴牧场。第三天，翻越巴拉贡山口后到达迪麻洛。第四天，坐车到西藏察瓦龙乡。第五天，徒步到明孔拉咱，户外扎营。第六天，翻越明孔拉咱山口到西马拉咱扎营。第七天，翻越西马拉咱山口到达日东部队营扎营，过了日东就是无人区了，需要做好充分的准备。从日东开始就沿着公路徒步，那条公路车非常少，运气好的话就会有部队的车子，不过5月一般不会通公路。第八天，沿着公路徒步翻越总拉山口，然后在山口脚下扎营，条件比较辛苦。第九天，沿着公路徒步翻越以修拉山口到玉区，路程5个小时。第十天，从玉区走2个多小时就到察隅县城。需要特别提醒的是，走这条线一定要带卫星电话。

另一条路线是独龙江—茨中。此线路行程约需8天。第一天，从贡山独龙江孔当乡出发，住孔当镇，要花 9 小时以上。第二天，从独龙江上游到龙园，当天回孔当，住孔当（配合边防派出所检查登记），往返时间 6 小时。第三天，从独龙江下游到巴坡，往返 6 小时左右。第四天，从独龙江返回贡山，住贡山县城。第五天，从贡山到秋那桶，住秋那桶村寨。第六天，从秋那桶到丙中洛，再到迪麻洛，住迪麻洛，时间 3 小时。第七天从迪麻洛开始徒步，预计两天到茨中村。

除了策划路线，做导游还需要了解天气情况，并做相关的安全提醒。阿洛会告知七八月份前来徒步的游客：第一，每天下午 4 点后会有雷雨大风天气，请带好雨具！请不要随身带铜银制品，避免雷击！第二，途中会遇上各种马蜂、蛇、蚂蟥、蚊子等虫子，请带好相关药品。第三，带好必要的装备，如防雨帐篷、睡袋、防潮垫、雨衣、登山鞋、登山杖、墨镜等。其他的注意事项如：沿途会有各种有毒或引起过敏的植物，请勿随意碰触它！也会有各种危险的野生动物，请勿乱闯原始森林和路边的草甸！不要随便碰触用来驮运东西的马匹的身体，并保持距离，以免发生意外事故！以上细节充分体现了阿洛心思的缜密，以及对自己工作的负责。

1998—1999 年，贡山县政府未经村民同意，便将传统上归迪麻洛村村民所有的几块牧场划给了与其接壤的德钦县，激起迪麻洛村村民的强烈不满，之后越界放牧的现象时有发生，两边牧民的关系也开始恶化。特别是在 2007 年 7 月 3 日，德钦的永芝村牧民趁迪麻洛牧民搬迁之际，组织了一个五六十人的队伍浩浩荡荡闯入牧场，欺凌了看守牧房的老人和小孩，并烧毁了迪麻洛村村民的牧屋，赶走了牧民的牛羊，搜身抢走牧民的钱财、护身器等，还虐杀了一些牦牛。这次事件进一步激化了两地的矛盾，双方曾数度执弩弓等武器对峙和进行小规模的火拼，两地间村民关系十分紧张。

2008 年 5 月 24 日，阿洛和迪麻洛村村民带着几名澳大利亚游客翻越碧罗雪山，26 日下午抵达永芝村的阿能登家，这家人是阿洛他们出发之前通过当地村委会特意安排好的。阿洛一行共有 15 人，其中 6 位是游客，4 名是迪麻洛桶当村的村民王利克、阿约、阿隆仁、阿力，另外 5 名分别是阿洛、虎卫东以及财当村村民罗卫国、阿布僧和汉僧。当时翻山的路上一切都很顺利。但到了永芝村一个小时后，就来了上一年牧场纠纷后在迪麻洛被打的永芝村村民，他们想找迪麻洛人报仇。阿洛说，其实他们都不是去年参与此事的人，但是永芝村村民想，只要是迪麻洛人就打。后来村主任白玛诺布出面，安排阿洛等人在被打的那个人的姐姐家会面，双方谈了一个小时左右，没有发生纷争，以为这样就平安了。在村子里的客栈住下后，一行人在主人家买了一只鸡、一打啤酒，就请永芝村 3 个小组的组长在一起"扎西德勒"（干杯）了。谁知到了晚上 11 点钟的时候，迪麻洛村的两位背夫突然被袭击了，其中一位被压倒在地，另一位进来通知阿洛他们，后来发现袭击者都是永芝村的青少年。阿洛至今仍记得他们的名字，其中一个还曾在贡山县城持刀砍过人。阿洛说，在那么好的一个村子发生这种事情太可惜了。

由于两地的藏族人之间毕竟还有着扯不断的亲戚关系，而且牧场纠纷发生前的很多年两地的关系一直比较好，因而不能完全撕开脸面，所以永芝村的村民才以民族上的差异做借口。其实，袭击者针对的仍是迪麻洛村村民。因为阿洛也是藏族群众，他对阿洛也动手就说明了这一点。

迪麻洛和永芝村之间的冲突直接威胁了当地的旅游事业，为了保证游客的安全，阿洛也通过结交朋友等途径来改善两村的关系，为自己和游客寻求保护。2013年国庆节期间，永芝村的一名导游带自己的游客去丙中洛，翻越碧罗雪山后就来到了阿洛家，阿洛媳妇热情地招待了他们。同样，阿洛带游客到永芝村的时候，也会去他家的客栈。这样的互访对双方显然都是有利的。

### 三、开客栈

客栈是阿洛家的另外一项重要收入来源。目前为止，阿洛一共开了两家客栈，其中一家在家里的院子里，另外一家在丙中洛。

阿洛的家庭客栈名称起初叫作"背包客之家"，后来更名为"阿洛国际青年旅社"。阿洛的家位于迪麻洛老公路旁边，里面的院子往下就是奔涌而下的迪麻洛河。晚上睡在上面的屋子里，轰隆隆的流水声不绝于耳。阿洛家的院子很大，有七座大小不等的建筑，包括住房、客栈、厨房、洗澡室、厕所、酿酒屋、猪圈、干草储存架等。

阿洛家的建筑和庭院布局大致如下。最外面为一座普通住人的房子，为当地传统的三层木建筑房，分作两间，里面除了堆放杂物，还给家里来的亲戚和朋友居住。除此之外，村中醉酒的人偶尔晚上也会游荡到这里来睡。

家庭客栈就在这座房子后面，是一座大约有200平方米的两层土木式建筑。2004年开始建造这所大房子的时候，阿洛手中并没有充足的资金。他向外地的几位朋友借了大约2万元，自己出资购买了白汉洛村一位村民家责任山的6棵总价值5000元的冷杉树。人工成本主要是伙食费。除了房屋封顶时请了一位师傅外，其他的劳动都由村民帮忙完成。村民间帮忙虽然不需要付工钱，但要提供酒、肉、米饭、蔬菜等食物。仅是为了打房屋底下的土墙，阿洛就请了50多名村民劳动了一周。

底下一层的墙壁按照藏式的传统建筑方法用土夯打而成，上面一层则用木料搭建。底层的布局为，从正面进入，有一条可以穿越到后院的门廊，门廊的右边为一个长方形的客厅，左边有一道门，进入里面有一个读书架，上面摆放了几百册书。这些书只有少部分由阿洛自己购买，其余全由外地的游客捐赠。

原本捐赠给村中的小学，但管理不便，最后阿洛将其留在自己家中，并且将这里命名为"迪麻洛社区图书室"。在当地做这样的公益事业并不容易，一则村民的文化知识水平有限，这里的图书也很少有人问津；二则有少量青年借走书以后就很少再还回来。对此，阿洛也只能表示无奈。再往里走，就是供游客住宿的房间。底层的住房有两间，每间有三个床铺，共可以住六名游客。底层的左边为一个楼梯，从楼梯上到二楼以后，上层分左、中、右三个部分。左边共有三间房间，一间由阿洛的儿子居住，两间为客栈住房，其中一间里面有两个套间，一间里面有三个床铺、一间只有两个床铺且上面堆放着床上用品。每个房间都装有一扇玻璃窗户，通风和光线条件较好。中间为一间面积较大的房间，里面有六个床铺。最右边从外到里有两个小房间，是阿洛和妻子的卧室，另外一个小间是女儿的卧室。

客栈建造之初，所有的床铺都是地铺，即只在地板上铺上垫子和床单，盖上被子即可入睡。2013年下半年，阿洛雇请村中的一位匠人装修了底层的客人住房，挂了吊顶，粉刷了墙壁，重铺了地板，并且请人制作了木床，将原来的地铺换成了床铺。床铺的价格比地铺稍贵一些，地铺的价格为每位游客每晚20元，床铺则为30元。如果是一家人或与配偶一起入住，则按包间计算。

客栈背后紧挨着的是厨房。厨房原来也是简单的木料房，2010年的时候，申报政府的危房改造项目，将木料房换成了现在的空心砖房。厨房的面积大约有70平方米，房屋有两间，一间为做饭的地方，一间为家人或客人吃饭聊天的地方。房间之外还有一个面积较窄的空间，主要用来做火塘，另外还架有一个铁制的火炉。这主要是考虑到烧火的因素。阿洛的厨房虽然已经具备了现代家庭的特征，但是传统的火塘仍然不能抛弃。阿洛家的厨房里，有自制的案板、储物架，也有自来水，有瓷砖砌成的灶台，有煤气灶，有冰箱，融传统与现代为一体。阿洛家的家具几乎全由价格不菲的榧木做成，构造极为简单。每张桌子下面支撑几根木头，上面铺放一块收拾平整的厚木板，就是一张桌子，上面可以放电视、热水瓶以及其他杂物。

厨房再往前就是阿洛家的庭院，这里有柿子（当地藏语称"阿敏只布"）、无花果、桃子、"杨噶拱啊"（一种形状像鸡蛋、色泽像番茄的果实）等果树。客人们闲来无事的时候经常会来这里赏玩。

庭院中间有一条石头铺成的小径直通厕所。厕所为水冲厕所，分男女两间，上有英文"Men"和"Women"的标识。曾有一外国友人建议阿洛安装冲水马桶，但阿洛一直未采纳此建议。院子的右边为酿酒和养猪的地方。酿酒房大约10平方米，里面有灶台和各种酿酒的设备。

丙中洛的客栈全名叫作"怒江丙中洛阿洛国际青年旅社"。该客栈建于2010年，由阿洛和自己的一个妹夫共同投资完成，其中阿洛约占40%的股份。

该客栈也是一座两层建筑，主体部分由空心砖建造，旅舍前面用木料搭建两间小木屋，外观看上去十分温馨。该旅舍共有房间10间，床位为上下铺，可一次性接纳30多名旅客的住宿。还有厨房，可以为旅客提供食物。

阿洛家面临的最大问题就是人手不够，两个儿女都在上学，阿洛又经常在外跑业务，家中只留下妻子如万娜一个人。如万娜今年刚满40岁，看上去还非常年轻。她是一名虔诚的天主教徒，平常一个人的时候总是嘴里念念有词地在祈祷，和别人交流的时候脸上总是挂着善意的微笑。阿洛家的一切事务几乎都由如万娜来操持，如种地、喂猪、做饭、蒸酒、织布、洗衣服、打扫房间、冲洗厕所。笔者在阿洛家住的好几个月里，几乎没有见到如万娜闲下来过。每天一清早，她就要第一个起来生火、烧水、做早餐，然后煮猪食喂猪，地里有活的时候就下地干活，农活干完的时候就蒸酒、洗衣服、织布。

所幸阿洛的家里经常有亲戚来住，其中，经常住在这里的有阿洛的妹妹与阿洛妻子的弟弟，还有阿洛外甥阿根一。阿洛的妹妹家住阿鲁腊卡山上，刚刚和丈夫离婚，现在带孩子住在阿洛家。阿根一25岁，尚未成家，家住附近的从尼，姐姐出嫁，弟弟在县城谋生，家中有一位老父亲，他常年吃住在舅舅阿洛家，帮忙喂猪、干各种杂活。

除了自家人的衣服，如万娜还要洗客房里的床单、被套等，每次累积起来都是一大堆，即使用洗衣机，每次也得大半天的时间。织布的活虽然只是间歇进行，但它却是所有工作当中最慢最繁琐的一项劳动。做饭就更不用说。每次星期四村上赶集的时候，如万娜都要背上篮子去菜市场买菜。每次来游客的时候，她总会忙得手忙脚乱。有时候，家人加客人的人数多达十几二十人，要准备这么多的饭菜，还要清洗饭后的锅碗瓢盆。客人有时候突然就来了，如万娜刚刚从地里干完农活回来准备休息一下，马上又得为客人收拾房间，安排客人入住，还得赶紧做饭。最为尴尬的是，有时候客人来了，突然发现家中的米和菜都已不够，她又得急急忙忙跑到下面的商店里去临时凑合一些东西应付。

如万娜没读过书，不识字，只会讲少量的普通话，游客来的时候经常难以交流，造成很多不便。外国游客来的时候情形更糟，有时候主人和客人双方都会不知所措。由于以上种种原因，如万娜有时候很不高兴。阿洛回到家的时候，她经常抱怨说自己太累了，干不了那么多活。有时候，她也会开玩笑说，自己明年去外面打工了，不在家里面待了，家里的活不想干了。

的确，在同一个村子里，我们看到了两种截然相反的情形，一种是阿洛家这样整天忙得不可开交的家庭，一种是只干基本的农活、勉强维持家庭生计、大多时间喝酒游玩的家庭。

在调查的这大半年时间里，笔者在阿洛家先后遇到了美国、比利时、挪威、德国、法国、以色列、澳大利亚等欧美和大洋洲的游客。他们有的只是来旅游，有的也为阿洛及其家庭做了不少事情。

住宿时间稍长的游客一般都会主动帮阿洛家干活。一对年轻的以色列夫妇2013年9月来到迪麻洛，准备徒步翻越碧罗雪山。在他们停留的一周多时间里，正好是收获苞谷的时节。他们也和当地人一样，和阿洛妻子一起，前往阿洛家的苞谷地里掰苞谷。那个男的以色列人名叫劳翰，他干活非常卖力，学着阿洛妻子的样子将装满的箩筐背挂在前额上，那副样子连笔者都觉得佩服。

2013年9月初，为了迎接国庆节期间的游客，阿洛家准备装修两间给游客住宿的房屋，工作包括粉刷墙壁、吊顶、铺地板、做床架等。为此，他请了村里的两名师傅，一名泥瓦匠，一名木工。这名泥瓦匠几乎什么建筑方面的活都能干，他一个人既吊顶，也和水泥、粉刷墙壁、铺地板；那名木工则主要是锯木头、做床架，因为阿洛家原来的客房是地铺，现在要做成标间。阿洛为这两名师傅开出的报酬是每人每天150元，还包伙食；如果每天的伙食费平均按30元计算，那么每天的工价在180元左右。其中，泥瓦匠师傅的工作时间最长，前前后后有月余时间，阿洛仅是给他一人就付了将近5000元的工资。

10月份的时候，阿洛家又开始了另外一个建筑项目。法国某个NGO组织的人员在贡山通过天主教会从事一些慈善事业，迪麻洛是他们经常前来的地方。阿洛也喜欢做慈善，加上他本身也信奉天主教，是一名虔诚的天主教徒，因此免费为这伙法国人提供食宿。后来时间长了，这些法国人也觉得不好意思，他们决定帮助阿洛做一些事情。其中有一个人叫布瑞斯，是一名建筑师。他从自己的专长出发，提议为阿洛在碧罗雪山的色洼隆巴牧场上建造一座小客栈，供来往的游客居住。阿洛听到这个提议也表示赞成，因为色洼隆巴是从贡山徒步到德钦南线的必经之地，所有客人结束一天的行程后都要在此过夜休整一晚。阿洛觉得这是一个很不错的主意，于是就同意了。

布瑞斯和阿洛一起参与了房子的设计，图纸设计好以后，便开始人员和材料的准备。人员的准备上，布瑞斯想出了两个办法，一是从外地招募志愿者，二是从本地村民中雇请工人。但是从后来的实际效果来看，前者显然不如后者。

为了招募志愿者，布瑞斯设计了一个颇具创意的海报，并且将其张贴到昆明、大理、香格里拉和德钦等地。海报张贴出去以后，果然不断有人打电话前来咨询。对于志愿者，阿洛承诺的是提供食宿，此外还可以免费徒步游览碧罗雪山的美景。很多人听到这些好处都被打动了。在这些先后来到迪麻洛的志愿者当中，有国内的，也有国外的，国内的有山西、广东等地的，国外的有马来西亚、美国的和一群布瑞斯的朋友。

最先来到的是一名来自山西的女孩子，她当时正在德钦那边旅游，看到这个消息后，便搭车赶了过来。据她自己讲，她一个人从山西到广州，再从广州到昆明，从昆明到德钦，一路都是搭便车过来，她自己的目标是行走 5000 公里，加上她过去走过的一些地方，来到迪麻洛后她的总旅程已经达到了 3700 多公里。这位女孩来到阿洛家后，负责每日的做饭工作，客人较多的时候就和阿洛妻子一起工作。一周时间以后，她跟随建造房子的队伍去了山上的牧场，帮助他们做饭；但是，仅过了三天，由于受不了山上的生活条件，又返回到了阿洛家里。后来又有一批人要上山，她又跟了上去。但是，几天之后她又由于其他原因从山上返回，于当天去了贡山，最后听别人说是回昆明去了。

还有两个来自广东的青年，一位是广州的，一位是揭阳的，他们也先后来到阿洛家中。其中，广州的那位一直没有上山帮忙；揭阳的那位去了山上，但是并没有帮到多少忙，几天之后也从山上返回了。一位马来西亚的姑娘，名叫阿迪拉，刚来的时候剪了一个短头发，脸较黑，很像一个男人。村上有人问笔者她是男人还是女人，笔者忍不住笑着告诉他们她是女人。她在山上待了几天以后独自下山，走到白汉洛上方的时候迷了路，掉进了深沟，全身多处都受了伤，后来被附近的村民发现送回了阿洛家。

总的来说，招募志愿者的办法并没有起到应有的效果，他们在阿洛家吃住了很长时间，但是并没有做多少实际的事情。倒是一群外国人，他们的责任心很强，干活也很卖力。一名叫作汤姆的美国人，私下里告诉笔者前面提到过的那名来自广东揭阳的青年，说他在山上的时候什么也不会干，在阿洛家的时候也不会帮忙做什么事情。后来房子差不多完工的时候，笔者和阿洛聊起过这件事情。

大约 11 月底的时候，房子的主体部分基本完工，只剩下门窗尚未安装，阿洛说他准备在 2014 年三四月的时候再去山上进行进一步的完善和装修。山上的这座房子为土木结构，即底下的四面墙壁用土夯成，上面用木料搭建一个斜坡状的屋顶，面积只有 10 多平方米，床位为上下铺，约可以容纳 5 个游客。总的来说，建造这所客栈的想法还是比较有创意的，它既可以为结伴的朋友提供住宿，也可以为旅游的夫妇提供方便。阿洛还没有想好，厨房是要建在屋子里面，还是在房子外面另建一个小棚子，设置炉灶和建火塘。

按照设想，阿洛想在客栈建成后专门找一个人在山上的客栈里常住，负责做饭、接待游客和打扫卫生。但是，笔者告诉他，游客的前来具有很大的随机性，如果专门雇请一个服务人员住在山上，成本较大，不划算，倒不如请一个附近的牧民，一边放牧，一边帮忙料理客栈里的事务。因为这个客栈并不大，住的游客也不多，完全可以兼顾得过来。

整个工程于 2013 年 10 月开始，12 月初的时候大体完工。据最后的统计，建造这座不起眼的小房子的总费用超过了 5 万元。其中，法国人布瑞斯从他们的 NGO 组织申请到了 38000 多元，阿洛自己运送上山的食物以及马帮的费用大概只有1万多元。如果全部费用都由阿洛自己承担，那将给他带来不小的投资压力。

阿洛在发展自家旅游事业的同时，也为村上的一部分青壮年提供了工作机会。首先是背夫和马夫。翻越雪山并不是一件轻松的事情，尤其是背着笨重的行李，这些活显然不可能全由阿洛一个人来干，因此需要请其他村民协助。其次是向导。由于阿洛业务繁多，经常在外奔波，因此不可能照顾所有的生意。当阿洛有事或出门在外的时候，他就把客人交给一些可以信赖的村民，由他们做向导带游客翻山。

目前，除了阿洛，迪麻洛兼职做向导的共有20人左右，背夫和马夫加起来超过100名。一般来说，雇佣一名背夫每天需要支付150元，往返全程大约需要5天时间，总共需要750元。尽管从迪麻洛翻山到达德钦只需要2～3天时间，但背夫到达目的地后还要原路徒步返回，又需要耗费大约2天的时间。背夫的负重也有规定，一般不能超过20公斤，20公斤的重量对于一个成年人来说虽然不算太重，但是在海拔高达4000米、路程遥远的碧罗雪山上，长时间的负重会对人的身体造成一定损害。行李超过规定重量，即要将行李分开，雇请其他背夫共同出行。也有背夫愿意背负超重的行李，但是需要支付额外的费用。

向导的要求较高，是阿洛根据人们的语言能力、徒步经验和责任心挑选出来的。一般支付给向导的费用为每天200元，向导们还会为游客提供路途中所需的基本食物，做简单的饭菜；但是，需要另外支付费用，一般为30元左右。如果客人有特殊需要，还需雇请马夫。一般情形下，马夫不计费用，客人只需按马匹的数量支付费用，一匹马每天的价格为180元，往返5天共需支付900元。

翻越一趟碧罗雪山，一般需要至少两名当地的向导和背夫护送，主要是考虑到旅途安全的问题。除了去往途中的意外因素，返回途中向导一人万一途中遇到不测，没有人照应，那将是十分危险的事情。2010年11月，迪麻洛发生了一次向导遇难的事件。当时有向导、背夫三人送完游客后从雪山东麓的茨中村返回，途中遇到了大雪。据说当时山顶的雪深及人胸，寸步难行。三人走到一个垭口的时候，实在坚持不了了。有两个人最后被冻死，其中一名就是阿洛一个妹妹的丈夫；另外一个人裹着袋子从山顶拼死滚了下来，最后竟奇迹般地活了下来。这两死一伤的惨痛事故给迪麻洛村村民留下了很深的伤疤，人们至今都不愿意提起。

据阿洛统计，每年村里的所有导游和背夫、马匹的收入加在一起可以达到13万元左右，因为所有的业务和账目都要经过他的手，所以他对此知道得比较清楚。而他自己做导游、开客栈的年收入将近15万元，整个迪麻洛依靠旅游事业每年可以创收 28 万元。他自己一家就占了一半多。其他兼营旅游事业的村民按 120 名计算，平均每人只有 1000 元左右。其实，对于游客飘忽不定的迪麻洛峡谷来说，这些做导游和背夫的村民每年平均能有一次参与的机会已经很不错了。

  来迪麻洛的国内外游客大都是为了徒步翻越碧罗雪山。从文化资本的角度进行分析，碧罗雪山的知名度和吸引力远不能和举世闻名的喜马拉雅山相提并论。因此，在旅游业的兴旺程度和对传统生计方式的冲击力上，两者也不能同日而语。尼泊尔的舍尔巴人，借助于喜马拉雅山这种得天独厚的自然文化资源，可以摆脱原有的农牧业生产，转而投身于为世界各国的登山者提供各种服务、劳动，进而成功适应市场化带来的冲击和影响。而名不见经传的、偏居一隅的迪麻洛峡谷，若要将自己的未来托付给世界性的旅游市场，还需要做出许多努力。

# 结　　语

　　随着现代世界体系向全球范围不断扩张和渗透，地区间日益收缩为一个相互依存的整体，传统的地方社会在参与市场的广度和深度上都达到前所未有的高度。和殖民时代的非洲、美洲等地不同，本书所研究的迪麻洛峡谷呈现了地方社会卷入现代世界体系的另外一种模式，即不是靠资本主义的武力征服和皮鞭威胁，而完全是地方民众自愿选择和接受的结果。

　　沃勒斯坦认为，中国是在19世纪被纳入现代世界体系的。① 对于当时我国的东部沿海地区，这一说法可能没错。但如果将目光投向遥远、封闭的西南边远山区，情况却未必如此。以怒江峡谷为例，该地区在历史上长期以来偏居一隅，其真正和现代世界体系产生比较紧密的联系，也是改革开放以来的事情，因而在时间上明显要比沿海和内地的其他地方滞后许多。

　　无论如何，当下的迪麻洛峡谷已经是一个半卷入现代世界体系中的社会。物质文化方面，当地的怒、藏、傈僳等少数民族既自己生产、制作和使用一部分传统的物品，也在购买和消费相当数量的现代工业品。这些工业品中，既包括基本的生存品，也有享受性质的奢侈品。生产方式方面，人们既从事传统的农牧业，也不时地出卖劳力，参与到现代的劳动力市场当中。思想观念方面，在市场化的刺激和带动下，人们紧抓各种机遇，积极地开展各种谋利性质的生产经营活动。总之，市场与人们的生活已经息息相关，人们对外界市场的依赖也达到了一个很深的程度。

　　应该说，当地的这种半市场、半自足经济状态是那些正在经历变迁中的传统社会所具有的一种共同特征，虽然每个地方的具体情况存在差异，但它们都身处于一个共同的历史背景，那就是资本主义经济方式主导下的现代世界体系的全球扩张和渗透。现代世界体系的扩张和渗透是通过将不同政治、经济和文化制度的地方纳入同一个市场交换系统当中来实现的。

　　在这一方面，每个地方所面临的对象都是相同的。最典型的为物质文化方

---

① 参见［美］伊曼纽尔·沃勒斯坦《现代世界体系》（第1卷），罗荣渠等译，高等教育出版社1998年版，中文版"序言"，第1页。

面的同一性。无论是在沿海、内地,还是在本书所考察的西南边远山区,我们都会发现现代商品的无孔不入。尽管地区、风俗习惯差异巨大,但我们也会发现人们正在使用和消费着同样的商品。此外,所有地方的民众都表现了同一个特点,那就是忙着赚钱。现代世界体系究其实质为一个资本主义经济主导下的统一市场。无论是中心区,还是边缘区,人们都在为自身经济利益的最大化而生产和努力,这是由市场经济的本质特征所决定的。所谓市场经济,"是指一种在市场独自控制、调节和指导下的经济体系;商品生产和分配的秩序,则托付给这一自我调节的机制。这种经济制度来自于这样的期望,即人类的行为方式是以实现最大的金钱收益为导向的"①。其结果就是,地方民众的生产和经营活动不再只是以自身的消费需要为直接目的,而是越来越取决于外界社会的需要与变化。换言之,即是对市场经济规律的适应。

唯一不同的是,地方社会由于其自身的特点,在参与现代世界体系的方式和途径上会存在差别。有的地方是以劳动力的转移和输出为主,近年来广受关注的内地农村的空巢化就是一个明显的例子;有的地方是以资源和初级产品的输出为主,如本书中的迪麻洛峡谷。

地方社会向现代世界体系的卷入,除了自身的各种努力,包括原料、初级产品、廉价劳力等的市场输出外,还离不开国家权力这一中介作用的影响。像迪麻洛峡谷这样的偏远山区,如果没有民国以来地方政府和国家力量的开发和建设,该地区在市场化的道路上势必会落后许多。

地方社会卷入现代世界体系是一个复杂的历史现象。通过对迪麻洛峡谷的个案研究,笔者提出两个观点。

第一,局部卷入。即地方社会的经济体系只是部分程度地进入现代世界体系的统一市场当中。概括来讲,迪麻洛居民目前的生计体系由两个部分构成,一是现代世界体系统一市场的参与,二是地方内部的生产自给。如果把迪麻洛峡谷比作一个孤岛,而把现代世界体系比作汪洋大海,我们会看到,只有岛屿的一部分处于大海的包围和淹没之中,还有一部分仍露出在海面之上。在参与现代世界体系的统一市场的同时,迪麻洛村村民仍然保留着传统的农业、牧业、手工业等生产自给活动。

如美国人类学家谢丽·奥特纳在评论政治经济学派的理论局限时说:"政治经济学的理论假设是资本主义已经达到绝对优势,世界上再没有世外桃源。

---

① [英] 卡尔·波兰尼:《大转型:我们时代的政治与经济起源》,刘阳、冯钢译,浙江人民出版社2007年版,第72页。

这个假设值得怀疑。"[1] 笔者根据自己的田野研究，也对这一观点表示认同。客观来讲，世界体系论者其实只讲对了一半。以迪麻洛为例，诚然，市场化的作用在当地已经非常明显，但这只是问题的一方面。剥开表面的现象会发现，当地在卷入世界体系的同时，仍然顽强地保留着自己的历史传统。

总之，像迪麻洛这样的边远地方在应对和适应世界经济一体化的过程中，面临着重重困难和阻碍。人们目前对世界经济的参与，只是一种局部性的、有限度的参与。当双方的参与关系到了一定程度，再想往前踏进一步，则面临着种种因素的制约。即使在已经参与体系的一些内容当中，由于资源供应的不稳定，不久的将来也可能会导致双方交换关系的中断。

第二，动态卷入。地方和现代世界体系之间的关系并不是固定不变的，而是处于一种"紧密—疏远"的动态摆动过程当中。当地方内部向市场的输出量增加时，两者的关系则变得紧密；反之，则变得疏远。以迪麻洛峡谷为例，人们目前向外界市场输出的主要为一些珍稀的野生植物资源，而这些资源和初级产品的获得，完全取决于个人运气等偶然性因素。因此，输出量时多时少，呈现了很不稳定的状态。此外，资源由于过度开采而日益枯竭，如果未来不能找到新的替代品，还存在市场中断和退出的风险。

传统社会的地方民众为何愿意参与到现代世界体系统一市场的激流漩涡当中？在沃勒斯坦等人看来，现代世界体系内部本身还是不公平的，即充满了发达地区对不发达地区的不平等交换和经济剥夺。

笔者以为，相比于同一经济体系中的发达地区，地方社会无疑是贫穷和落后的，并且处于弱势的边缘地位；然而，就地方社会自身来说，人们的物质生活水平显然是提高了，除了基本的生存品，人们也能享受到越来越多的奢侈品。

正是后者的吸引力驱使地方民众不惜冒着高度的劳苦和风险参与到现代世界经济体系当中。其实，若从风险安全以及自由程度等方面来进行考虑，传统的家庭自营式的农牧业生产显然更为可取，由于这类生产活动直接以村民自己的使用和消费为目的，少受市场因素变动的影响，因此显得稳定而可靠。并且，人们可以对自己的生产和劳动进行自主安排，自由程度相对较高。但从物质富足的程度来看，人们势必又会陷入一种低下的生存状态，并且会助长贫穷现象的延续，进而和外部社会的经济差距越拉越大。

从现实生活中来看，处于主位的地方民众显然不允许这种情况发生，人们并非处于想象中的那种浪漫状态，对外部世界的诱惑不为所动。从内心欲望来

---

[1] ［美］谢丽·奥特纳：《20世纪下半叶的欧美人类学理论》，何国强译，载《青海民族研究》2010年第2期。

讲，人们也想获取财富、彰显地位、提升自己的生活水平，只不过现实能力等方面制约着人们对欲望的生成和实现。目前，遍布于迪麻洛村村民中的各种市场化活动证明了这一点。

因此，笔者并非是主张地方社会退回到一种田园牧歌式的自足生活状态中，而是认为应该进一步提升地方民众自身的市场化参与和应对能力，以使其成功适应世界经济一体化所带来的冲击和影响。

对于迪麻洛以及其他相类似的地区来讲，由于可输出资源的有限和日益稀少，未来的发展应该主要是劳动力的市场融入。相比于原料、初级产品等物质商品的融入，劳动力的融入层次显得更高。

现实的状况是，由于地理、文化等因素的制约和影响，当地的少数民族群众若想进入内地和沿海的一些经济发达地区务工，还存在种种困难和障碍。即使人们想要出卖廉价劳力，成为现代世界体系边缘区的一分子，也受到许多主客观条件的限制。

为了能够走出偏远、贫穷的高山深谷，成功适应和参与到现代社会的劳动力市场当中，当地民众需要加强和提高自身的知识技能和文化水平。其中，国家应该加大对这些地区的教育投入力度。唯有如此，才能缩小地区间的差距，实现整个社会的协调发展。融入现代世界体系的劳动力市场只是地方社会发展的第一步，如果要摆脱自身在其中的边缘处境、实现地位的上升，无疑对人们的文化资本的要求更高，因此还有更长的路要走。

# 参考文献

## 一、史志类

［1］贡山独龙族怒族自治县志编纂委员会. 贡山独龙族怒族自治县志［M］. 北京：民族出版社，2006.

［2］怒江傈僳族自治州志编委会. 怒江傈僳族自治州志：上、下册［M］. 北京：人民出版社，2006.

［3］德钦县志编纂委员会. 德钦县志［M］. 昆明：云南民族出版社，1997.

［4］怒江州民族事务委员会. 怒江傈僳族自治州民族志［M］. 昆明：云南民族出版社，1993.

［5］云南省维西傈僳族自治县志编纂委员会. 维西傈僳族自治县志［M］. 昆明：云南民族出版社，1999.

［6］迪庆藏族自治州地方志编纂委员会. 迪庆藏族自治州志：上、下［M］. 昆明：云南民族出版社，2003.

［7］怒江州地方志编纂委员会. 怒江傈僳族自治州民族志［M］. 昆明：云南民族出版社，1992.

［8］怒江州农业局，怒江州畜牧局. 怒江州农牧志［M］. 昆明：云南民族出版社，1999.

［9］王玉球. 怒江州交通志［M］. 昆明：云南人民出版社，2000.

［10］祝玉华. 贡山独龙族怒族自治县概况［M］. 北京：民族出版社，2008.

［11］《民族问题五种丛书》云南省编辑委员会. 怒族社会历史调查［M］. 昆明：云南人民出版社，1981.

［12］《怒族简史》编写组. 怒族简史［M］. 北京：民族出版社，2008.

［13］《中国少数民族社会历史调查资料丛刊》编纂委员会. 云南少数民族社会历史调查资料汇编：三［G］. 昆明：云南人民出版社，1987.

［14］云南省地方志编纂委员会. 云南省志（卷六十一）民族志［M］. 昆明：云南人民出版社，2002.

［15］《中国少数民族社会历史调查资料丛刊》编纂委员会. 傈僳族　怒族　勒墨人（白族支系）社会历史调查［M］. 北京：民族出版社，1985.

［16］政协云南省贡山独龙族怒族自治县委员会，政协云南省怒江傈僳族自治州委员会文史资料委员会．怒江文史资料选辑：第十八辑［G］．茨开：政协云南省贡山独龙族怒族自治县委员会，政协云南省怒江傈僳族自治州委员会文史资料委员会，1991．

［17］政协云南省贡山独龙族怒族自治县委员会，政协云南省怒江傈僳族自治州委员会文史资料委员会．怒江文史资料选辑：第二十二辑［G］．茨开：政协云南省贡山独龙族怒族自治县委员会，政协云南省怒江傈僳族自治州委员会文史资料委员会，1993．

［18］方国瑜．云南史料丛刊：第十二卷［G］．昆明：云南大学出版社，2001．

二、著作类

［1］［德］安德烈·冈德·弗兰克．依附性积累与不发达［M］．高铦，高戈，译．南京：译林出版社，1999．

［2］［美］伊曼纽尔·沃勒斯坦．现代世界体系：第1卷［M］．罗荣渠，等，译．北京：高等教育出版社，1998．

［3］［美］伊曼纽尔·沃勒斯坦．现代世界体系：第2卷［M］．吕丹，等，译．北京：高等教育出版社，1998．

［4］［美］伊曼纽尔·沃勒斯坦．现代世界体系：第3卷［M］．庞卓恒，等，译．北京：高等教育出版社，1998．

［5］［美］埃里克·沃尔夫．欧洲与没有历史的人民［M］．赵丙祥，刘传珠，杨玉静，译．上海：上海世纪出版集团，2005．

［6］［美］埃里克·沃尔夫．乡民社会［M］．张恭启，译．台北：巨流图书公司，1983．

［7］［英］埃德蒙·R.利奇．缅甸高地的政治体系［M］．杨春宇，周歆红，译．北京：商务印书馆，2010．

［8］［法］爱弥尔·涂尔干．社会分工论［M］．渠东，译．北京：生活·读书·新知三联书店，2008．

［9］［法］爱弥尔·涂尔干．宗教生活的基本形式［M］．渠东，汲喆，译．上海：上海人民出版社，2006．

［10］［英］埃文思·普理查德．努尔人［M］．褚建芳，阎书昌，赵旭东，译．北京：华夏出版社，2002．

［11］［俄］A.恰亚诺夫．农民经济组织［M］．萧正洪，译．北京：中央编译出版社，1996．

［12］［墨西哥］阿图洛·瓦尔曼．苞谷与资本主义［M］．谷晓静，译．上海：华东师范大学出版社，2005．

[13] [英]安东尼·吉登斯. 全球时代的民族国家[M]. 郭忠华,译. 南京:江苏人民出版社,2010.

[14] [英]安东尼·吉登斯. 民族国家与暴力[M]. 胡宗泽,赵力涛,译. 北京:生活·读书·新知三联书店,1998.

[15] [英]布洛克. 马克思主义与人类学[M]. 冯利,等,译. 北京:华夏出版社,1988.

[16] [法]布尔迪厄. 文化资本与社会炼金术:布尔迪厄访谈录[M]. 包亚明,译. 上海:上海人民出版社,1997.

[17] [法]皮耶·布赫迪厄. 实作理论纲要[M]. 宋伟航,译. 台北:麦田出版社,2009.

[18] [英]卡尔·波兰尼. 大转型:我们时代的政治与经济起源[M]. 冯钢,刘阳,译. 杭州:浙江人民出版社,2007.

[19] [美]克利福德·格尔茨. 文化的解释[M]. 韩莉,译. 南京:译林出版社,2008.

[20] [美]克利福德·吉尔兹. 地方性知识[M]. 王海龙,张家瑄,译. 北京:中央编译出版社,2000.

[21] [英]克里斯托夫·冯·菲尤勒-海门道夫. 尼泊尔舍尔巴的经济生活(《喜马拉雅山区的贸易者》一至四章)[M]. 吴泽霖,译. 北京:社科院民族研究所,1979.

[22] [英]克里斯托夫·冯·菲尤勒-海门道夫. 在印度部落中生活———一位人类学家的自传[M]. 何国强,译. 香港:国际炎黄文化出版社,2009.

[23] [美]杜赞奇. 文化、权力与国家[M]. 王福明,译. 南京:江苏人民出版社,2003.

[24] [英]弗兰克·艾丽斯. 农民经济学[M]. 胡景北,译. 上海:上海人民出版社,2006.

[25] [法]H.孟德拉斯. 农民的终结[M]. 李培林,译. 北京:社会科学文献出版社,2010.

[26] 费孝通. 江村经济[M]. 北京:商务印书馆,2001.

[27] 费孝通,张之毅. 云南三村[M]. 北京:社会科学文献出版社,2006.

[28] 段伶. 怒族[M]. 北京:民族出版社,1991.

[29] 方国瑜. 滇西边区考察记[M]. 昆明:云南人民出版社,2008.

[30] 方铁,方慧. 中国西南边疆开发史[M]. 昆明:云南人民出版社,1997.

[31] 高丙中. 现代化与民族生活方式的变迁[M]. 天津:天津人民出版

社，1997.

[32] 陈庆德. 经济人类学［M］. 北京：人民出版社，2001.

[33] 郭家骥. 发展的反思——澜沧江流域少数民族变迁的人类学研究［M］. 昆明：云南人民出版社，2008.

[34] 黄宗智. 长江三角洲小农家庭与乡村发展［M］. 北京：中华书局，2000.

[35] 黄宗智. 华北的小农经济与社会变迁［M］. 北京：中华书局，2006.

[36] 黄春高. 分化与突破［M］. 北京：北京大学出版社，2011.

[37] 黄应贵. 反景入深林：人类学的观照、理论与实践［M］. 北京：商务印书馆，2010.

[38] ［美］怀特. 文化的科学［M］. 沈原，黄克克，黄玲伊，译. 济南：山东人民出版社，1988.

[39] ［英］凯·米尔顿. 环境决定论与文化理论：对环境话语中的人类学角色的探讨［M］. 袁同凯，周建新，译. 北京：民族出版社，2007.

[40] ［英］拉德克利夫－布朗. 社会人类学方法［M］. 夏建中，译. 北京：华夏出版社，2002.

[41] ［英］拉德克利夫－布朗. 安达曼岛人［M］. 梁粤，译. 桂林：广西师范大学出版社，2005.

[42] ［法］克洛德·列维－斯特劳斯. 野性的思维［M］. 李幼蒸，译. 北京：商务印书馆，1987.

[43] ［美］路易斯·亨利·摩尔根. 美洲土著的房屋和家庭生活［M］. 李培茱，译. 北京：中国社会科学出版社，1985.

[44] ［美］罗伯特·尤林. 陈年老窖：法国西南葡萄酒业合作社的民族志［M］. 何国强，译. 昆明：云南大学出版社，2012.

[45] ［美］托马斯·C. 帕特森. 卡尔·马克思，人类学家［M］. 何国强，译. 昆明：云南大学出版社，2013.

[46] 林耀华. 在大学与田野间［M］. 北京：北京大学出版社，2011.

[47] 凌纯生，林耀华. 20世纪中国人类学民族学研究方法与方法论［M］. 北京：民族出版社，2004.

[48] 林耀华. 金翼：中国家族制度的社会学研究［M］. 北京：生活·读书·新知三联书店，2000.

[49] ［美］拉铁摩尔. 中国的亚洲内陆边疆［M］. 唐晓峰，译. 南京：江苏人民出版社，2005.

[50] ［美］梅尔文·C. 戈尔茨坦，辛西娅·M. 比尔. 今日西藏牧民［M］. 萧文，译. 上海：上海翻译出版公司，1991.

[51] [美]马歇尔·萨林斯. 石器时代经济学[M]. 张经纬, 郑少雄, 张帆, 译. 北京: 生活·读书·新知三联书店, 2000.

[52] [美]马歇尔·萨林斯. 文化与实践理性[M]. 赵丙祥, 译. 上海: 上海人民出版社, 2002.

[53] [美]马歇尔·萨林斯. 甜蜜的悲哀[M]. 王铭铭, 胡宗泽, 译. 北京: 生活·读书·新知三联书店, 2000.

[54] [美]马文·哈里斯. 文化唯物主义[M]. 张海洋, 王曼萍, 译. 北京: 华夏出版社, 1989.

[55] [美]马文·哈里斯. 人·文化·生境[M]. 许苏明, 编译. 太原: 山西人民出版社, 1989.

[56] [英]马林诺夫斯基. 西太平洋的航海者[M]. 梁永佳, 李绍明, 译. 北京: 华夏出版社, 2002.

[57] [英]马林诺斯基. 文化论[M]. 费孝通, 译. 北京: 华夏出版社, 2002.

[58] [法]马塞尔·莫斯. 论馈赠——传统社会的交换形式及其功能[M]. 卢汇, 译. 北京: 中央民族大学出版社, 2002.

[59] [德]马克思·韦伯. 新教伦理与资本主义精神[M]. 康乐, 简惠美, 译. 桂林: 广西师范大学出版社, 2010.

[60] [德]马克思·韦伯. 经济与社会: 上卷[M]. 林荣远, 译. 北京: 商务印书馆, 1997.

[61] [德]马克思·韦伯. 经济与社会: 下卷[M]. 林荣远, 译. 北京: 商务印书馆, 1997.

[62] [德]诺贝特·埃里亚斯. 文明的进程[M]. 王佩莉, 袁志英, 译. 上海: 上海人民出版社, 2009.

[63] [美]朱利安·史徒华. 文化变迁的理论[M]. 张恭启, 译. 台北: 允晨文化实业股份有限公司, 1989.

[64] [美]施坚雅. 中国农村的市场和社会结构[M]. 史建云, 徐秀丽, 译. 北京: 中国社会科学出版社, 1998.

[65] 沈关宝. 一场静悄悄的革命[M]. 上海: 上海大学出版社, 2007.

[66] 宋恩常. 云南少数民族研究文集[M]. 昆明: 云南人民出版社, 1986.

[67] 石硕. 青藏高原东缘的古代文明[M]. 成都: 四川人民出版社, 2011.

[68] 陶云逵. 陶云逵民族研究文集[C]. 北京: 民族出版社, 2012.

[69] 陶天麟. 怒族文化史[M]. 昆明: 云南民族出版社, 1997.

[70] [美]威廉·A. 哈维兰. 文化人类学[M]. 瞿铁鹏, 张钰, 译. 上海: 上海社会科学出版社, 2006.

[71] 王恒杰. 迪庆藏族社会史[M]. 北京: 中国藏学出版社, 1995.

[72] [美]西敏司. 甜与权力[M]. 王超, 朱健刚, 译. 北京: 商务印书馆, 2010.

[73] [美]西奥多·W. 舒尔茨. 改造传统农业[M]. 梁小民, 译. 北京: 商务印书馆, 1987.

[74] [英]亚当·斯密. 国富论[M]. 郭大力, 王亚南, 译. 上海: 上海三联书店, 2009.

[75] 尹绍亭. 云南山地民族文化生态的变迁[M]. 昆明: 云南教育出版社, 2009.

[76] 尹绍亭, 何学惠. 云南物质文化[M]. 昆明: 云南教育出版社, 1996.

[77] 尤中. 云南民族史[M]. 昆明: 云南大学出版社, 1994.

[78] 尤中. 中国西南的古代民族[M]. 昆明: 云南人民出版社, 1980.

[79] 王晓毅, 渠敬东. 斯科特与中国乡村: 研究与对话[M]. 北京: 民族出版社, 2009.

[80] 周大鸣. 城市化进程中的民族问题研究[M]. 北京: 民族出版社, 2005.

[81] 周大鸣, 何国强. 文化人类学理论新视野[M]. 香港: 国际炎黄文化出版社, 2004.

[82] 周大鸣. 凤凰村的变迁[M]. 北京: 社会科学文献出版社, 2006.

[83] [美]詹姆斯·C. 斯科特. 国家的视角: 那些试图改善人类状况的项目是如何失败的[M]. 王晓毅, 译. 北京: 社会科学文献出版社, 2011.

[84] [美]詹姆斯·C. 斯科特. 农民的道义经济学: 东南亚的反叛与生存[M]. 程立显, 刘建, 译. 南京: 译林出版社, 2001.

[85] [日]中根千枝. 未开的脸与文明的脸[M]. 麻国庆, 张辉黎, 译. 济南: 山东画报出版社, 2001.

[86] 朱晓阳. 小村故事: 地志与家园[M]. 北京: 北京大学出版社, 2009.

[87] 庄孔韶. 银翅: 中国的地方社会与文化变迁[M]. 北京: 生活·读书·新知三联书店, 2000.

[88] 荆三林. 中国生产工具发展史[M]. 北京: 中国展望出版社, 1986.

[89] 戈阿干. 回眸沧桑: 三江并流考察实录[M]. 昆明: 云南民族出版社, 2003.

### 三、论文类

[1] 安迪. 农牧区社区传统文化中的家庭经济模式、风险与生计的可持续性[R]. 云南省生物多样性与传统知识研究会社区生计部研究报告(14), 2005.

[2] 安迪. 乡土知识是第一生产力: 滇西北农牧区社区的养牛知识实例

[R]．云南省生物多样性与传统知识研究会社区生计部研究报告（18），2005．

[3] [美]克里斯丁·德·切瑞斯．喜马拉雅山谷的"盐茶贸易"[J]．张伟，编译．世界博览，1985（6）．

[4] 费孝通．民族生存与发展[J]．民族社会学研究通讯．2001（26）．

[5] 费孝通．读马老师遗著《文化动态论》书后[J]．北京大学学报（哲学社会科学版），1998（5）．

[6] 费孝通．重访云南三村[J]．中国社会科学，1991（1）．

[7] 黄淑娉．评西方"马克思主义"人类学[J]．中山大学学报（社会科学版），1994（4）．

[8] 黄淑娉．文化接触与文化变迁：以黔东南苗族与美国西北岸玛卡印第安人为例[J]．民族研究，1993（6）．

[9] [美]戈尔斯坦．利米半农半牧的藏语族群对喜马拉雅山区的适应策略[J]．何国强，译．西藏研究，2002（3）．

[10] [美]谢丽·奥特纳．20世纪下半叶的欧美人类学理论[J]．何国强，译．青海民族研究，2010（2）．

[11] 何国强，李亚锋．人类情怀与阶级使命的又一结晶：析马克思和恩格斯的社会调查思想[J]．思想战线，2013（6）．

[12] 高志英．唐至清代傈僳族、怒族流变历史研究[J]．学术探索，2004（8）．

[13] 黄应贵．农村社会的崩解·当代台湾农村新发展的启示[J]．中国农业大学学报（社会科学版），2007（2）．

[14] 黄应贵．作物、经济与社会：东埔社布农人的例子[J]．广西民族学院学报（哲学社会科学版），2005（6）．

[15] 麻国庆．开发、国家政策与狩猎采集民社会的生态与生计——以中国东北大小兴安岭地区的鄂伦春族为例[J]．学海，2007（1）．

[16] 罗康隆．论民族生计方式与生存环境的关系[J]．中央民族大学学报，2004（5）．

[17] 李金明．云南迪麻洛村半农半牧的生态文化与可持续发展[J]．云南社会科学，2007（4）．

[18] 李根蟠，卢勋．怒族解放前农业生产中的几个问题[J]．农业考古，1983（1）．

[19] 田继周．略论独龙族、怒族、佤族和傈僳族的共耕关系[J]．云南社会科学，1983（6）．

[20] 阎建忠，吴莹莹，张镱锂，等．青藏高原东部样带农牧民生计的多样化

[J]. 地理学报, 2009 (2).

[21] 张跃, 刘娴贤. 论怒族传统民居的文化意义——对贡山县丙中洛乡和福贡县匹河乡怒族村寨的田野考察 [J]. 民族研究, 2007 (3).

[22] 赵美, 万靖. 怒族手工制陶术调查 [J]. 四川文物, 2008 (1).

## 四、英文文献

[1] Wallerstein I. The West, capitalism, and the modern world-system [J]. Review (Fernand Braudel Center), 1992, 15 (4).

[2] Maanen J V. Tales of the field: on writing ethnography [M]. Chicago & London: The University of Chicago Press, 1988.

[3] Fürer-Haimendorf C V. A Himalayan tribe: from cattle to cash [M]. Noida, India: Vikas Publishing House, 1980.

[4] Taussig M. The devil and commodity fetishism in South America [M]. Chapel Hill: University of North Carolina, 1980.

[5] Frank A G. Capitalism and underdevelopment in Latin America [M]. New York & London: Monthly Review Press, 1969.

[6] Bauer K M. High Frontiers: Dolpo and the changing world of Himalayan Pastoralists [M]. New York: Columbia University Press, 2003.

[7] Robert R. The folk society [J]. The American Journal of sociology, 1947, 53 (4).

[8] Bourdieu P. Outline of a Theory of Practice [M]. Nice R. trans. Cambridge: Cambridge University Press, 1977.

[9] Giddens A. Capitalism and modern social theory [M]. Cambridge: Cambridge University Press, 1971.

[10] Kahn J S. Minangkabau social formations: Indonesian peasants and the world economy [M]. Cambridge: Cambridge University Press, 1980.

[11] Thompson E P. The making of the English working class [M]. New York: Vintage, 1966.

[12] Borg M J. Conflict management in the modern world-system [J]. Sociological Forum, 1992, 7 (2).

[13] Giovanni Arrighi. Capitalism and the modern world-system: rethinking the nondebates of the 1970's [M]. Review (Fernand Braudel Center), 1998, 21 (1).

[14] Moore J W. Globalization in Historical Perspective [J]. Science & Society, 2001, 65 (3).

[15] Junker L L. Hunter-gather landscapes and low land trade in the prehispanic

Philippines [J]. World Archaeology, 1996, 27 (3): 389 –410.
[16] Laura L J. Trade competition, conflict, and political transformations in sixth-to sixteenth century Philippine Chiefdoms [J]. Asian Perspectives, 1994, 33 (2).
[17] Goodall S K. Rural-to-urban migration and urbanization in Leh, Ladakh: A case study of three Nomadic pastoral communities [J]. Mountain Research and Development, 2004, 24 (3).

# 后　　记

　　本书是笔者在多次田野调查的基础上完成的。从 2012 年初确定题目并接触田野点，到后来的正式调查、写作、补充调查和修改，再到全书完稿，已经过去了近 5 年的时间。

　　2012 年夏天，笔者第一次进入滇西北的碧罗雪山地区做田野调查。那次田野之行也是笔者第一次到民族地区做调查，相伴而行的还有同仁李何春（现任职于广西师范学院）。当时，为了了解该区域的整体情况，我们俩跑了很多地方，如德钦县燕门乡的拖拉、茨中，西藏盐井乡的加达、上盐井、下盐井、觉龙（也称角龙），贡山县丙中洛乡的甲生、五里、秋那桶，还有捧当乡的迪麻洛，等等。在每一个地方，按照材料的实际情况，我们都不同程度地做了停留。为了了解高山牧场上的情况，调查接近尾声时，我们还专门翻越了一趟碧罗雪山，在当地向导的带领下，我们自带干粮、自背行李，饿了吃饼干，渴了喝泉水，晚上住在牧民的简陋牧屋里，整整走了两天，翻越了两个海拔 4000 多米的垭口，最后才到达目的地。途中，有惊喜和收获，也有危险和损失。由于下雨，地面湿滑，翻越第一个垭口下山的时候，笔者不慎摔了一跤，多亏李何春和当地向导的及时帮忙，才将笔者拉了上来。遗憾的是，笔者的照相机从山崖落下，里面的许多珍贵照片和图像资料也永远丢失了。

　　也正是那次翻山，让笔者与迪麻洛这个地方结下了缘。在丙中洛乡的时候，我们认识了一位云南红塔集团来此挂职的新农村指导员，名叫李洪林。他不仅亲自带领我们去村民家走访，还为我们指点了去迪麻洛的路线，在此特别感谢！迪麻洛为碧罗雪山里的一条小峡谷，和怒江大峡谷中间隔着一座大山，地理位置极为偏僻和隐蔽。第一次进入迪麻洛时的心情依然记忆犹新。从怒江边上的捧当大桥下车，跨越怒江，再转过一道长长的弯，就绕到了迪麻洛峡谷的入口。我们顺着河边的土石公路，像探索一个世外桃源似的地方一样，一边幻想，一边前行。大约经过两个小时的时间，我们到达了村子里的中心地。那天正好下雨，路上的人不多。听说有个叫阿洛的村民有个家庭客栈，我们就去了他家住。这里也成为笔者后来再去迪麻洛时的落脚点。

　　2013 年，笔者正式进入迪麻洛峡谷做调查，在当地一待就是近半年。真诚地感谢房东阿洛和他的妻子如万娜。他们不仅在材料上给予笔者很大帮助，更重要的是为笔者提供了食宿上的便利，解决了笔者的后顾之忧，让笔者的调查工作得以顺利进行。阿洛自己做导游，经常带游客翻山，我们经常在一起讨论一些关于当地和外界社会的事情；如万娜是一个勤快能干的藏族妇女，她既会织布，又能酿酒，这些都成为笔者直接的材料来源。

除了阿洛家，笔者在当地认识的第一个朋友叫雅格伯（汉名苏国强）。他年龄比笔者小，只有21岁，是个藏族小伙子。雅格伯的家位于阿洛家的斜对面，两家相距只有几十米。他的父母都已经去世，平日里靠已经出嫁的姐姐与其他亲戚的接济和照顾来维持生活。雅格伯上过初中，中途辍学，会说汉语，因此交流起来比较容易。他对村上很多事情（尤其是人际关系）的讲述，笔者对这个原本陌生的地方有了初步的认识。在他的帮助和引领下，我们先后走访了山上的施永功和木楼等村子。没有他的陪伴和翻译帮助，笔者的很多调查不会进行得如此顺利。

迪麻洛的12个村子在位置上极为分散，每个村子之间相隔甚远，尤其是那些坐落于山头之上的村子，只闻其名，不知其具体之所踪，因而，要跑遍每个村子确实不易。但为了调查的全面性，笔者还是通过各种办法一一完成对它们的走访。这里要再提到一个人，他和笔者一样是个外来者，名字叫汤姆，是美国奥尔根州立大学的一名副教授，来此做地理学方面的研究。他和笔者志趣相投，在他待在迪麻洛的一个月左右的时间里，我们一起出去走访，一起分享材料和感受，一起和村民们玩乐，现在想起来非常怀念。

随着对环境的熟悉，笔者的交际范围也在扩大，更多的村民开始接纳笔者做他们的朋友，他们邀请笔者跳锅庄、喝酒、打篮球甚至去自己家里做客等等。正是他们的热情与好客逐渐让笔者觉得自己开始融入当地的生活。在此要特别感谢一家人，那就是阿布玛丽（阿布为藏语"姐姐"的意思）和她的丈夫。玛丽30多岁，待人热情，以前住在白汉洛，后来搬到山下开了一个小卖部做生意。一到集日，她也会卖烧烤、米线等饮食。她的家里非常热闹，简直就像是一个公众聚会的场所。每天晚上，都会有邻居和其他村民前去她家凑热闹，大家一起围在火塘边喝酒，有时候兴奋之余还会唱歌、跳舞，为原本单调的山村生活增添了几分热闹。虽然他们大多时候都讲藏语，笔者也听不懂，但那种融洽的氛围足以缓解寂寞和无助。

关于调查的故事实在太多，要提到的人也太多，除了当地村民，还有乡里的干部，如捧当乡政府办公室的刘主任（女），他们都为我的调查提供了莫大的帮助，此处虽不能一一提及，但对他们均致以真诚的感谢！

为了获取新材料、了解田野点的最新变化，笔者又于2015年的暑假前去做了一次补充调查，这也是笔者第三次到滇西北的碧罗雪山地区。此次调查的前一阶段，由好友王晓（现任职于福建农业大学）和笔者同行。我们在昆明会合后，先是进入澜沧江畔的小维西，在此做了短暂停留后又沿江而上到了茨中村。之后，王晓留在原地做调查，笔者继续沿江北上，进入德钦县云岭乡的永芝村。永芝位于碧罗雪山东麓，从这里翻山可以到达西边的迪麻洛峡谷，清末夏瑚巡视怒江时就是从此处出发的。这里现在也是德贡公路东段的起始点。目前，整条公路的路基部分已经初步建设完成，基本可以通行车辆，如果路上不做停留，从澜沧江边的德贡大桥到达怒江边的捧当大桥，需要六七个小时。通过这次补充调查，笔者不仅掌握了德贡公路的最新进展情况，而且增加了考察点，对包括迪麻洛在内的整个碧罗雪山地区的整体情况又有了更加全面的了解，进一步增强了写作自信和对相关结论的判断。然而，文化总是变迁中的文化，笔者的研究只能算是对当地历史的一个短暂瞬间的反映。未来究竟会如何变化和发展，还留待我们继续观察。

  本书在写作和修改期间，得到中山大学人类学系何国强教授的极大关心和帮助。何国强教授是笔者的博士生导师，虽然已经毕业离开中大，但何老师依然关心和关注着笔者的成长。何老师总是在第一时间把自己的想法以及获取到的材料、信息告诉给笔者，他的为人、为学让笔者深受感动和敬仰！在此也向恩师何老师表达最诚挚的感谢！

  除了何老师，也要感谢给予笔者许多宝贵意见的其他老师。他们是：中山大学人类学系的周大鸣教授、张应强教授、朱健刚教授、程瑜教授和余成普副教授，中山大学历史系的温春来教授，厦门大学的张先清教授和中南民族大学的许宪隆教授。

  另外，也感谢中山大学出版社的嵇春霞编辑和廖泽恩编辑，感谢他们为本书的出版所做的努力！最后，感谢我的家人和朋友，没有他们在情感和经济上的支持，笔者的调查和研究工作也无法完成。

2016 年 8 月 13 日<br>
于山西晋中